刑法総論講義
（第 2 版）

刑法総論講義

（第2版）

佐藤　司　著

信山社

第 2 版のはしがき

　本書の初版を出してから，すでに 7 年の歳月がたち，信山社から増刷と改版のお話があったのを機会に，この際，内容を新しく増補改訂して第 2 版を出すことにした。

　その間 1995 年の「刑法改正」や「臓器移植法」，「母体保護法」の制定や改正がなされ，少年犯罪をめぐる少年法の改正も議題にのぼり，インター・ネット犯罪も世界的規模で拡がりをみせている現状において，環境刑法の問題も発生して，新たな研究の必要性も生じ，判例の対応もあわただしく，私自身，これらに対する研究の必要性から，従来の論述を少なからず補なっておこうと思ったからである。もちろん私の思考の基本的なものに変更があるわけではない。

　学説の発展や新しい文献や新判例は出来るかぎり，これを取り入れるように心掛けた。なお，この際，書名を大学の講義要綱が刑法総論に復したのを機に，『刑法総論講義』とすることにした。

　増補改訂第 2 版にあたっても，信山社とりわけ，袖山貴氏に心暖まる熱心なおすすめとご支援を得て完成をみることが出来ました。いつもながらの友情に，心からお礼申し上げます。今回も校正・索引の作成に，亜細亜大学法学部香川喜八朗教授と講師の転法輪愼治氏と大学院博士課程学生真島信英君の手をわずらわした。外国文献については，横山　潔氏（国会図書館専門調査員）と助教授島岡まな氏の御尽力を得た。あわせて，厚く御礼を申し上げたい。

2000（平成 12）年 5 月

新緑のころ研究室にて
佐　藤　　　司

初版はしがき

　本書は，これから初めて刑法を学ぼうとする人のための刑法総論の教科書です。刑法の教科書は，理論水準が高く，内容が難しいものが多いのが現状です。それは，刑法学の体系構成や部分概念の詳細な注釈書になっているからです。

　そこで，私が目標としたのは，分かりやすく，まず刑法の全体像が分かって，次に基本の原則を理解してもらうという手法を採ったことです。さらに，内容は国際刑法の速い潮流と変化を，水準を落さずに平易に明らかにしたことです。

　『日本刑法〔基礎編〕』（学術選書社）の初版を 1968 年（昭和 43 年）に出してからすでに 25 年の歳月が経ち，刑法講義〔総論・各論〕（通信教育協会）を出してからだけでも 8 年の歳月が経っています。その間，『日本刑法』は 4 版まで重ねましたが，絶版になったのを機に，新しい文献と資料を踏まえて，私の立場からする一つの整理をしたものです。

　幸いにも，今年，大学より特別奨励研究期間を半年もらって自由に研究できる機会を得ましたので，再び，ドイツのマックス・プランク研究所（外国・国際刑法研究所）を訪ねて研究させてもらうことができました。そこでの知見も加えて内容を最新のものとしてあります。

　刑法総論の理論的精密さと国際刑法の広がりは，理論的にますますその理解の困難さを思い知らされましたが，刑法理論の探求への一里塚であります。

　所詮，刑法は「人間学」であります。人間の血も涙も苦悩も分からなければなりません。生きた刑法は，誰でも理解できて，しかも，なぜ必要であるかが分からなければなりません。専門家のみならず，国民のだれもが知ることが大切です。そこに基本法たる理由があります。刑法理論を講義する者の自ら戒めなければならないところです。

　横組にしたのは，国際化の中で読みやすさのためであり，欧文をふんだんに入れたのは，さらにより高度の研究をする人のためのキーワードとガイド・ブックの機能を果たしたいという著者の希望からです。したがって，初めての人は，これを気にせずに読んで下さい。

本書の出版にあたっては，信山社の熱心で暖かいご支援があり，スムーズにかつスピーディに進めて下さり，特に袖山貴社長の長い間待っていて下さった温情に心からお礼申し上げたいと思います。校正・索引の作成については，順天堂短期大学講師転法輪慎治氏の手をわずらわした。あわせて，心からなる御礼を申し上げたい。

1993（平成5）年7月

ドイツのフライブルグにて

佐　藤　司

目　　次

はしがき

第1編　序　　論 …………………………………………… *1*

第1章　刑法の基礎理論 ………………………………… *1*

第1節　刑法の意義と基礎づけ ……………………… *1*
Ⅰ．刑法の意義 (*1*)
第2節　罪刑法定主義の原則 ………………………… *5*
第3節　属人主義の原則と属地主義の原則 ………… *9*
第4節　責任主義の原則 ……………………………… *10*
第5節　刑罰不遡及の原則 …………………………… *11*
第6節　同時存在の原則 ……………………………… *12*
第7節　刑法学説史 …………………………………… *12*
Ⅰ．古代および中世 (*13*)　Ⅱ．近世 (*18*)
第8節　刑法理論構造と体系 ………………………… *25*
第9節　刑法規範と解釈学 …………………………… *29*

第2編　犯　罪　論 ………………………………………… *37*

第1章　犯罪の基本概念 ………………………………… *37*

第1節　犯罪概念の基底 ……………………………… *37*
Ⅰ．犯　罪 (*37*)　Ⅱ．行　為 (*39*)　Ⅲ．行為者 (*42*)
第2節　犯罪論の体系 ………………………………… *44*
第3節　犯罪構成要件の理論 ………………………… *45*

第2章 行　為　論 …… *51*

第1節　行為概念 …… *51*
第2節　実行行為 …… *58*
第3節　不作為犯 …… *61*
第4節　間接正犯 …… *64*
第5節　原因において自由な行為 …… *67*
第6節　事実の欠缺および不能犯 …… *70*
第7節　因果関係の理論 …… *74*

第3章 違法性論 …… *83*

第1節　違　法　性 …… *83*
第2節　違法性の学説 …… *84*
第3節　違法性阻却の原則 …… *86*
　Ⅰ．一般的正当化事由 (*86*)
　　(1) 法令行為 (*87*)　(2) 正当業務行為 (*87*)　(3) 自損行為（自傷行為）(*88*)　(4) 被害者の承諾による行為 (*88*)　(5) 推定的承諾に基づく行為 (*89*)　(6) 治療行為 (*90*)　(7) 安楽死（オイタナジー）(*91*)　(8) 労働争議行為 (*93*)　(9) 許された危険 (*94*)
　Ⅱ．正当防衛 (*94*)
　　(1) 正当防衛 (*95*)　(2) 過剰防衛 (*97*)　(3) 誤想防衛 (*97*)
　Ⅲ．緊急避難 (*98*)
　Ⅳ．自救行為 (*100*)

第4章 責　任　論 …… *105*

第1節　責任の基本概念 …… *105*
第2節　責任の学説 …… *106*
　Ⅰ．道義的責任論と社会的責任論 (*106*)　Ⅱ．行為責任論，性格責任論および人格責任論 (*107*)　Ⅲ．心理的責任論と規範的責任論 (*109*)

第3節　責任能力 …………………………………………… 110
　Ⅰ．責任能力とは(110)　Ⅱ．心身喪失者(112)　Ⅲ．心身耗弱者(113)　Ⅳ．いん啞者(114)　Ⅴ．少年(刑事責任年齢)(115)

第4節　故　意 ……………………………………………… 116
　Ⅰ．故意とは(116)　Ⅱ．犯罪事実の表象・認容(117)　Ⅲ．故意の種類(117)　Ⅳ．違法性の認識(118)

第5節　過　失 ……………………………………………… 119
　Ⅰ．過失の構造(119)　Ⅱ．過失の種類(122)

第6節　錯　誤 ……………………………………………… 125
　Ⅰ．錯誤とは(125)　Ⅱ．事実の錯誤(127)
　Ⅲ．具体的事実の錯誤(127)　Ⅳ．因果関係の錯誤(129)
　Ⅴ．抽象的事実の錯誤(130)　Ⅵ．違法性の錯誤(132)
　Ⅶ．期待可能性に関する錯誤(135)

第7節　期待可能性 ………………………………………… 136
　Ⅰ．期待可能性の理論(137)　Ⅱ．基準(138)

第5章　未　遂　犯 …………………………………………… 143

第1節　未遂の概念 ………………………………………… 143
　Ⅰ．未遂犯の概念(143)　Ⅱ．「実行の着手」の意義(144)　Ⅲ．実行の着手に関する学説(144)　Ⅳ．着手未遂と実行未遂(145)

第2節　中　止　犯 ………………………………………… 147
　Ⅰ．中止犯とは(147)　Ⅱ．障害未遂(148)　Ⅲ．中止犯の要件(148)

第6章　共　犯　論 …………………………………………… 153

第1節　共　犯 ……………………………………………… 153
　Ⅰ．共犯(153)　Ⅱ．正犯と共犯概念(154)
　Ⅲ．拡張的正犯概念と制限的正犯概念(154)　Ⅳ．共犯の従属

性と独立性 (155)

第2節 共同正犯 …………………………………………… 156
Ⅰ. 共同正犯の概念 (156)　Ⅱ. 犯罪共同説と行為共同説 (158)
Ⅲ. 共謀共同正犯説 (159)

第3節 教 唆 犯 …………………………………………… 161
Ⅰ. 教唆の概念 (161)　Ⅱ. アジャン・プロヴォカトール（わな理論）(163)

第4節 幇 助 犯 …………………………………………… 165
Ⅰ. 幇助犯の概念 (165)　Ⅱ. 幇助行為 (165)　Ⅲ. 幇助の未遂と処分 (167)

第5節 共犯の諸問題 ……………………………………… 167
Ⅰ. 共犯と身分 (167)　Ⅱ. 共犯の競合 (169)　Ⅲ. 共犯と中止犯 (169)　Ⅳ. 共犯の未遂 (169)

第7章 罪 数 論 ……………………………………………… 173

第1節 罪数の概念 ………………………………………… 173
Ⅰ. 罪数の概念 (173)　Ⅱ. 犯罪の個数 (173)　Ⅲ. 犯罪の競合 (177)　Ⅳ. 犯罪形態論と刑罰量定論としての罪数論 (177)

第3編 刑 罰 論 ……………………………………………… 179

第1章 刑罰の基本概念 …………………………………… 179

第1節 刑罰の本質 ………………………………………… 179
Ⅰ. 応報刑論と教育刑論 (180)　Ⅱ. 刑罰権 (183)　Ⅲ. 刑罰の主体 (183)　Ⅳ. 刑罰の機能 (184)

第2節 刑罰の種類 ………………………………………… 185
Ⅰ. 死刑 (186)　Ⅱ. 自由刑 (188)　Ⅲ. 財産刑 (192)　Ⅳ. 名誉刑 (194)　Ⅴ. 不定期刑 (195)　Ⅵ. 没収 (197)

第2章　刑罰の適用 ……………………………………… 203

第1節　刑罰権の発生 ……………………………………… 203
Ⅰ．法定刑・処断刑・宣告刑 (203)　Ⅱ．刑の量定 (204)
Ⅲ．犯罪の予測（早期予測・処遇予測・再犯予測）(207)

第2節　累　犯 ……………………………………………… 211
Ⅰ．累犯と常習犯 (211)　Ⅱ．再犯加重 (212)

第3章　刑の執行 ………………………………………… 215

第1節　刑の執行 …………………………………………… 215
Ⅰ．死刑の執行 (215)　Ⅱ．自由刑の執行 (216)　Ⅲ．財産刑の執行 (217)

第2節　刑の執行猶予 ……………………………………… 218

第3節　仮釈放 ……………………………………………… 224
Ⅰ．仮釈放の概念 (224)　Ⅱ．仮出獄 (224)　Ⅲ．仮出場 (227)

第4章　刑罰の消滅 ……………………………………… 231

第1節　恩　赦 ……………………………………………… 231
第2節　復　権 ……………………………………………… 233
第3節　時　効 ……………………………………………… 234

第5章　保安処分論 ……………………………………… 237

第1節　保安処分の史的発展 ……………………………… 237
第2節　保安処分の構造 …………………………………… 242
第3節　刑と保安処分の一元化 …………………………… 250

第6章　刑法の効力 ……………………………………… 255

第1節　時に関する効力 …………………………………… 255
第2節　土地に関する効力 ………………………………… 256
第3節　人に関する効力 …………………………………… 258

主要文献 ………………………………………………………… *261*
事項索引 (巻末)

第1編 序　論

第1章 刑法の基礎理論

第1節 刑法の意義と基礎づけ

Ⅰ．刑法の意義

　刑法（Strafrecht, Criminal Law）とは，犯罪と刑罰に関する法律である。どういう行為が犯罪となり，それが，どの程度の罰を科せられるものかということを定めた法律という意味である。犯罪（Crime, Verbrechen）とされる行為とはなにか？殺人や強姦，強盗，窃盗，放火，暴行・脅迫，恐喝，詐欺のような人類発生以来より存在するような反道義的な行為やその時代の国民一般に認められてきた反社会的行為が犯罪とされてきた。これを刑法では**自然犯**（または刑事犯）といっている。さらに，人類社会が発展して近代になるにつれて，法律や規則に定めたことに違反する行為を「禁じられた悪」として，**法定犯**（行政犯）として犯罪としてきた。

　わが国の最近の犯罪を概観すると次の図に示すようになっている。この図からも理解できると思うが，日本のすべての犯罪は**図Ⅰ**のようにその67.8％が過失による交通犯罪（「業務上過失犯」という）で占められ，その次は，窃盗の18.0％，横領の6.7％，傷害の2.3％と続いているのが現状である。

　交通関係の業務上過失犯を除いて刑法犯を見たのが**図Ⅱ**であるが，警察に検挙された人員を調べたものが，ここに示されている。それを見ても分かるとおり，日本の3大犯罪は，①窃盗で，全犯罪の66.5％を占めており（どこの国でも，第1位は窃盗である），次が②横領の24.0％で，③傷害の0.7％となっている。これは，先進国と言われているアメリカやドイツそしてイギリス，フラン

スと国際比較してみても，犯罪の数も少なく，犯罪の兇暴さも少ないのが，わが国の犯罪現状である。

このような現況をふまえて，どうしたら，犯罪をなくし，平和に国民が生活できる方法を研究しようとして生じたのが刑法である。「刑は刑なきを期す」というのが人類の理想である。そこで，国家は，社会を犯罪から護る機能と犯人を社会の報復から護る機能を要請されるようになってきたのである。

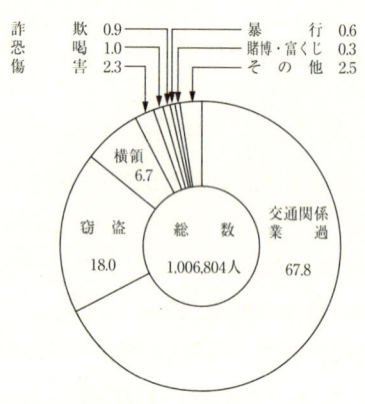

図I 刑法犯検挙人員の罪名別構成比

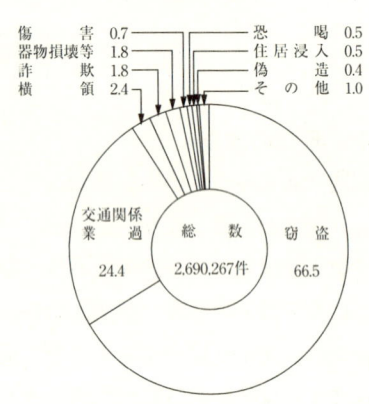

図II 交通関係業過を除く刑法犯検挙人員の罪名別構成比

注）犯罪白書（平成11年版）による。

犯罪なしに刑罰はなく，刑罰の規定なくして，犯罪は存在しないから，規範的・形式的な色彩の濃いドイツ法学では，刑罰法という意味の Strafrecht とよばれ，事実的・内容的な要素の強い英米法学では，犯罪法という意味の Criminal Law とよばれている[1]。

最近では，保安処分（Sichernde Massnahme）[2]が刑罰と本質的に同視され，機能的に分化するにすぎないと観念されるから，犯罪と刑罰および保安処分に関する法を刑法ということができる[3]。刑法・刑事訴訟法・行刑法・刑法史・犯罪学・刑事政策学を含んで「刑事法」（Criminal Science）とよばれている[4]。このように刑法と刑事訴訟法および行刑法は一貫した体系として，相互に密接な関係を有する点に注意すべきである[5]。

刑法は，法典に規定されて，現在行われている実体法である現行刑法(明治40年法律第45号制定)を意味する。これを形式的意味における狭義の普通刑法という。これに対し，刑法という名称はついていなくても，一切の刑罰を定めた法令を総称して単に**刑法**とよぶことがある。たとえば，『暴力行為等処罰に関する法律』(大正15年法律第60号制定)や『盗犯等の防止及び処分に関する法律』(昭和5年法律第9号制定)のように単行法の形で存在するものもあるし，行政法・商法・労働法等の法律の中に存在するものもある。これを広義における刑法，すなわち，**特別刑法**とよぶ。

　行政刑法 (Verwaltungsstrafrecht)，経済刑法 (Wirtschaftstrafrecht)，労働刑法 (Arbeitsstrafrecht) はみな，この特別刑法を意味する。

　ことに，経済刑法は，最近(昭和40年以降)わが国においては，経済の高度成長にともない，そのひずみと矛盾が，広く企業活動と経済取引に関する犯罪を多発している。

　各種の先物取引や霊感商法，原野商法，そしてねずみ講などの，さまざまな詐欺的商法がその姿であり，会社はヤミ石油カルテル事件のような企業犯罪がおこり，証券取引法の盲点をついたインサイダー犯罪や経済取引にかかわる企業の秘密 (Unternehmensgeheimnis)，主として，製造上の秘密や営業上の秘密を特に外部の第三者に対して秘密にすることによって，実質的な企業の経済的価値が与えられているものを盗む行為は，窃盗罪や横領罪で処罰できるものではない。

　また，不正競争防止法や著作権法に違反して各々の情報を侵害する行為に対しても包括的な無形的情報の保護を刑法でしなければならなくなってきている。それらの種々の情報はコンピュータによって処理されているので，computer 犯罪とよばれる。こうした犯罪に対応するのが新しい経済刑法であり，特別刑法である。したがって，特別刑法の領域は広まり，刑法と特別刑法の分界線がボーダーレスになってきていることに注目しなければならない[6]。

　刑法学は規範 (Norm ; norme) の学でもある。規範とは，「かくあるべし」という当為 (Sollen) 命題をあげて，われわれに行為の方向づけをする法則である。規範には，法規範・道徳規範・社会規範等さまざまな形態があり，これを講義をする上で，広義の行為規範 (Tatnorm) とよんでいる。たとえば，「人を

殺すなかれ」とか「姦淫するなかれ」というようなものである。

　しかし，行為規範は，それだけでは，十分に法規範たる特色をもつものとはいえない。他の諸規範と明確に区別されないからである。それは，キリストが，「汝ら殺すなかれ」「汝ら姦すなかれ」「汝ら盗むなかれ」と山上から訓（さとし）た，宗教上の教えであり，人類の基本的守るべき道徳と，どのように異なるかが不明確であるからである。このことは，制定法の成立を前提とする近代国家の法体系においては，特に重要なことである。近代的国家法体系の中で，刑法学の対象である「**刑法規範**」（Strafrechtsnorm）においては，行為規範は強制規範（Zwangsnorm）と結びついて初めて強力な法の存在となる。

　強制規範とは，一定の違反行為を不法要件（構成要件・法律要件）として，これに強制効果（刑罰・強制執行等）を帰属させる規範である。刑法規範の基本的形態は，特定の犯罪に対し，特定の刑罰を科す旨を規定した法規範の形式をとっている。

　たとえば，「他人の財物を窃取したる者」は，人間として他人の財物を盗んではならない，盗むという行為を，まず規定している。したがってこれを「してはならない行為」を規定している意味で，これを行為規範といい，第1に規定してあるので，第1規範と法哲学ではいっている。「窃盗の罪となし」は，次に，その行為がはたして，窃盗行為なのか，強盗行為なのか，詐欺行為なのか，誰が判断するかといえば，裁判で決定するので，これを裁判規範といい，第2番目に規定してあるので第2規範という。「10年以下の懲役に処す」これは，最後に，そのような行為をして，それが窃盗と裁判で決定されたら，刑罰として強制的手段によって，いやおうなしに10年以下の懲役に処せられるのでこれを強制規範というようなものである。

　このように，近代刑法は行為規範および強制規範と裁判規範との重層構造から成り立っている[7]。このような特定の刑法規範を**刑法各則**といい，刑法各則を規定した条文を刑法「各本条」といっている。刑法規範はこのような刑法各則ばかりでなく，個々の刑法各則に共通な一般的規範をも含んでいる。このような一般的規範を**刑法総則**という。刑法の講義では，この刑法総則を対象とする学問領域を**刑法総論**という。刑法学の体系では，まず刑法総論がおかれ，理論的・体系的には刑法各論に対して，独立の意義をもっている。

日本刑法典のユニークな性格についてふれておく。現行刑法は，総則編（総論）と罪編（各論）の2編40章から成り，条文にして264条から成り立っている。そのきわだった特長は，
  1．条文が簡潔で解釈に余地がある。
  2．未遂犯と既遂犯を同じく処罰することが可能なようになっている。
  3．刑の量定に幅があり裁判官の弾力的な裁量権によって適切な運用が可能であること。
  4．執行猶予や仮釈放を適用する範囲が比較的広く，その要件も抽象化してあること。
  5．刑罰制度にも教育刑主義を勇敢に導入していること。
このように，いわば「柔構造」的性格が，日本刑法をして，今日に至るまで現行法として，息がながく有効に存続した特色である。

第2節　罪刑法定主義の原則

罪刑法定主義（Grundsatz der gesetzlichen Bestimmtheit der Strafe ; Principle of Legality）というのは，『**法律がなければ，いかなる犯罪も刑罰もない**』（Nullum crimen, nulla poena sine lege），すなわち，犯罪および刑罰はあらかじめ成文の法律をもって規定せられていることを必要とするということである[8]。刑法学上では，このことが特に重要な意味をもつのである。
　つまり，制定法（Gesetz）で規定されない限り，犯罪も刑罰も存在しない。言葉を換えて言えば，いかなる行為が犯罪となるか，犯罪に対して，いかなる刑罰が科せられるかは，国民の同意によって制定された法律，すなわち，制定法によってのみ定まるとする原則である。いかに社会的に非難される行為であっても，法律がこれを犯罪とみなしていない行為は罰せられないし，その犯罪に対して法律が規定している刑罰以外の刑罰を科することはできない。つまり，罪刑法定主義の原則の本源的意義は，国民個人の自由，権利を承認する国家権力の自己制限にほかならない。
　この原則は2つの命題——「法律なければ犯罪なし」と「法律なければ刑罰なし」——から構成されているが，通常後半の命題「法律なければ刑罰なし」と

いう表現で用いられる。この「Nulla poena sine lege」（法律なければ刑罰なし）というラテン語で示された命題は，古代から存在していたものではない。この言葉を刑法の根本思想として刑法学上導入したのは，ドイツの刑法学者フォイエルバッハ（Feuerbach）であり，彼の1801年の刑法教科書（Lehrbuch des gemeinen in Deutschland geltenden peinlichen Rechts, 1801）に標語的にかかげられたのが最初である。

以来，罪刑法定主義は近代刑法の基本原則とされ，これは犯罪と刑罰を事前に，明文で法律で規定しておかずに，そのつど国家機関の任意に委ねる「**罪刑擅断主義**」に対立するものである。

罪刑法定主義の歴史をたどれば，遠く1215年イギリスのマグナ・カルタ（Magna Charta）に求めることができる。マグナ・カルタと称せられるイギリス大憲章は，時の国王ジョンが国民の要求にもとづいて49条よりなるチャーターに署名したものである。その39条が後世の罪刑法定主義の源になったものにほかならない[9]。

この原則を理論的に形成するためにあずかって力のあった思想は，この**マグナ・カルタ思想**と**モンテスキューの分権理論**（Separation of powers）である。この二つが罪刑法定主義を基礎づけた根本思想であることは疑いない。

さらに，刑法理論上，この原則を導いた理論はフォイエルバッハの**心理強制説**（Psychologische Zwangstheorie）にほかならない。これは，他人の権利を侵害する快楽と，それに対して科せられる苦痛とをあらゆる人に知らせることによって，合理的な人間の判断から犯罪を心理的に避けしめようとする主張である[10]。

これがためには国家は何が侵害であるか，これに対する苦痛が何であるかを前もって明確に刑罰法規によって定めておかなければならない。したがって，心理強制説の必然的帰結として，罪刑法定主義が高調されることになったのである。

このような立場からの基礎づけが，19世紀初頭ドイツ刑法学界において試みられたが，現在では心理強制説そのものが通用しないものになっている。

さらに，この原則は，下って1776年のアメリカのフィラデルフィアにおける権利宣言を経て，合衆国憲法に規定されることになった。その法的表現は，第

一に,「事後法」(expost facto law) の禁止がこれであり,第二に,「法の適正な手続」(due process of law) の条項がこれである。

ヨーロッパ大陸においては,フランスの人権宣言 (1789年) に,「何人も犯罪の前に制定・公布され,かつ適法に適用された法律によらなければ罰せられない」ものとして,より明確な形で罪刑法定主義が宣言されている。

このような罪刑法定主義の原則はその派生的要請として,次の四つの事項を意味するものとされている。その一つは,**慣習刑法の排斥**であり,その二は,**刑法における類推解釈の禁止**であり,その三は,**刑法の効力不遡及の原則**であり,そうして,その四は,**絶対的不定期刑の否定**である。

わが国が,この原則を初めて法典の中に採り入れたのは,旧刑法 (明治15年1月施行) 2条である。「法律に正条なき者は,何等の所為と雖も之を罰することを得ず」という規定にほかならない。また,旧憲法は第23条に「日本臣民は法律に依るに非ずして,逮捕監禁審問処罰を受けることなし」と規定してこの原則を宣明した。

ところが,現行刑法には,旧刑法第2条にあたる規定はない。したがって,現行刑法典が罪刑法定主義を原則とするかどうかは,解釈によって決定され,解釈上肯定されてきた。日本国憲法は,旧憲法第23条にあたる直接の規定をもっていない。しかし,その第31条は次のように規定する。

「何人も,法律の定める手続によらなければ,その生命若しくは自由を奪われ,又はその他の刑罰を科せられない」。これは直接「手続」を明言しているが,言うまでもなく,「実体」を法律で規定すべきことを含んでいる。したがって,日本国憲法第31条が,罪刑法定主義を規定した条項ということになる。

しかし,刑法典は相変わらず罪刑法定主義を欠いたままである。そこで,「この憲法は,国の最高法規であって,その条規に反する法律,命令,詔勅及び国務に関するその他の行為の全部又は一部は,その効力を有しない」という憲法第98条1項の規定から,国の最高法規たる憲法の規定が罪刑法定主義の原則 (第31条) を宣言している以上,現行刑法が憲法上適法且つ有効であるためには,当然,第31条の原則を前提としているものと解する。罪刑法定主義の原則を完全に否定したのは,ソヴェト刑法 (§6, §17) とナチス・ドイツ刑法 (§2) である[11]。

罪刑法定主義の現代的意義は，法治国思想(Rechtsstaat)の刑法的表現であるということができる。これは市民社会における法律の支配の確立を意味し，刑事裁判における個人の権利・自由を守る役割を果たす。

しかし，社会の保全を論ずるだけでは社会と個人の調和という点において十分ではない。さらに進んで，国家は能動的に文化的機能を発揮すべきものと考えられ，国家と個人とは対立するものでなく，国家は個人を包容し同化してその上にあるものと考えられ，国家は自ら進んで国民のためにその行動を指導し統制すべきもので，法律は国家の作用を制限するものではなく，むしろ，促進するものと考えられ，19世紀の罪刑法定主義の法治国家思想における国家の制限的機能は，20世紀の文化国家思想によって，促進的なものと考えねばならぬものである。そこで，文化国家（kurtur Rechtsstaat）思想を基礎に置くことによって，犯罪人をさえ教育して社会に同化せしめんとするのであって，そこに国家と個人との調和が成立するのである(12)。

刑罰を単に応報的害悪（übel）として考える限りにおいては，罪刑法定主義は裁判官の行動を制限するものと解さなければならないのであるが，刑罰を教育的方法として，社会の保全と犯罪人の保護教化のためのものとするときは，従来の罪刑法定主義の持つ意義と機能とは自ら一変することになるのである。このように考えてくると，伝統的な罪刑法定主義の原則は積極的に展開されることになるのである。最近，そのことがアメリカ法の下で，新たな機能として主張されるようになってきた。

従来は，罪刑法定主義の原則は，犯罪と刑罰の関係が成文の法規に基づくものであれば，形式的要件は満たされるとして，法規の内容，そのものが，不明確な場合は罪刑法定主義の原則が実質的に人権保護の機能上，問題があった。そこで刑罰法規の明確性を求めることが，新たな機能として認めるにいたった。「**不明確による無効の理論**」（Void for vagueness doctrine）あるいは「**明確性の理論**」（doctrine of definiteness）として，アメリカ連邦最高裁において，不明確な刑罰法規は適正手続条項に違反して無効である，とされるにいたった(13)。

第3節　属人主義の原則と属地主義の原則

　刑法を適用する基本原則が古くからある。刑法は，どこで，どこまで適用されるのかという原則である。

　自分の国の国民であれば，犯罪を犯した場所や国がどこであっても，自分の国の刑法（これを「内国刑法」という）を適用するとする原則である。この思想は，どの国でも，日本でも最も古い歴史をもつ原則である。英米法では，今日でも刑法適用の基本原則となっている。これを**属人主義の原則**（Personalitäts-Prinzip, personality principle）といっている。これには，**積極的属人主義**と**消極的属人主義**に分けられている。

　自国民であれば，犯罪地がどこであろうが，すべて自国の刑法が適用されるとする原則が積極的属人主義の原則である。消極的属人主義の原則は，外国にいる自国民に対して犯罪や侵害行為があった，一定の犯罪についてだけ自国の刑法を適用して保護しようとするための原則である。自国民を保護するという視点からみれば，**国民保護主義の原則**ともよばれているのは，このためである[14]。

　これに対して，自分の国の領域内（領土・領海・領空）で犯された犯罪は，どこの国民であろうが自国民であろうが，犯人の国籍を問わず，自分の国の刑法が適用されるとする原則がある。これを**属地主義の原則**（Territorialitäts Prinzip, territorial principle）という。

　今日では，この基本原則を多くの国で採用している。わが国の刑法は，刑法1条1項の規定するところである。「本法は何人を問わず日本国内に於て罪を犯したるものに之を適用す」というのが，それである。「何人を問わず」とは，日本人であろうがイギリス人であろうがドイツ人であろうが，国籍の如何によらないという意味である。日本国内とは，日本国の領土，領海，領空内をいう。具体的には，領海は12海里までの海域（12海里説）であるが，特定海域つまり，宗谷海峡，津軽海峡，対島海峡（東水道・西水道），および大隅海峡については，当分の間は3海里（3海里説）とされている（領海法第1条附則2項）。領土権のおよぶ範囲や領海については，本国法と国際法に従うが，その基準につい

ては学説上，争いがある。

　自国の船舶や航空機や宇宙船などの内で罪を犯した者についても，自国の刑法が適用される。わが国の刑法も，日本国外に在る日本船舶または日本航空機内において行われた犯罪については，日本刑法を適用することになっている(刑法1条2項，船舶法1条・5条・20条・21条，航空法2条・3条以下)。

　これは属地主義の原則の延長線で考えているもので，属地主義の原則の特別な場合にあたると学説は考えている。その場合に，その航空機や船舶が自国の登録(船籍地が自国であることを指す)をしているか，自国の国旗をつけているかが必要要件とする説が従来から通説とされてきた。これらと関連して，重要な**「世界主義の原則」**(universal Prinzip)が発達してきたが，わが刑法ではまだ採用していない（詳しくは「刑法の効力」で述べる）。

第4節　責任主義の原則

　犯罪とされて刑事責任が追及されるのは，その行為者に責任がなければならない。これを刑法では**責任主義の原則**(Schuldprinzip)といっている。近代刑法の基本原則として多くの国が採用している。わが国の刑法も当然にこの原則に立っている。

　歴史的に考察すると，古代や中世では，結果責任といって，犯罪の結果が発生すれば，それだけで，犯罪を犯す意思がなくても，ぽっとあやまってやっても，一切考慮せずに刑事責任を負わされた。これを，故意責任と過失責任の未分化といっている。その頃は，その結果責任が民事責任(不法行為)なのか刑事責任なのかも未分化であった。犯罪が発生すれば，そこにいた人みんなの責任として刑事責任を負わされた時代もあった。そのことは，どこの国の刑法史をひもといても書いてある。そこで，それではいけないとして近代刑法では，これらの不合理を克服するものとして，「責任なければ刑罰なし」(ohne Schuld Keine Strafe)のスローガンの下に，ドイツ刑法でこの責任主義の原則が採用され故意責任を重く罰して，過失責任は例外的にのみ刑罰を科した。ここに原則として，過失責任は不処罰の原則を樹立した。行為者が同じ団体や血縁だからという理由だけで刑罰を科せられないこととした。犯罪を犯した行為者のみが

刑事責任を負うこととしたのである。わが国の現行刑法もこの責任主義の原則を採用している。刑法第38条一項がそれである。

この原則は，当然に，行為者に責任能力および故意や過失がある場合にのみ責任を問いうる主観的責任の原則とともに，行為を行った者のみを刑法上非難する個別行為責任の原則から成り立っている。結果的加重犯を責任主義の原則から認めるためには，行為者が重い結果を予見していたこと，すなわち，過失があったことが必要だとする主張が今日では通説となってきた。改正刑法草案22条で，重い結果の予見可能性を結果的加重犯として認めているのは，この立場である。

さらに，責任主義の原則は，量刑基準についても，刑罰は責任の重さに比例して決定されなければならない。改正刑法草案48条1項は，「刑は，犯人の責任に応じて量定しなければならない」と定めたのがそれである。これを，**行為者の一身専属性の原則**，または**個人責任の原則**といっている。これは現行刑法の重要な原則となっている[15]。

第5節　刑罰不遡及の原則

実行のときに適法であった行為については，何人もあとになってできた法律によって，さかのぼって，違法とされたり，あるいは刑罰を科されることはない。これを刑法の**効力不遡及の原則**（Grundsatz der Nichtsrückwirkung）といい，また，**刑罰不遡及の原則**ともなっている[16]。

近代刑法は，どこの国も，この原則を採用しているが，わが国では，憲法第39条に刑事事後法の禁止という形で，この旨を明示している。わが国の場合は，規定を読むと分かるが，刑罰法令を適用するさいに，行為時法主義を採用しているのか，裁判時法主義を採用しているのか直接に解答を出していないので，学説で問題となっている。ドイツでは，刑法第1条で「実行の時点で処置されていなかった行為が，事後的に可罰的とされてはならない。」と規定し，「また，事後的な刑の加重を排除する」から行為時に定められた刑罰によってのみ処断されると解することができる[17]。

第6節　同時存在の原則

　刑法は，原則として，行為と責任の同時存在を前提としている。特に行為者が責任能力がなかったとき犯した行為についてまで刑罰を科すのは不合理なので，近代刑法は処罰していない。刑法の条文では，「これを罰せず」と明示している。これを**同時存在の原則**という。
　ところが，覚せい剤を注射して，その結果，精神が喪失して無能力状態に陥り人を殺傷した場合（名古屋高判昭和31年4月19日・高刑集9巻5号411頁）や，酒を飲めば，われを忘れて暴れる精神病的因子（俗にいう酒乱状態）によって暴れることをよく承知している行為者が，責任無能力であれば無罪になることを利用して殺害したような場合が多発してきて，この原則を形式的に適用すると，すべて無罪になってしまうという矛盾が生ずる。そこで，この行為と責任能力の同時存在の原則の間隙を埋めるための理論的研究が生じてきた。大きく分けて2つになる。その(1)，責任能力の存在した時点に実行行為の開始を認めて回避する。(2)同時存在の原則そのものを修正するのがそれである[18]。

第7節　刑法学説史

　犯罪は人間社会の発生とともにその姿を現わしている。いかなる国家・社会においても，いかなる時代にあっても，犯罪はその姿と内容を変えながら，発生して来た必然的な現象である。犯罪がこのような社会現象であるのに対して，刑罰も社会の存立とその秩序の維持のために，社会の反動・制裁として，その形態と機能を変えながら進化してきた社会現象である。刑法は犯罪を絶滅する1つの手段である。これが刑法の任務である。そこには変転きわまりない過去の影が濃い。そうであるからこそ，犯罪と刑罰の2つの社会現象をふまえた刑法理論の歴史性と系譜を考察する必要性が存在するのである。
　そこに犯罪の法則性と行為者の素質・環境の相互作用による必然性を見出すのである。しかし，犯罪と刑罰はともに社会現象でありながら，それは単なる社会現象たるに止まらず，人格者たる人間行為を主体とした「人間学」として，

「在るもの」(Sein) としての事実学ではなく,「在るべきもの」(Sollen) としての規範価値関係学 (Normwertbeziehendtheorie) として, 二重の性質をもつところに刑法学の総合科学 (Interdisciplinary Science) としての位置づけがあるのである。

したがって, 刑罰ないし犯罪の本質と世界観は密接な関係をもつものであり, その理解のしかたによって, 刑法学の全体系がまったく異なった解決の途をたどるのである。刑法学において, いわゆる**刑法学派の争い**(Streit der Strafrechtsschulen) が特に熾烈なのはそのためである[19]。

I. 古代および中世[20]

〔1〕 原始古代社会においては, 刑法は, 部族 (gens; Sippe) の制裁であり血讐であった。したがって, 古代世界最古の成文法典として名高い古代バビロニアのハンムラビ王 (Hammurabi) (B.C. 1728～1686) によって発布されたハンムラビ法典 (Codex Hammurabi; Code of Hammurabi) においては, 原始社会的刑法のおもかげをとどめている。**タリオ** (talio) 思想がみられ,「目には目を, 歯には歯を」(169条) という同害報復の素朴な刑罰観があり, ローマ古法の代表的法典たる「十二表法」(lex duodecim tabula rum) にも「他人の一肢を破壊し妥協を遂げざる者は同害報復に処すべし」とある。また,「人もし其娘を姦通したる時は, 彼は其居住する市より放逐さるべし」(154条) のように, 近親相姦の禁 (タブー) があり, 制裁の峻厳 (死刑がきわめて多い) がその特有な点であるが, 古代法特有の試罪法たる, 直接神の裁きを仰ぐ**「神意裁判」**(ordeal; ordal) や, 誓審法としての**「熱湯審」**(ordeal of hot water) が行われた。

古代ユダヤ民族の法たるヘブライ法についてみても, モーゼ・タルムード法 (Mosaic-Talmudic Law) (B.C. 1200～400) においては,「汝の母と淫する勿れ」(レビ記)「汝の父の姉妹と淫する勿れ」とあり, 刑法の原理は, タリオ思想から血族団体 (Sippe) による血族復讐 (Blutrache), そして, 加害者よりの贖罪金 (Sühnegeld) へと移行して, 私刑 (リンチ) から公刑罰への道をたどることを, この刑法典は示している。私は, そこに, 人類のあらゆる犯罪の原型を見るのであるが, モーゼ法が古代法典中輝を放つのは過酷な刑の存在を見ない人道的な規定の存することであり, 申命記法に至っては,「『目には目を, 歯には歯を』

といえることあるを汝ら聞けり。されど我は汝らに告ぐ，悪しき者に抵抗うな。人もし汝の右の頬をうたば，左をも向けよ。」とタリオ思想がうすれ，行為者の動機に責任の原理が移っていることである。刑法の進化を示す一道標である。

〔2〕 日本にあっては，古代，犯罪は**都美**（ツミ）といい，ツツミカクスと同意味の古語で，悪行・病・穢・醜などを包みかくすすべての「悪」のことで，犯罪は人目に触るべからざるものと考えられ，不浄をもって犯罪の本質と観念されたもののようである。すなわち，悪事・悪行とされるものはもとよりのこと，疾病，不具，災厄すら不浄視され犯罪を構成している。

日本書記応神天皇九年の条に，① **天津罪**（あまつつみ），② **国津罪**（くにつつみ）の規定があり，前者は，主として，農耕妨害であり，その他生剝・逆剝等の生獣の皮を剝取る行為など8種が規定されており，後者は，殺人，傷害，姦淫，呪詛の外に，獣姦，近親相姦の禁（タブー）があり，白子，落雷，蛇に咬まれた行為，家畜を殺す行為等14種が規定されている。

日本の原始共同体が農耕社会であったとの社会学者の概念規定に従うまでもなく，農耕社会の秩序の破壊と神に対する冒瀆とが重大な二つの罪であり，罰もこれに対応していた。国家成立後，罪の観念の規定性も罰の執行も支配者によって公刑罰化していった。仁徳記の中に「死刑」があらわれ，天武紀五年の詔に「死刑・没官・三流（遠・中・近）・徒刑」があらわれてきたのは，原始社会ではみられなかった新しい刑罰が生まれてきたことを示している。けれども記紀がそれらを，コロスツミ・オサムルツミ・ナガスツミ・ミツカウツミと読ませているのは，罪と罰が未だ分化していないことを物語っている。

日本古代国家において，犯罪と刑罰の観念が明確化し，犯罪の類型が設けられたのは，「律令刑法」をもったときからである。

〔3〕 中世のゲルマンでは専門の法律家が生じなかったのでザクセン鏡 (Saksenspiegel)，ドイツ鏡 (Deutschenspiegel) 等によって，素人裁判が行われ，トーマス・アクィナスに代表される，キリスト教神学の影響のもとに絶対主義・応報主義を特色とする刑法理論が生じて来た。アリストテレスの平均的正義 (justita commutativa) に基づく応報思想体系をカトリック神学に結びつけて発展させた理論で，カノン法とよばれる教会法 (Codex Juris Canonici) にのっとって行われた。刑罰によって，均衡が回復されるとするもので，刑罰の応報

性を認め、刑罰は悪を抑えるものであり、行為者に対しては矯正手段、第三者に対しては、畏嚇である。神法（lex divina）に実定的な法源性を認めることになり、やがては神の冒瀆、殺人、風俗犯等について残虐な恣意的裁判・魔女裁判（Hexenprozess）が行われていった。

〔4〕 わが国において、中古刑法の主流をなすのは、前述したとおり、中国より大化改新の際に輸入された「**律令刑法**」である。

律令刑法は、犯人を懲戒して善に就かしめ、風俗を粛正することをもって、主たる目的とした。弘仁格式序に、「律以‗懲粛‗為ㇾ宗」とあるのはその間の事情を物語っており、そこに流れる思想体系が儒教的道徳であるところに律令刑法の特色が出ている。

当時においても、律令刑法は危険性ある犯罪人から社会を防衛することを目的としていたことがうなづかれる。すなわち、延喜格序に、「将欲㆘禁‗溢浪‗以‗堤防‗。駄‗戛駕‗以㆗轡策㆖。」とあり、律がさらに正文をもって、蠱毒を造蓄して人を害するものを遠流に処し、赦に会うもゆるさなかったのがその著しい例である。

犯罪の成立要件としては、故意または過失があげられ、律令刑法は、前者を**故犯**、後者を**誤失**といい、両者を合わせて**故失**といった。

刑罰は、これを正刑、換刑、閏刑、附加刑の4種に大別することができる。正刑というのは、正規の刑罰であって、笞、杖、徒、流、死の五刑をいい陰陽道の五行から象ったものである。笞、杖とは棒打の一種で笞を罪人の臀部に加えるもので各五等に分けられている。徒は懲役刑で男女囚ともに労役に服させられるもので、1年ないし3年が5等に分かれる。流刑は受刑者が家族と共に終身一定の土地に流謫させられて、最初一年間労役に服するものであり、近流・中流・遠流の3等に分かれている。延喜刑部式によれば、京の流囚は近流は三、四百里（越前・安芸等）、中流は五、六百里（信濃・伊予等）、遠流は一千里内外（伊豆・安房・佐渡・土佐・隠岐等）である。死は絞殺、斬殺の二等に分けられ、いずれも京においては、東西市の広場において行い、衆人に公開して見させた。

律令刑法の犯罪も多種多様であるが、その最大の犯罪は八虐である。すなわち、最重の順に述べれば、①謀反、②謀大逆、③謀叛、④悪逆、⑤不道、⑥大不敬、⑦不孝、⑧不義、が規定されていた。

とくに，国家を危くする罪である謀反の如きは，刑事上の連帯責任である縁坐制及び連坐制（公坐相連）を適用され一家ことごとく死罪に処せられるほど，厳烈であった。

そこに律令刑法の倫理性及び縦的秩序尊重の思想的系脈が見られる。

その後，律令刑法は，行刑の実権が検非違使庁に移るに及んで，条文どおりに行われなくなり，犯罪は検非違使庁の庁例（又は流例）と称せられる判例法によって処断されるにいたった。それは，理論簡明であり，事宜に適して実際的であり，刑が寛恕であった。しかも特筆すべきは，弘仁年間以後339年間，死刑が廃止されていることである。

保元物語に「正ク弘仁元年ニ仲成ヲ誅セラレテヨリ，帝王26代，年紀340年，絶タル死刑ヲ申行ヒタルコソウタテケレ」とあるのはその間の事情を物語っている。そこには，日本的仁政思想及び仏教思想とからみあった主観主義（教育刑論）の独特な発展があったことを日本刑法史は示している。

〔5〕 中世が貴族と僧侶の支配するアンシャン・レジーム（ancien régime）である以上，そこには封建体制を保持せんとする非合理性に基づく絶対主義と専断が刑法にも示されていた。

第1に，刑の惨酷なことは，死刑の種類に斬首，絞首はもとより，磔，火焙，車裂き，など幾多のものがあり。第2に，犯罪は「内心の堕落や，悪魔の教唆に由来するものである」とする信念に基づいて，もっぱら裁判官の専断に任せられ，当時の無智と迷信が訴訟手続の欠陥と結びつき，神と刑法の名の下に，かの「**魔女裁判**」という凄惨な大量虐殺が中世ヨーロッパを風靡した。ヒッペル（Robert von Hippel）によれば，500万以上の婦女が「魔女」の名の下に焚火刑に処せられ，ドイツにおいては1756年，スイスにおいては1782年まで続いたという。

第3に，裁判と刑罰は犯人の身分・階級によって，当然に差別された。これらの点についても，中世のイタリア学派は，フランスの啓蒙思想家モンテスキュー（Montesquieu, 1689-1754）等の強い影響を受け，刑法理論史上，独特の発展を見た。刑法学研究上，「刑法の祖国および発祥地」（la patria e la culla del dirito penale）と言われているが，中でも，ベッカリーア（Cesare Beccaria, 1738-1794）は中世カロリーナ刑法典（Constitutio Criminalis Carolina, 1532-1751）

を一歩も出ない，依然として当時の刑事裁判の無秩序と刑罰の残虐性を実証的に追究し，その著書「犯罪と刑罰」(Dei delitti e delle pene, 1769) によって，「社会契約に含まれない刑罰は不正である。犯罪の真の尺度は，犯罪によって社会が受ける損害である。刑罰の本質は，応報ではなく，犯人に対する将来的な犯罪の予防であって，死刑は廃止されねばならない[21]。」その他，罪刑法定主義，博愛主義，厳格解釈主義などいくつかの近代刑法の原型ともなるべき主張がなされた。

このような意味において，近代刑法学の創始者と称せられるべきである。かれの刑罰理論の時代的な意味を，客観主義刑法体系の礎石と解する学者もいるけれども，その客観性とは，封建末期の刑罰制度そのものとその運用のもっている非合理性および恣意性に対する批判としての刑法思想であって，むしろ，罪刑均衡論に基づく現代教育主義刑法体系へと続く脈絡をすら感ぜられる。

このようにして，ようやく，刑法立法史的にも，1751年のバイェルン刑事法典 (Codex Juris Bavarici Criminalis)，1768年のオーストリヤのテレジアーナ刑事法典 (Constitutio Criminalis Theresiana)，1794年のフリードリッヒ大王によるプロイセンの普通ラント法 (Allgemeines Landrecht für die Preussischen Staaten)，1810年のナポレオンによるフランス刑法典 (Code Pènal) 等が，明瞭に次々と近代刑法として具体化されてきたのであった。特にフランス刑法典は罪刑法定主義 (8条) を標榜し，自由刑を原則として，各国の刑事立法の模範とされた。

〔6〕 日本にあっては，鎌倉・戦国時代と続く，武家法系の式目刑法とそれに次ぐ分国法刑法への独自な発展であった。

武家刑法として式目法系の嚆矢とされるのは，執権北条泰時が三善康連等と議して制定した全文51箇条よりなる**御成敗式目**(貞永式目)(貞永元年1232年)である。その基本精神は，吾妻鏡に「式目之外ハ法意ヲ守テ，又時儀ニヨリテ御計候也」とあるごとく，道理に従い，慣習と時宜により，縦的秩序を尊重する主従関係に中心があり，裁断は簡潔直明で，刑罰は峻厳であった。犯罪は(対幕府)，殺害，夜討，強盗，山賊，海賊（以上重罪），放火，勾引，悪口，狼藉，博奕（以上軽罰）等があげられる。

刑罰としては，死刑（斬，獄門），身体刑（火印，片鬢剃，指切），流刑（遠

流)，追放刑（追却)，自由刑（召篭，召禁)，名誉刑（永不召仕，改易，免職，出仕停止)，財産刑（没収）が認められていた。

やがて，殺伐な戦乱の時代的背景をになって，群雄は自国の封建階級社会の秩序を維持せんとして，領内に法度（刑法）を制定した。その代表的なものは，朝倉敏景17箇条，**武田信玄家法**(甲州法度)，長曽我部元親百箇条，伊達家塵芥集，毛利氏掟等がそれである。

犯罪についても，謀反，夜討，放火，勾引，姦通(密通)などが重く罰せられた。たとえば伊達家塵芥集に「人の家に火をつけ候事なす人同ざいたるべし」がそれであり，勾引すなわち，誘拐は人身売買と共に扱かわれているが，御成敗式目追加には「カドヒテ奴婢トセバ遠流。家人トセバ徒三年。為=妻妾子孫=者。徒二年半ト法意ニ見タリ」が示されている。また，織田，豊臣2氏の法令には「一銭切」なる刑罰も見られる。刑罰についても，磔，逆磔，鋸引，串刺，牛裂，車裂，火焙，釜熬，簀巻など残虐な刑罰が行われ，刑事裁判も喧嘩両成敗法と参篭起請と湯起請であった。

こうしたなかにあって，寺院の治外法権を強化し，寺院あるいは寺辺殺生の禁を命じ，あるいは女子駈入または犯罪人の遁入を庇護し，あたかも中世ヨーロッパの寺院と軸を一にした**アジール権** (Asyl, Asylum) 的寺法が制定されたことは，一つの時代的特徴を示すものである。鎌倉東慶寺の縁切寺法，高野山寺法，小田原の早雲寺法度などその代表的例である[22]。

II. 近 世

〔1〕 近世，幕藩体制下における刑法は，幕府法（御定書百ケ条）と藩法（名古屋藩・岡山藩等）との二重法構造から成り立っている。

徳川幕府はその当初から，武家諸法度(元和元年)，諸士法度(旗本法度) (寛永九年)，郷村法度(慶安2年)など慣習法の立法化をあいついで試みたが，幕府基本刑法として，特に重要なのは，八代将軍吉宗によって制定された「**御定書百ケ条**」(寛保2年1742年)，すなわち公事方御定書下巻である[23]。律103ヶ条より成るので，御仕置百箇条の名があるが，徳川幕府の判例刑法の集成であって，そこに流れる基本的精神は，主従関係の緊密性に基づく，分限意識が濃厚に定着し，縦的秩序の尊重は前時代に勝るとも劣らない。

したがって，犯罪も，支配体制を破ったり，乱したりすることが，重大な犯罪とされた。関所破り，隠鉄砲，地頭への強訴，奉公人の欠落，百姓の逃散など重大犯罪とする傾向が著しく，家族生活の内部にも及んだ。妻の密通はもとより，男女の不義，心中（相対死）はもちろん，離縁状なき女の再婚も犯罪とされた。しかし，またすでに，乱心・子心すなわち，責任能力（御定書第76条），巧をもって犯せる罪（故意犯）（御定書第64条），不斗（不注意）犯した罪・不念（あやまち）による罪（過失犯）（御定書第74条）など注目すべき総則規定も含まれていた。

刑罰は仕置とよばれ，分限意識による階級的（士農工商）科刑の峻別性があった。死刑は武士に対しては，切腹，斬罪。庶民に対しては，磔，獄門，火罪，死罪（死骸取捨，様者（ためしもの）に申付），下手任，晒があり，身体刑は庶民のみで，敲，入墨があって，身分刑も武士に対しては，改易，隠居。庶民には非人手下，女子には奴があった[24]。その他，自由刑として，永牢，押込，閉門，逼塞，手鎖，遠慮，預があったが，時代の推移にともない，刑法条文の空洞化と変質はまぬかれなかった。また，この時代の判例刑法は，「奉行中の外他見あるべからず」とある如く，秘密文書であった事を付記しておこう。

さらに見落してならないことは，本居宣長（1730-1801），荻生徂徠（1666-1728），中井履軒（1732-1817）らの国学者による刑法思想である。寛刑主義を唱え，追放刑の代わりに自由刑の必要を提唱し，江戸時代末期，「**人足寄場の制度**」（寛政2年1790年），「佐渡水替人足の制度」（安政7年1778年）など近代的自由刑及び保安処分の独自な萌芽が見られる先駆をなしたことである[25]。このことは，単に徳川幕府の寄場についてのみ認められたのではなく，長岡藩，松山藩においても同様にみられた。

このように，日本刑法も近代刑法への道程を行くに例外ではなかった。

〔2〕 19世紀のヨーロッパにおける刑法理論は，啓蒙思想を継受した自由主義的・人道主義的時代思潮を背景として，刑法の構造の分析から出発した。したがって，自由の観念を基礎とした，実定法概念の分析・犯罪人の自由意思の肯定であり，刑罰は実践理性の命令であって正義の要請であると説いた。そこでは，侵害価値の相等性や規範の峻別性が問題となった。特徴的これら一連の思想系譜を刑法学では，古典学派（Klassische Schule），または，単に旧派とよ

んでいる。
　刑法学説史的視点からすれば，**古典学派**は，近代刑法学の罪刑法定主義の確立，自由主義的見地に立却する客観主義，正義の基調に立つ応報性など理論的体系を明確化し，統一的体系を確立した点に没すべからざる功績をもっている。
　この古典学派に属する学者として，カント (Immanuel Kant, 1724-1804)，フォイエルバッハ (Anselm v. Feuerbach, 1775-1833)，ビンディング (Karl Binding 1841-1920)，メルケル (Adolf Merkel, 1836-1896)，コーラー (Josef Kohler, 1849-1919)，ビルクマイヤー (Karl Birkmeyer, 1847-1920)，ベーリング (Ernst Beling, 1866-1932) 等があげられる。
　カントは，犯罪および刑罰の本質を人間の理性に求め，法哲学的見地から深く反省したもので，純粋実践理性に根ざす道徳性 (Moralität) と合法性 (Legalität) とは峻別され，犯罪は社会契約を前提とした国家的法規の違反であって，刑罰はいわゆる実践理性の定言命令である。刑罰の本質は同害報復の法 (ius talionis) に求めるべきであって，それによって，犯罪を相殺し，犯人をして再び道徳的な人格者に復帰させると説くのである。
　ビンディングは，実定刑法の構造を分析し，カントやヘーゲルにみられるようなロマンチークな形而上学的思惟を離れて，犯人の侵害するところの法は「刑罰法規」(Strafgesetz) ではなくして，すべての刑罰法規が論理的に前提として，時間的にも先行しているところの，国民に向っていかなる行為をなさねばならぬか，いかなる行為をなしてはならぬか等の行為準則を指示する「行為法」(Handlungsregel) すなわち，「規範」(Norm) であるとする，いわゆる規範説 (Normentheorie) で，犯人の行為が，このような「規範」の命令または禁止に違反してなされた場合に，それは違法行為とされ，刑罰に価するものとみなされ，そのような行為に対する違法効果としての国家的可罰評価を規定した法が「刑罰法規」であるという。
　メルケルは，犯罪人における自由意思の存在を否定し（いわゆる意思決定論），犯人の性格の発露とみられる行為についての責任を論じ，これに対する個別化的違法を認めるときは，再び違法観念の「原子化」(Atomisierung) を来たすことになるから，犯罪の特質は，犯罪に内在する精神が国家の規範的意思 (Staatlichen normativen willen) に違反する行為がさらに中性的に規定された刑

法各本条の「構成要件」(Tatbestand) に該当することによって犯罪とされるのであると説く。

コーラーは，刑罰は贖罪的，浄化力をもっているから，応報としての苦痛は刑罰の神秘力であって，それは絶対性をもつとする応報刑論者である。

ビルクマイヤーは責任の根本的基礎としての自由意思の原理を支持し，自由意思を認めることによって，初めて責任の観念が成立するのであって，刑罰はその責任を理由として犯罪に対する応報たるものであると理解した。そうして，応報刑論の立場から，不定期刑および刑の執行猶予制を否定し，また，刑罰と保安処分を本質上截然と区別し，刑法に規定することを不当としている。

だが，19世紀中葉にいたって，ドイツを中心とするヨーロッパ大陸に普及した産業革命は，はげしい経済的・社会的混乱を招来し，資本主義制度は従来の自由競争の段階を経て近代的大工業の発達，したがって工場労働者の激増，労働者階級と資本家階級の対立・抗争の激化，貧乏の大衆化，失業者の氾濫，家庭の崩壊，そうして帝国主義的戦争の多発という現象が起こり，その犯罪現象の中に示された結果は，失業などを原因とする累犯，特に常習犯と少年犯罪の激増とであった。

これに対して，古典学派の刑法理論は，哲学上の問題たる自由意思論であるとか，応報的処罰のみを論じて，犯罪原因の科学的探究や有効な対策がなく，新しい犯罪現象を前にして無力化し，破綻していった。

ここにおいて，従来の観念的抽象論を排斥して，あらたに実証的研究方法によって，犯罪者を研究し，犯人の分類を基礎とした個別化された犯罪対策を強力・有効に樹立し解決せんとして，あらたな刑法理論が起こってきた。これが，刑法学説史上，特に重要な意義を有する**近代学派**(Moderne Schule)であり，旧派に対する意味において，単に「新派」とよばれている学派である。

この近代学派に属する学者として，ロンブローゾ (Cesare Lombroso, 1836-1909)，フェリー (Enrico Ferri, 1856-1929)，ガロファーロ (Raffaele Garofalo, 1852-1934) 等に代表される，いわゆるイタリア実証学派 (Italienische Schule)（犯罪人類学派）と，ドイツのリスト (Franz v. Liszt, 1851-1919)，ハーメル (Anton van Hamel, 1842-1917)，リープマン (Moritz Liepmann, 1869-1928)，コールラウシュ (Eduard Kohlrausch, 1874-1948)，ラートブルッフ

(Gustav Radbruch, 1878-1949) に代表される**目的刑学派** (Zweckstrafe Schule)（犯罪社会学派）がそれである。

ロンブローゾはイタリアの精神病学者であり刑事学者で，パビアの刑務所で犯罪人の頭蓋骨を研究した結果，いちじるしい隔世遺伝 (Atavismus) 的特徴の存在することを発見，1876年，有名な「犯罪人論」(L'uomo delinquente)によって，不可抗的必然性をもって犯罪人とならざるをえない生来的犯罪人 (delinquente nato) が存在することを論じ，この対策として，社会的隔離と排害処分を提唱した（いわゆる犯罪人類学, kriminalanthropologie）[26]。

フェリーは，フランスの犯罪統計学の影響をうけ，抽象的法律論を排斥して，ロンブローゾの学説に立って，「**犯罪飽和の法則**」(legge di saturazione criminosa) と「犯罪人分類」に基づいて刑罰の効果を全面的に否定し，その著「犯罪社会学」(La sociologia criminale, 1883) で自己の立場を実証学派とよび，1921年のイタリア刑法草案（フェリー草案）の起草にあたり，従来の刑罰 (pena) の観念を排し，保安処分たる「制裁」(sanzione) をもってこれに代えた。不幸にしてイタリア政府においては刑法典として結実しなかったけれども，1926年のソビエト・ロシヤの刑法典に「**社会防衛処分**」として大きな影響を与えたことは注目にあたいする[27]。

ガロファロは「犯罪学」(Criminologia, 1885) において，「犯罪人の危険性」(temibilità del delinquente) が刑法の中心的要素として実証的に研究すべきであって，犯罪人の処遇もその反社会的性格に従って個別化されねばならぬことを主張した。

リストは，イタリア学派の実証主義的理論と共同戦線を張り，イェリングの「法における目的観念」を刑法上に展開して，いわゆる「マールブルク綱領」と呼ばれる有名な「刑法における目的観念」(Der Zweckgedanke im Strafrecht, 1882)において，新派刑法理論の基本思想を宣言した。そこでは，刑罰の客観化によって，刑罰の効果に対してとらわれない反省が可能となり，経験によって刑罰の合目的性の道が開かれるようになる。刑罰は目的観念によって分量の目標をもつようになる。したがって，法益保護の機能を合理的能率的に行うことが刑罰目的であると強調する（目的刑論）。刑罰の対象も，行為者の行為(die Tat ist des Täters) であって，その行為も法律に規定されているような抽象的概念

ではなくて，具体的行為である。その意味で，「罰せられるのは概念ではなく行為者である」(Nicht der Begriff wird bestraft, sondern der Täter) ということになる。反社会性の程度と性質を基礎として，犯人及びその処遇を分類し，それぞれに応じて刑罰を個別化し，必要な最小限度の刑罰を行うべきであると主張した（刑罰経済）。

その他，少年の特別処分，常習累犯者に対する治療隔離処分，不定期刑の必要性を説いた。さらにリストは刑法学説史上，巨大な足跡を残したのは，1909年，ドイツ刑法改正予備草案において，刑罰と並べて保安処分を刑法典内に体系的に規定し，その後，世界の刑法改正運動の先駆をなしたことであり，1899年に彼が設立した国際刑法学会 (Internationale Kriminalistische Vereinigung) は今日もなお活動している。さらにリストは，社会学的方法との提携の必要性を説き，これらの分野を統合する理論体系いわゆる全刑法学 (gesamte Strafrechtswissenschaft) の構成を期した。リストをもって刑事政策の初祖・近代学派の樹立者と称されるのも当然なことである[28]。

ハーメルは，オランダのアムステルダム大学の刑法教授で，1896年，彼の発議によって新少年法ができ，リストと共に国際刑事学協会(IKV)(国際刑法学会)を設立し，新しい刑法学の構成につとめ，刑事思想の本質は教育原理でなければならないとして**教育刑論**を主張した[29]。

リーブマンは，「刑は教育でなければならない」(Die Strafe ist Erziehungs) とし，彼のドイツ行刑法草案に対する提案は，被拘禁者は教育が必要と考えられる場合においてのみ刑罰が加せられるべきであり，できるだけ罰金刑・自由労働による償却・刑の条件附執行などの代替処分が望ましいとする目的行刑・教育刑理論が見られた。改善不可能な犯罪人は存在しない。改善は困難であるが可能であるとして残虐な刑罰の排除をも主張した[30]。

ラードブルッフはリスト門下の駿敏な弟子として，有名な「刑法体系に対する意義より見たる行為概念」(Das Handlungsbegriff in seiner Bedeutung für das Strafrechtssystem, 1903) によって，深遠な哲学的洞察を背景として，主観主義に立脚した相当因果関係論を展開し，彼の司法大臣時代に完成された「ドイツ刑法改正私案」（ラードブルッフ私案）は主観主義的色彩の濃厚な刑事政策をとり入れたきわめて進歩的な草案で，死刑の廃止・懲役刑およびこれと結びついた

一切の名誉刑の廃止・堕胎罪における絶対的不能犯の不処罰等その後のドイツ刑法の基礎となった重要な意義をもっている。その基本思想は，応報理念で形成された刑法は刑罰として現われるが，徹底的に改善・保安処分の意味において形成された刑法は，刑法であることをやめる。

　すなわち，刑法の発展が将来刑法を踏み越えて進み，刑法の改正がよりよき刑法に終ることなく，刑法よりもより善く，より聡明であるような人間的改善法および社会防衛法に至るであろうとされる。本当に立派な卓見と言わなければならない(31)。

　このようにして，応報刑論をとる古典学派と目的刑論をとる近代学派との間に，犯罪論・刑罰論をめぐって，はげしい論争がはじめられた。これを刑法学派の争い（Streit der Strafrechtsschulen）ということはすでに述べたとおりである。この論争を通じて明らかにされた両派の見解は，まず古典学派にあっては，

① 犯罪は自由意思（Willensfreiheit）を有する抽象的理性人によってなされるから刑法の責任は自由意思を基礎とする（非決定論 Nondeterminismus）。

② 犯罪は現実に外部的に発現された結果であり，行為である（現実主義・行為主義 Tatprinzip，客観主義）。

③ 犯人の犯罪意思に対する道義的非難を中核とする責任を論じ（道義的責任論 Moralische Schuld・行為責任論 Tatschuld）

④ 刑罰は，悪行としての過去の既成の犯罪に対して加えられる「害悪的応報」（Vergeltung in malum Partem）である（応報刑論 Vergeltungstheorie）。

⑤ 刑罰は一般人をして将来犯罪を防止するための威嚇力である（一般予防主義）。

⑥ 責任に基づく刑罰と危険性を前提とする保安処分との異質性を強調する（保安処分，二元主義）。

　これに対し，近代学派の見解は，

① 実証科学的見地から意思の主体は統一体としての人格であり，自由意思は「単なる幻想」（una pura illusione）にすぎず，それは「選択の自由」（wahlfreiheit）であって，行為の自由と混同してはならない。したがって行為者に自由意思は存在せず，自由意思の問題は直接刑法上意味がない（決定論 determinismus）。

② 罰せられるべきものは，素質と環境とによって宿命的に決定される行為ではなく行為に徴表される社会的危険性をもつ犯人自体である（**行為者主義** Täterprinzip, **徴表主義** Symptomatik）。
③ 犯人はその社会的危険性のゆえに，社会から社会を保全するために防衛の処分を受けるのである（社会的責任論・社会防衛論 défense sociale）。
④ 刑罰は応報ではなくて「教育」（Erziehungs）である。教育刑をもって，単なる知的教育を意味するものと解してはならないし，また単に自由刑の執行の理論としての「教育行刑」（Erziehungsstrafvollzug）の理論と解するのは誤っている。犯人を社会人に形成して，その犯罪以前の状態に復帰させることである。その意味で「再教育」（Reeducation）である（**教育刑論** Erziehungsstrafe）[32]。
⑤ 刑は犯人の反社会性を「矯正教育」（Corrective education）して，「再社会化」（Resozialisierung）することを目的として科されるのであって，犯罪をなしたからではなく，再び犯罪をなさないように科されるのである（目的刑論 Zweckstrafe）。
⑥ 犯人の個性に従って，これに適した方法によって犯人を再社会化し，彼の社会復帰を可能にしようとするものであるから，刑罰の個別化（Individualisierung der Strafe）を本質とし，教育刑の方法は，犯人の特性に応じてなされるから保安処分と刑罰とは手段上の相違であって，性質を同じくすると説く（**保安処分一元主義**）。

このような理論的対立は，ドイツ以外のヨーロッパ諸国にも波及し，わが国でも大正期から昭和初期にかけて，近代学派の勝本勘三郎，牧野英一，宮本英脩，木村亀二と古典学派の大場茂馬，小野清一郎，滝川幸辰との間で熾烈に展開された。

しかし，最近においては，このような学派の論争は止揚されてきている。

第8節　刑法理論構造と体系

刑法理論（Strafrechtstheorien）とは，従来ドイツの刑法学者が使用してきた用語であって，通常，刑罰の本質，目的，根拠等に関する刑法の基礎的理論を

指すものとされてきた。

むしろ，これらは，厳密に，**刑罰理論** (Straftheorien) と称されるべきであって，適切ではない。

ここでは，ひろく犯罪および刑罰に関する刑罰の基礎的・一般的理論を刑法理論と解しておく。

刑法理論の体系は犯罪論と刑罰論より成り立つ理論構造をもっている。これらは，人間の生命・身体・自由を奪われる可能性を包含し，国家にとっては，もしその適用を誤れば社会の秩序を維持し得ないばかりか，国家の存立を危くする危険性をも含んでいるきわめて重要な理論構造である。それだけに，刑法理論では，各人の人生観・世界観という深刻な問題にふれるから，犯罪概念の規定が厳密で立場が明確であることが絶対に必要である。

(1) **犯罪理論** 犯罪概念の理解の仕方に，刑法理論上，主観主義および客観主義という区別がある。

客観主義が犯罪の外部的動作と結果を基礎とするのに対し，主観主義は犯罪の外部的動作および結果を包含した上で，さらに犯人の反社会的性格，すなわち，犯罪行為を反覆する犯人の社会的危険性 (Gemeingefährlichkeit) を基礎として刑罰的評価をする立場をいう。

したがって，客観主義は行為主義 (Tatprinzip) であり，主観主義は行為者主義 (Täterprinzip) であるといってよい。

近代刑法学上，学派の傾向として，古典学派 (Klassische Schule) (その後「新古典学派」) は，①客観主義，②現実主義，③応報刑主義，④一般予防主義がとられ，近代学派 (Moderne Schule) は，①主観主義，②徴表主義，③教育主義 (目的刑主義)，④特別予防主義を採用するのが一般である。リストの「罰せられるべきものは，行為ではなくて行為者である」(Nicht die Tat, sondern der Täter ist zu bestrafen) という標語は，古典学派の客観主義・行為主義に対して，率直に，近代学派の主観主義・行為者主義を表明したものにほかならない。このようにして，犯罪または行為に重点をおく考え方が対立した結果，行為を客観的に判断するのであり，行為者を主観的に判断するのであるという見地から，客観主義と主観主義は，刑法理論の2つの対立する指導理念にまで高められるにいたったのである。

客観主義は，行為は行為者を離れて，それ自体において独自の価値ある事実と解するのに対し，主観主義は，行為は行為者の行為であり，行為者との関連を離れて独自的意義を有するものではないと解する。したがって，客観主義(行為主義)を徹底すれば，犯人の現実的行為を科刑の基礎とみる現実主義(Realistik)に到達し，主観主義は，犯罪という外部的行為は，その行為者たる犯人の人格を徴表するものであるという徴表主義または犯罪徴表説（Symptomatik; symptomatische Verbrechensaussetzssung）を生みだすのである。

　現行法上，いかなる形式において，客観主義と主観主義は表現されているかを考察して見よう。刑法典は理論体系ではないから，いずれの理論にとっても必ずしも一貫した体系を示しているとは言えない。そこで，そのもっともいちじるしい表現は未遂と共犯の解釈の中に見られる。

　未遂については，その前提である犯罪の実行の着手の概念をいかに決定するかにあるが，客観主義は行為が外部から観察して，構成要件の一部実現したときに実行の着手があったとか，法益侵害の危険が切迫したときであると理解しているが，主観主義では犯罪的意思が外部行為によって確実に識別せられるに至ったときに着手があると理解している。

　共犯についても，客観主義においては，共犯が未遂となるのは，正犯の実行の着手があり，それが未遂に終わった場合にかぎるとするに対し，主観主義においては，その他に教唆者または幇助者の行為自体につき実行の着手ありと考えられる場合には，たとえ正犯の実行行為がなくても，刑法第43条により共犯の未遂があり，第44条の範囲内で未遂犯として罰せられると解する。

　正犯と従犯との区別に関しても，客観主義は，結果に対して原因力を与えた者が正犯であり，条件を与えた者が従犯であるとか，重要な原因を与えた者が正犯であり，軽微な原因を与えた者が従犯であると解するのに対し，主観主義では自己のためにする意思に出たか他人のためにする意思に出たか，あるいは主動的であるか受動的であるかによって区別する。わが国においては，**客観主義**に立つ学者（小野清一郎，滝川幸辰，久礼田益喜，団藤重光，佐伯千仭，斎藤金作，植松正，下村康正，西原春夫，大塚仁等の諸家）が多数説であるが，**主観主義**に立つ学者（勝本勘三郎，牧野英一，宮本英脩，木村亀二，市川秀雄，小川太郎，江家義男，八木国之，阿部純二の諸家）もあげることができる。今日，ドイツにおい

ては主観主義によるものが通説である。

(2) **刑罰理論**　　刑罰概念の理解の仕方にも，刑罰の本質・目的に関する理論として，応報刑論と教育刑論に見解が分かれている。

主観主義の刑罰理論は目的刑・教育刑であって，特別予防主義と結びつき，客観主義の刑罰理論は応報刑であって，一般予防主義と結びついているのが原則である。

応報刑論は，刑罰をもって過去になされた犯罪に対し，それに相当する反動としての害悪・苦痛を加えて返すことであり，刑罰権の法的根拠を，もっぱら，正義の要求，または道義的必然性に求め，「犯罪があるから罰せられる」と説いた。

これに対して，**教育刑論**は，刑罰をもって過去になされた犯罪に対するものではあるが，それによって将来犯罪がなされることを予防し，刑罰によって社会を防衛するという目的を達成しようとする意味において，**社会防衛論**(théorie de la défense sociale) であり，刑罰の内容は犯人の再社会性 (Resozialisierung) と社会復帰 (Rehabilitation) の可能性に応じて個別化 (Individualisierung) し，犯人をして有用なる社会の一員として社会復帰させるための改善・教育なりとする理論である。

リープマンが「人間を改善するには教育ということを措いて他によりよい方法はない。刑は教育である。もし，そうでなければ凡そ意味がない。」(Die Strafe ist Erziehungs oder sie hat überhaupt keine Existenzbechtigung) と主張したのはまさにこのことである。

刑法学は本来，人間に関する学問であり，教育の学問である。いかなる行為をしてはならないかを教えるものである。その意味において，刑法は「責任の教育学」である。教育はおよそ，有用な社会の一員をつくりあげることが目標であり，理念でなければならない。

それはその個性的存在に従って個別に処遇・教育されるのでなくては教育の効率は低い。すなわち，一般人は学科教育を通じて文部教育を施し，盲聾啞者にはこれに適した特殊教育が施され，犯罪者に対しては「矯正教育」が施されてこそ，刑事裁判と行刑は人間教育の主体たりうるのである。それは将来に対する明るい展望と使命を行刑と犯罪者に与える。教育刑の方法は，犯人の特性

に応じて，これを社会人とならせるに適するかぎり，「再教育」(reeducation)として，学科・職業教育，体育・労作等，何らの制限もなく行い，拘禁のない「開放施設」(Open Treatment) を用いることもあり得る。

このようにすることによって，国家は「教育国家」(l'État Éducateur) として，人道的に再犯を撲滅し，文化国家を犯罪から防衛することが可能なのである。矯正教育の主体者は常に「矯正」と「処罰」の岐路に立っている。しかし，受刑者は，いつの日にかは釈放せねばならぬものである。その釈放の日，われわれは，その者を，どう処遇したとして社会へ送りかえすことになるべきであろうか。刑法はこうした人間の魂に課された永遠の課題をその刑罰理論のうちに内包していることを忘却してはならない。

第9節　刑法規範と解釈学

刑法規範(Strafrechtsnorm)は罪刑法定主義の原則によって成文をもって表示せられた条文である。

条文がすなわち刑法規範ではなく刑法規範を表示した命題であり，刑法規範は条文によって表示せられたところの意味である。この刑法の規範的意味を解釈を通して認識するのが刑法解釈学（Auslegung des Strafrechts; interpretation of Criminal Law）である。

したがって，刑法解釈学の任務は，刑法各本条の規定する犯罪の共通的な要素を客観的に分析し，体系化することによって，これを理論的に把握することであり，実定法の条文を基礎として，方法論的・自覚的に理論的体系化することであるといえる。

この意味において，刑法学は，すべての科学と共通に，その不可欠的方法として，体系的思惟を基本的要請としている。もちろん，その体系的思惟に関しては，方法論的にいろいろな学説がある。

(1)　**概念法学**（Begriffs Jurisprudenz）

論理の法則に従って，特に形式論理を重んじ，三段論法等の方法によって，緻密な刑法理論構成と精密な刑法の犯罪概念および刑罰概念を樹立することによって，刑法の完全な体系化を打ち立てることを内容とする。

刑法のドグマテッシェといわれるものはこの立場に属する。カント,ビンディング,ビルクマイヤーなどである。

(2) **分析法学** (Analytical Jurisprudence)

刑法の体系的思想を分析するという方法論を前提とするもので,正確な法概念を樹立した点において,刑法解釈学上,進歩があるけれども,その分析が,極端に押し進められると,概念法学に堕し,刑法学の究極的任務としての実践性・実用性を喪失し,実生活から遊離した概念遊戯に化する可能性をもつことになる。そこでこのような体系的思想の現実遊離化の危険を防止するものとして,最近では,経験法学(Experiential Science of Law)や実験法学(Experimental Jurisprudence) ということが強調せられている[33]。

刑法解釈学はその方法として,実定刑法(Positives Strafrecht)の規定の文言・命題に拘束されながら,それを文理解釈 (grammatische Auslegung) し,論理解釈 (logische Auslegung) して,客観的な法規範的意味内容を明らかにすることである。

特に,刑法解釈学では罪刑法定主義の原則の要請として厳格な解釈をしなければならず,行為者に不利益な類推解釈 (Analogie) は許されない。

だが,解釈学の方法論として,刑法の予定する正義の実現と社会防衛という見地から,目的論的解釈 (Teleologischche Auslegung) を提唱する立場がある。また形式論理に拘泥せず,解釈の目的性を強調する自由法論(Freirechtslehre) がある[34]。

これは,裁判官の広い範囲の自由裁量,いわゆる裁判官の立法 (Judge-made-Law) を認め,普遍的な原則の適用ではなく,法の目的または利益を考え,その達成のために,個々の事実に具体的に満足を与えんと努めるものである。個々の法律条文の目的を顧慮することは,その限りでは,明文の根拠を有するものであるから,それまでさけることはできないのである。このような見地は,ややもすれば誇張されやすく,容易にその限界を逸脱する危険性を内含していることは否定できない。

これは,ドイツにおけるメツガーやシュウインゲの理論が辿った運命——彼らの掲げた限界は無視され,1935年のドイツ刑法第二条の類推許容規定への改変に呼応して,ドイツから罪刑法定主義を抹殺することに力をかした形になっ

てしまった。——ことからも明らかであるが，さらに戦後のわが国における一部判例のなかにも，その憂慮すべき誇張が，表われていると思われるからである。

わが刑法の解釈としては，次の諸点に考慮すべきである。

(1) わが刑法上，刑罰を科しうるのは，刑罰法規の明文があるときに限り，(憲法31条，39条)しかも，その刑罰法規は原則として，狭義の法律でなければならない（憲法76条3項）。この点に関しては，すでに述べたように，刑法では，通常拡張解釈は許されるが，類推適用——刑罰を科しあるいは加重する方向への——は許されない。

(2) 刑法の**解釈は厳格**でなければならず，**類推適用は許されない**といわれるものの刑法の世界もまた変化してやまない社会生活の一部であるから，その解釈もまたこのような社会生活自体の推移からもたらされる影響を免れることは出来ない。刑法条文の語句そのものには何の変化もなくても，社会生活の変化が，その不変の条文の語句の内容を変えてゆく，変質化と空洞化は避けられない。このような変化の適例は，たとえば，判例に現れた「猥褻」（刑事判決録20-145）や「物」（刑事判決録9-874）という概念の変化の中にも現れている。

不利益な類推解釈（analogia in malam partem）を許さないのは，それが，罪刑法定主義の原則に反し，個人と社会の利益の調和という刑法の目的から引かれた明文上の限界を破壊し，刑法の目的に反するからである。

刑法の解釈は刑法の生命である。解釈なくしては刑法は死せる文字に等しい。しかし，刑法解釈学がStrafrechtsdogmatikといわれるものから，「科学としての学問」としての刑法学になるためには，実践的経験科学としての実験仮説と検証が定立され，客観的測定可能な関係を基礎として初めてstrafrechtswissenschaftとなりうるのである。したがって，刑法解釈学は刑法構造全体の目的にしたがい個々の条文に立脚した科学的目的論的方法によるべきであって，非科学的主観によって解釈してはならない。常に客観的な法の精神においてなされることが特に必要である[35]。

(1) Radzinowicz-Turner, The modern approach to Criminal law, 1948, p. 12. 最近イギリスでは犯罪学と刑事政策を総称して「刑事学」（Criminal Science）といわ

れている。この他に，刑事司法 (Criminal justice) というとらえかたもある。リストがかつて全刑法学 (Gesamte Strafrechtswissenschaft) として概念構成を期したのもこの点である (Liszt, Kriminalpolitische Aufgaben, 1889, Strafrechtliche Aufsätze und Vorträge, 1. Bd., S. 293 f.)。

(2) 現に犯罪を犯し，または犯罪を起す虞（おそれ）ある者に対し，その犯罪的危険性を予防及び取り除くためにする刑事処分を云う。その処分は，犯人の自由を拘束し，制限する拘禁処分で，治療処分であったり，矯正教育を目的とする保護処分であったりする。これを「対人保安処分」といっている。最近では「矯正・改善処分」といわれている。その他に，犯罪性のある危険な団体（例えば，オーム眞理教のような）を法人解散・閉鎖させる処分もある。これを「対物保安処分」と云っている。諸外国（ドイツ，フランス・スイス・オランダ・イタリアなど）はこの保安処分を刑法に規定している。

(3) ドイツでは，Eisenberg, Kriminologie, Jugendstrafrecht, Strafrollzug. Fälle und Lösungen Zu Grundproblemen, 1999 として，少年刑法，外国刑法 (ausländisches Strafrecht) や国際刑法 (internationales Strafrecht) までも含めるのが最近の動向である。

(4) ドイツ・イギリス・アメリカ・フランスでも，Claus Roxin, Strafrecht, Allgemeiner Teil, Band I, 3. Aufl., 1999, S. 1f.

(5) 最近は，これが一般的であるが，刑法と刑事訴訟法・行刑法の有機的運用を唱道されたのは，わが国では牧野英一博士が最初で，その後，団藤重光博士も「段階的運用」を説かれ，平野竜一博士は，これを有機的一体のプロセスとして説かれる。今日ではこれが通説となっている。

(6) 藤木英雄「経済取引と犯罪」（有斐閣双書・昭和49年），斉藤豊治「経済刑法・経済犯罪研究における視座の変遷」刑法雑誌 (1990年) 30巻4号455頁以下，神山敏雄「先物取引と経済刑法」刑法雑誌 (1990年) 30巻4号500頁以下，芝原邦爾「経済刑法研究①・経済刑法と市民の経済生活の保護」法律時報58巻5号98頁以下，板倉宏「企業犯罪の理論と現実」刑法雑誌19巻1=2合併号 (1975年) 20頁以下，佐藤司「ビジネス犯罪とハイテク犯罪」法令ニュース（平成元年）24巻10号36頁，俵谷利幸『金融犯罪―解釈と実務』（日世社・昭和59），佐藤司「企業犯罪の研究―商法改正案をめぐって」亜細亜法学32巻2号25頁以下，1998。
C. Müller, Wirtschaftsstrafrecht, 2000.

(7) 木村亀二「刑法規範の論理的構造」法学10巻1103頁以下，竹内昭夫「インサイダー取引規制の強化」商事法務1144号16頁以下。
Karl Binding, Die Normen und ihre Unbertretung, 1872, S. 55 ff. ビンディングの規範説 (Normentheorie) は犯人の侵害するところの法は「刑罰法規」(Strafgesetz) ではなくして，すべての刑罰法規が論理的に前提とし，原則的には時間的にも先行しているところの，国民に向っていかなる行為をなさねばならぬか，いかなる行為をなしてはならぬか等行為の準則を指示する規範であるとする説。その他，

ベーリングの構成要件説 (Beling, Ernst; Die Lehre vom Verbrechen, 1906) とか，M・E・マイヤーの文化規範説 (Mayer, Die Rechtsnormen und die Kulturnormen, 1923) やヒッペルの刑罰法規自体説 (Robert von Hippel, Deutsches Strafrecht I, S. 16 f.) がある。

(8)　罪刑法定主義については，大野真義『罪刑法定主義』(世界思想社，1982年)，三井誠「罪刑法定主義と『明確性の理論』」法学セミナー228号，牧野英一「罪刑法定主義の展開」(昭和11年)，「罪刑法定主義の解消」(昭和11年)；滝川幸辰「罪刑法定主義の史的概観」(昭和14年)；木村亀二「新刑法と罪刑法定主義」新憲法と刑事法 (昭和25年)，「罪刑法定主義」刑事法講座1巻 (昭和27年)，滝川春雄「罪刑法定主義の現代的意義」(昭和23年)，「罪刑法定主義」法律理論編 (昭和27年)，八木胖「罪刑法定主義」法律学演習講座 (昭和30年)，宮内裕「罪刑法定主義の回顧と展望」法律文化3巻 (昭和23年) がある。最近の欧文の文献は，Asua : Nullum Crimen, nulla poena sine lege. (Zeitschrift für die gesamte Strafrechtswissenschaft, 63 Bd.) 1950, S. 166 ff. Grunwald ; Bedeutung und Begründung des Satzes "Nulla poena sine lege," (Zstrw. Bd. 76, 1964, S. 1 ff.)。Arthur Kaufmann: Analogie und "Natur der Sache" Zugleich ein Beitrag zur Lehre vom Typus, 1965, S. 42. Jürgen Baumann; "Keine Strafe ohne Schuld" Strafrecht, Allg. Teil. 4 Auf. 1966, S. 334 ff., Claus Roxin, Strafrecht, Allgemeiner Teil, Band Ⅰ, 3. Aufl., 1999, S. 68 ff.

(9)　マグナカルタ (magna charta § 39.) の原文はこうなっている。
"No freeman shall be taken or imprisoned or dispossessed, or outlawed or vanished or in any way destroyed, nor will we go upon him, nor send upon him, except by the legal Judment of his peerser by the law of land."(「いかなる自由人も，同一身分のものの適法な裁判又は国の法律によらなくしては，逮捕せられず，監禁されず，領地を剥奪されず，法的保護を剥奪されず，追放されず，いかなる方法によっても破滅されず，また暴力を加えられず，投獄されることはない」)。Lau, Thaddaeus, Die Entstehungsgeschichte der Magna Carta, Hamburg, 1857.

(10)　Feuerbach, Lehrbuch des gemeinen in Deutschland geltenden peinlichen Rechts, 1801, S. 41 ff.

(11)　市川秀雄「刑法における新法治国家論」滝川還歴「現代刑法学の課題」(上) 77頁以下，市川秀雄「文化国家と法律」哲学的文化73頁以下。

(12)　ナチス刑法は1935年6月28日の法律によって，罪刑法定主義を規定していた旧ドイツ刑法第2条を改正して，「法律が可罰的なものと宣言し，又は刑罰法規の基本思想並びに健全な民族感情に従って刑罰に値すると考えられる行為をなした者は罰せられる。行為に対して特定の法律が直接に適用せられないときは，その行為に対してもっともよく妥当する基本思想を持った法律によって罰せられる」として，罪刑法定主義を否定し類推を許している。

(13) 三井誠「罪刑法定主義と『明確性の理論』」法学セミナー228号
門田成人「アメリカ連邦最高裁における刑罰法規明確性の理論の展開について」犯罪と刑罰6号参照。芝原邦爾「刑罰法規の明確性・広汎性」（最高裁昭60年10月23日，刑集39巻6号413頁），（刑法判例百選Ⅰ，6頁以下，1997），板倉宏「刑法総論」36頁以下。
(14) Oehler, Grenzen des aktiven Personalitäts prinzip im internationalen Strafrecht, (Mezger-Festschr, 1954) S. 83 ff.
(15) Jescheck, Lehrbuch des Strafrechts, Allgemeiner Teil, 5. Aufl., 1997, S. 326 f.
(16) Jescheck, a.a.O., S. 100 f.
(17) Jescheck, a.a.O., S. 108.
(18) 前田雅英「刑法総論講義」289頁では，原因において自由なる行為について詳細に論究している。
(19) 牧野英一「刑法における重点の変遷」，「刑事学の新思想と新刑法」，滝川幸辰「刑法学派の争い」刑事法講座1巻21頁以下，木村亀二「リスト」刑法雑筆229頁以下，Birkmeyer; Schutzstrafe und Vergeltungsstrafe, 1906, S. 401 ff.
(20) 刑罰の歴史については，V. Hentig; Die Strafe. I. Frühformen und kulturgeshichtlich Zusammenhänge, 1954. Steinmetz ; Ethnologische Studien zur ersten Entwicklung der Strafe, I,II, 1928. Radbruch; Elegantie juris criminalis, 1950. 滝川幸辰「刑法史の断面」（昭和23年），石井良助「刑罰の歴史」（日本・西欧）（昭和24年），吉田常次郎「日本刑法小史」法学新報74巻7・8号31頁（昭和41年），荘子邦雄「封建制社会における刑法」滝川還暦「現代刑法学の課題」（上）171頁以下，細川亀市「史的研究日本法の制度と精神」（昭和19年）。本来ならば，犯罪の歴史的展開も論ずべきであるが，現在のところ系統的な研究書はない。比較的詳しいのは，H.Mannheim, Pioneers in Criminology,. 1960, R.Jeffery, The Historical Development of Criminology, 1960.
(21) Elio Monachesi, Cesare Beccaria, 1960, S. 36 ff.
(22) 井上禅定「鎌倉東慶寺の縁切寺法」鎌倉国宝館論集（昭和41年）18頁。
(23) 石井良助校訂「徳川禁令考」（後集第一）250頁以下。
(24) 滝川政次郎「日本法制史」（昭和34年）397頁以下，石井良助「日本刑事法史」（創文社・昭和61年）93頁。
(25) 滝川政次郎「日本法制史」（昭和34年）405頁以下，辻敬助編「日本近代行刑史稿（上）」（矯正協会・昭和49）811頁以下，人足寄場顕彰会編「人足寄場史」（創文社・昭和49），平松義郎「人足寄場の成立」名大・法政論集33号，滝川政次郎「日本行刑史」（青蛙房・昭和39）283頁以下。
(26) Wolfgang: "Cesare Lombroso" (pioneers in criminology, 1960) S. 168 ff.
(27) Sellin; "Enrico Ferri" (Pioneers in Criminology, 1960) S. 277 ff.
(28) リストについては，Liszt ; Der Zweck gedanke im Strafrecht (1882) (Str-

aufsätze, 1 Bd., S. 166), 木村亀二「リスト」刑法雑筆（昭和30年）229頁以下，竹田直平「リスト」刑事法辞典834頁以下。Hippel u. Liliental ; Firanz von Liszt, Zst W. 40. Bd., 1919, S. 529 fs. Liszt; Strafrechtliche Aufsätze und Vorträge, 1905, 1 Bd., S. 132, 213, 251, Welzel, Naturalismus und Wertphilosophie im Strafrecht, 1935, S. 22 ff.

(29) ハーメルについては，牧野英一「ハメル」刑法の国際化（昭和32年），374頁以下，高橋敏雄「ハアメル」刑事法辞典810頁。Van Hamell, Zeitschrift für die gesamte Strafrechtswissenschaft, Bd. 38, 1917, S. 553 ff.

(30) リープマンについては，滝川春雄「リープマン」刑事法辞典（昭和32年）833頁，小川太郎訳「リープマン・戦争と犯罪」司法資料245号，Liepmann, Die Reform des deutschen Strafrechts (Kritische Bemerkungen zu dem "Strafgesetzentwurf") 1921.

(31) G. Radbruch, Rechtsphilosophie, 4. Aufl., 1950, S. 269. G. Radbruch, Der innere Weg, Aufriss menes Lebens, 1951, S. 45 f. 宮崎澄夫「ラードブルフ刑法草案について」法学研究28巻8号7頁，木村亀二「ラードブルフ案」刑法雑筆（日本評論新社，昭和30年）140頁以下，竹田直平「ラードブルフ」刑事法学辞典（昭和32年）831頁以下，牧野英一「タリミナリストとしてのラードブルッフ」刑法の国際化（昭和31年）414頁以下。

(32) 牧野英一「刑法の主観主義」現代の文化と法律273頁以下，木村亀二「刑法における客観主義と主観主義」刑法解釈の諸問題91頁以下。

(33) 佐藤司「実践刑法におけるジュリメトリックス」亜細亜法学2巻1号108頁以下。

(34) 牧野英一「教育方法としての刑罰と法律関係としての刑罰」刑法における法治国家思想の展開473頁以下，木村亀二「応報刑と教育刑」刑法の基本概念53頁以下，松尾浩也「刑罰法規の解釈」（最高裁平成8・2・8，刑集50巻2号221頁）「刑法判例百選I」4頁以下。

(35) 木村亀二「刑法解釈の本質」法学14巻1号1頁以下，町野朔「刑法の解釈」（『考える刑法』1986），田宮裕「刑法解釈の方法と限界」『変革のなかの刑事法』25頁以下（2000）。

第2編　犯　罪　論

第1章　犯罪の基本概念

第1節　犯罪概念の基底

I．犯　　罪

　犯罪（Verbrechen; Crime）とは何か。犯罪の成立要件および態様とはいかなるものか等についての一般理論を研究する分野を刑法学上，犯罪論（Verbrechenslehre）とよぶ[1]。

　犯罪は行為（Handlung; Tat; act）である。それは，外界に発現した行為者（犯人，Täter）の身体・有意的・目的的活動を要素とする。犯罪行為とされるためには法律秩序に違反する行為，すなわち，違法（Rechtswidrig）な行為でなければならない。しかし，違法な行為の類型は無数に存在する。たとえば窃盗行為をとって考えてみても，すりも，万引も，忍び込みも，置き引きもある。これらの類型を刑事学では犯罪類型（Deliktstypus）とよんでいるが，刑法では，これらのいわば刑事学的犯罪類型を一つの法律的犯罪定型（Gesetzlichertypus）にまとめて，窃盗罪とする。

　このように，犯罪とされるためには，法律によって規定された犯罪定型にあてはまった行為であることが必要である。これを犯罪の定型性（Typus）とよんでいる。この犯罪の定型性を充足することが，犯罪成立の法律上の第一の要件であるところから，**犯罪構成要件**（Tatbestand）という。

　しかも，それは行為者に非難を帰することのできる行為，すなわち有責性（Schuldhaftigkeit; Schuld）の行為でなければならない。

　このようにして，今日，刑法学上，「犯罪とは，犯罪構成要件に該当する違法

かつ有責な行為である」と定義される。このような犯罪概念は，ドイツ刑法の下で出てきたもので，わが国でもその強い影響をうけて形成されてきた。

そこでは，「行為としての犯罪」，「違法行為としての犯罪」，「責任行為としての犯罪」，「刑罰を科される行為としての犯罪」という概念があった。それを，犯罪を刑法に照らして，①犯罪構成する要件に該当しているかどうか，②それは次に違法な行為であるか，③犯罪を行為した者に刑法上の責任があるか，という三段階の犯罪構成をするのが一般である。最近では，少数説ではあるが，この他に，④可罰性があるかどうかを論ずるべきであるとする説があらわれた。これは，犯罪は何よりも可罰的行為であるべきだとするところから出発している。行為がたとえ違法で，有責性があっても，それだけで，直ちに刑罰を科することができる行為といえるか。とするもので，その行為が法共同体にとって堪え難く，無価値なとき，初めて犯罪と認めるべきではないかとする理由に基づくものである[2]。

ここで注意しておきたいことは，刑法学上，行為が重要なのは，刑法規範の範囲の事実であるという点で，その行為を識別させる基準が行為概念の出発点として，一定の計量的評価基準を科学的に探求しなければならないことである。従来，犯罪論は，単に犯罪の成立要件のみを抽象的に論じていたが，犯罪行為の「量」と「質」が具体的に確定されることが刑の量定にとってとくに重大な意味を有する。

刑法が社会統制（Social control）の一つの手段として，刑法規範の実効化（effectuation）を確保することが，罪刑法定主義の現実的要請だとするならば，犯罪論においても，犯罪の成否のみならず，刑罰論の前提たる量刑の基礎となる犯罪の「質」と「量」の程度も考察されるべきである。こうした科学的探求が今後の犯罪論の進むべき一つの方向であり，これを解明することによって，犯罪理論に，稔りの多い深化がもたらされると考えられる。

犯罪は構成要件該当性・有責性・違法性を有する行為の実現によって成立するが，刑罰権はそれについて直ちに発生するのではなく，さらに他の一定の条件が必要である。その条件を処罰条件（Bedingung der Strafbarkeit）という。また，刑罰権の発生を妨げる一定の事由のある場合，これを処罰阻却事由（Strafausschliessungsgründe）とよぶ（滝川博士，佐伯博士のように処罰条件を違法

類型と解される見解もあるが，刑罰論において詳説する)。

II. 行　為

　行為の概念 (Handlungsbegriffe) は犯罪体系を構築する基本的共通概念である。現在わが国には，3つの考え方がある。(1)犯罪論の体系は，構成要件該当性と違法性と責任性とするもの (3分説)，(2)行為と構成要件該当性，違法性，責任性とするもの (四分説)，(3)行為と不法と責任とするもの (行為三分説) がそれである。

　行為は，それ自体の現実的意味を重視するか，あるいは行為者の性格の徴表的意味を重視するかはともかくとして，犯罪概念を理解する上において，きわめて重要な役割を与えられている。このような意味において，まず，行為が犯罪概念の基底におかれなければならない。

　この行為の概念には，犯罪論体系上，通常2つの意義がある。

　その一は，行為でないものは犯罪になりえないという意味において，刑法上問題となる一切の現象を包含するところの刑法的評価の外枠を形成し，刑法的評価の対象となりうるものと，その外にあるものとを選択する標準を与えるということである。その二は，行為は構成要件該当性，違法性，責任性が付加語または形容詞としてつけ加わるべき共通概念であるという意義である。

　行為は行為者の外部に発現した身体的活動であって，単なる内心の意思のみでは，犯罪とはなりえない。通常，犯罪行為は，故意の作為犯・不作為犯，過失の作為犯・不作為犯という形であらわれる。その行為の意味をどのように理解するかによって，見解が分かれている。

　アメリカの模範刑法典 (The American Law Institute Model Penal Code, 1962) などでは，この犯罪行為概念を規定化しようとした試みである[3]。そこでは，「行為 (Conduct) とは，一定の心理状態をともなった作為または不作為をいい，場合によっては，一連の作為および不作為を含む」とする。その作為 (act or action) は，任意のものであると不任意のものであるとを問わない身体の動作をいう。不作為とは，当然に作為に出ないことをいう。

　その上で，§2・01条は，「自然の自発的行為の必要性，責任の根拠としての不作為，所持の行為性」を規定している。

(1) 何人も，自発的な作為又は物理的に可能であった作為に出なかった不作為を含む自己の行為を理由とするものでない限り，罪を犯したものとすることはできない。

(3) 次の各号の場合を除き作為をともなわない不作為は，罪を犯したことに対する責任の基礎とすることができない。a) その罪を規定する法律によって，不作為だけで十分であることが明示されているとき，b) 前号のほか，法律によって作為義務が課せられているとき，がそれである。

ドイツでは，これを学説で論じている。いわゆる因果的行為概念（Kausaler Handlungsbegriff）と目的的行為概念（finale Handlungsbegriff）の区別がそれである[4]。

因果的行為概念とは，客観的な身体的活動を中心として，それに基づく因果関係の経過を重視する刑法上の行為論で，因果的行為論（kausale Handlungslehre）といわれている。刑法学上，19世紀以来の伝統的見解で，今日でもなお通説とされている。この見解に立てば，行為とは意思に基づく身体の運動または動静である。意思の客観化またはその外部的な実現といってもよい。

そこで，意思の客観化といえないところの反射運動や偶然的事故や絶対的強制下の動作・態度は刑法上の行為ではない。したがって，行為者の意思内容は責任の問題として行為論から排除されていた。

さらに，この行為論は，**自然的行為概念**（natürlicher Handlungsbegriff）と**社会的行為概念**（sozialer Handlugsbegriff）に区別される。

前者は，主として自然科学的視点から，精神的，身体的活動に重点を置く立場で，たとえば，リストの「有意的挙動による外界の変更」[5]行為説とか，ノバァコフスキー（Nowakowski）の「肉体的な挙動そのものの態様として純粋に物理的に理解されるべき」[6]行為などに代表され，後者は，エ・シュミットの「社会的外界にむけられた有意的な挙動」を行為とみる見解とか，エンギッシュ（Engisch）の「算定しうる社会的に重要な結果の有意的な惹起」を行為と解する，社会的に意味のある有意的（Willürlich）意思にみちびかれた挙動として理解する立場である。

その他，因果的行為論を採る学者には，ベーリング（Beling），ラートブルッフ（Radbruch），メツガー（Mezger）[7]，牧野英一博士，滝川幸辰博士，小野清

一郎博士，団藤重光教授，佐伯千仭教授等がある。

通常，因果的行為論においては，行為は，積極的動作であると消極的動作である不作為と，さらには故意行為と過失行為が統一概念として把握されている。

これに対し，目的的行為概念は近時ドイツのヴェルツェル (Welzel) によって主唱され，マウラッハ (Maurach)，ブッシュ (Busch)，ニーゼ (Niese) らの学者によって主張されている**目的的行為論** (finale Handlungslehre) に基づくものである。

ヴェルツェルは従来の行為概念を盲目的な因果性 (Kausalität) として否定し，「人間の行為は目的活動である」(Menschliche Handlung ist Ausübung der Zwecktätigkeit)[8]，目的のない行為はないとして，ニコライ・ハルトマン (Nicolai Hartmann) の哲学の影響のもとに，存在論的いわゆる目的性 (Finalität) を礎定し，目的定立的な意思に支配された実在的意味の統一体として，刑法学上の行為をとらえるのである[9]。行為の目的志向性を追求することは，現代の哲学的行為概念と一致する点を見落してはならない。

これまで責任条件とされていた故意（事実的故意・事実の認識）こそ行為の本質的要素，したがって，構成要件の主観的要素・主観的違法要素であるとされる。この説はこのように故意（事実的故意）を責任論から排除することによって，これまで事実の認識とならんで故意の要素と考えられていた違法性の意識の可能性を独立の責任として把握する見解（責任論）をとることを理論的に基礎づけることができると主張している。

「目的性」(Finalität) という概念によって，従来のいわば因果的行為概念に対し，より主体的な行為論を樹立しようとしている点に犯罪論の体系化についての正しい方向性をもっているといえよう。

しかし，故意を行為の本質的要素とするので，いわゆる過失行為は行為の本質的要素を欠くから，行為といえないのではないかとの疑問が生じる。

そこで，この点をめぐって，議論が集中し，「犯罪は行為である」という命題を否定して，過失行為は，因果的行為であって，その目的性は，故意行為のそれが「現実的」(aktuelle) であるのに対して，「可能的」たるにとどまるとして，過失行為の行為性を否定する説 (Welzel―平場説) や過失行為は構成要件的結果以外の結果，あるいは法的に重要でない結果を目ざした目的行為であると

して，過失の場合もなんらかの目的性を認めようとする説（Welzel―木村説）等が出ているが，目的行為論それ自体いまだ完結した体系として展開されていない点もあって，いまだ統一した結論をみるにいたっていない。

わたくしは，犯罪論の基底に礎定される行為概念はいやしくも刑法的判断の対象もされるべきものであるから，行為の物理的存在性を追求した自然的行為概念が方法論的に正しい核心をもっていると思う。

ただ現実の行為は主観と客観との複合体であって，行為の主観面を比較的軽視していた従来の因果的行為概念に対し，この点を指摘した意味において，目的的行為論の学説史的意義は認めるけれども，「目的性」という多様性を内包する概念をもって，過失行為や不作為行為を行為概念に包摂することを断念してまで，統一的行為概念をもたないこの目的行為概念を採用する現実的・理論的必要性があるかはなはだ疑問である。しかし，目的的行為論は行為者の主観的要因を強調する点において，主観主義に親しみやすい側面を有しているから，将来新たな刑法理論を構成することは可能だと思う。

III. 行 為 者

行為は「行為者」（Täter）と切り離して考えることはできない。行為の主体は「行為者」又は「犯人」（Verbrecher）であって，かかる意味において，行為者は犯罪概念の基底に置かれるべき，きわめて重要なモーメントである。

犯罪の主体たる人は，自然人であって，動・植物は犯罪の主体たりえない。法人またはその他の団体が犯罪の主体たりうるかについては議論がある。犯罪の主体たる自然人に対して刑罰が科せられる。これを「刑罰の一身専属性」(Personnalité des peines) の原則という。この原則は刑罰個別化の当然の結論に外ならない。もともと，近代学派の犯罪理論の根底に志向されたものは，かつて，リストによって表明された「罰すべきは行為ではなくて行為者である」(Nicht die Tat, sondern der Täter ist zu bestrafen) とする行為者自体であった。行為は行為者の人格の現実的表現であると同時に，行為によって行為者の危険性または反社会性が徴表されるという2つの性質の現実的統一にほかならない。そうだとすれば，行為者概念の基底には，「犯罪学的行為者定型」(Kriminologischer Tätertypus) が考慮されなければならない。

犯罪学的行為者定型は，犯罪現象を犯罪学・犯罪社会学・犯罪心理学等の隣接基礎科学によって分析研究された結果，形成されたところの行為者類型(犯人分類，Einteilung der Verbrecher)である[10]。古くは，リストの常習犯人・偶発犯人・職業犯人・激情犯人・確信犯人の刑罰作用を標準とする分類[11]から，アシャッフェンブルグ(Aschaffenburg)の犯行の形式を基準とした七分類を経て，グルーレ(Gruhle)の犯罪動機にしたがった犯人の五分類やメツガーの環境犯人と性格犯人に大別し，前者をさらに，葛藤犯人，発展犯人，機会犯人に，後者をまた，嗜好犯人，性癖犯人，状態犯人に分類するように最近は詳細な定型が立てられている[12]。

このような**行為者類型**は，具体的な犯罪性の程度を決するについて，重要な基礎基準枠を設定する役割を果たすとともに，現実の行刑上の犯罪人の処遇に分類処遇，受刑者分類として実践的要請をともなっている。とくに保安処分の運用上には必要欠くべからざる指標である。従来この類型化はその必要性を痛感されながら，なぜ，しかし閑却せられていたかといえば，観念的ディレッタントな類型化に終始して，現実の行刑・刑事政策への実践的実益は稀薄であったし，科学性を欠いた個性分類は常習犯人対策にすら光芒だに発見できなかったからにほかならない。

しかし，今日，この犯罪学的行為者類型はその科学性に基づいて刑法上，ますますその意味が重視されなければならない。すなわち，犯罪の主体たる行為者の刑の量定および処遇段階の処遇効果，その認定の基礎資料として，さらには仮釈放の認定基準として，行為者類型の分析なくしては，処遇効果は期待できない。そうして，すでに刑罰法規自体にも，常習犯の一態様である刑法186条1項の常習賭博の規定のように，卒直に行為者を問題としているものもある。常習性は行為そのものの属性ではなく，行為者の属性であるから，常習犯は行為者類型である。かように，行為者性自体，犯罪性を基礎づけ，または，その程度を高めるものとして，考慮されているわけである。かかる行為者の類型を刑法学では，**刑法的行為者類型**(Strafrechtlicher Tätertypus)，または，**構成要件的行為者類型**(tatbestandlicher Tätertypus)とよんでいる。

犯罪学的行為者類型はただちに刑法的行為者類型となるものではないが，基礎基準枠(frame of refeaence)として，重要な意味をもっていることはすでに

述べたとおりである。この理論に立って，立法化された刑法が，「行為者刑法」(Täterstrafrecht) である[13]。

今日，行為者刑法とは「行為刑法」(Tatstrafrecht) に対していわれるもので，行為ではなく行為者を規定し，これに対して刑罰効果を規定した刑法をいう。行為者に重点を置く主観主義刑法理論の基礎概念も行為者刑法であるが，ドイツ刑法第20条 a のように「危険な常習犯人」(gefährlicher Gewohnheitsverbrecher) に対して加重刑を規定し，また，第181条 a の「売春婦のひも」(Zuhälter) を刑罰することを規定した刑法がそれであり，イタリア刑法第108条の「傾向的犯人」(delinquente per tendenza) を規定し，第109条においてこれに対して保安処分を科する旨を規定しているような刑法が行為者刑法である。このように行為者刑法が暫次認められつつあるのが世界の刑法の趨勢である。

わが国においても，すでに述べた刑法第186条第1項の賭博常習者や「盗犯等ノ防止及処分ニ関スル法律」第2条および「暴力行為等処罰ニ関スル法律」第1条・第2条等の中に構成要件化されてきつつあるけれども，いまだ，わが刑法は「行為者刑法」を採用するにはいたっていない。

第2節　犯罪論の体系

犯罪論の体系をどのように構築すべきかについて，大別して，3つの体系がある。

(1) 因果的行為論体系, (2) 目的的行為論体系, (3) 行為と行為者との二元的犯罪論体系がそれである。

(1) 因果的行為論体系

まず，犯罪の要素を「主観面」と「客観面」に区分して，「主観的要素」ないしは「主観的構成要件」と「客観的要素」または「客観的構成要件」の二要素に区別するもの(ビルクマイヤー，ビンディング，牧野英一博士の体系)や，「行為」「違法性」「責任」「構成要件」の四要素に区別するもの (リスト，ベーリング，市川秀雄博士の体系)，「構成要件該当性」，「違法性」，「責任」の三要素とするもの (M・E・マイヤー，小野清一郎博士，団藤重光教授の体系)，または，「不法」(構成要

件を含む），「行為」「責任」の三要素として理論体系を組むもの（メツガー，シュミット，滝川幸辰博士，佐伯千仭教授，井上正治教授の体系）等，いずれも因果的行為論または，その修正理論に立脚して，犯罪論の体系を構築している。

(2) 目的的行為論体系

ヴェルツェルのいわゆる目的的行為論に基づく犯罪論の体系で，行為と行為者の二元論に立却しつつ，「不法とその行為者」「責任」「行為論」「可罰的不作為」の四要素に区別するもの（ヴェルツェル，マウラッハの体系），「故意」を構成要件要素とし，「過失」を違法性に含めつつ「構成要件該当性」「違法性」「有責性」の三要素をとっているもの（木村亀二の体系），「犯罪事実的側面」と「犯罪の規範的側面」に区分する体系（平場安治教授の体系）など従来の理論体系に立脚しつつ目的的行為論によって修正を加えているもので，体系的にも目下，発展途上のものである。

(3) 行為と行為者との二元的犯罪論体系

犯罪の構成要素を「行為」（客観的面）と「行為者（主観的面）」というように併列的二面に分類して体系づけようとする立場で，二元的犯罪論（dualistische Verbrechenslehre）とよばれている。因果的行為論に従いながらこの立場をとるもの（ラートブルッフ，カントロヴィッチ，ミッテルマイヤーの体系）と前述の目的的行為論に立つものがある（ヴェルツェルの体系）。

犯罪概念の基底に犯罪構成要素として，「行為」と「行為者」を同等に考察しようとし，刑法典上，行為者類型が規定されて「行為者刑法」が認められつつある現況から，行為者の刑事政策的意味に着眼して，目的論的行為者性を意図したラートブルッフの見解は創見と言わなければならない。

第3節 犯罪構成要件の理論

法律的犯罪構成要件（gesetzlichen Tatbestand）とは，違法・有責な行為または行為者を類型化して規定した法律上の概念である。「犯罪の定型」といってもよい。

構成要件を中核とする犯罪理論を理論的支柱として，一貫した刑法理論体系を構成するのを「構成要件理論」(Tatbestandslehre) という[14]。

この理論は，ドイツでベーリング (Beling) の「構成要件の理論」(Die Lehre vom Tatbestand. 1930) で提唱されて以来 M・E・マイヤー (M.E.Mayer)，ザウワー (Sauer)，メツガー (Mezger) によって支持され，わが国では，小野清一郎，滝川幸辰，団藤重光によって，精緻な理論的展開がなされている。この立場は，平場安治，植田重正，井上正治等によって支持されている。

なお，近代学派の刑法理論の立場からは，本来，犯罪の徴表的意味のみを認めるにすぎないから，犯罪の定型性は無視されがちで，犯罪構成要件概念とは親しみがたかったが，A・シュミット (A. Schmidt) によって採用されて以来，わが国においても，木村亀二，市川秀雄が構成要件理論をとっている。

最近，ヴェルツェルの目的行為論の立場から，構成要件を，刑法規定の禁止の素材 (Verbotsmaterie) としてとらえ，これを違法性とは観念的に異なるものとしつつ，故意や過失はもちろん，不真正不作為犯における作為義務も構成要件要素と解するにいたり，構成要件理論はさらに変貌しつつある。

具体的な行為が構成要件に該当するとき形式的には犯罪が成立する。これを**構成要件該当性** (Tatbestandsmässigkeit) という。構成要件該当性の有無を論ずるには，構成要件自体，構成要件に該当した事実（犯罪構成事実）と構成要件該当性をそれぞれ観念的に区別しなければならない。構成要件該当性は，犯罪成立の第一の要件として，違法性および責任性の要件に先行するのであり，構成要件該当性が認められないかぎり，違法性や責任を問題とする余地はない。構成要件は犯罪論の背骨として，犯人の恣意に対して社会を保護し，社会の恣意に対して犯人を保護する二重の保障機能をもっている。前者が秩序維持の機能であり，後者が自由保障の機能である。

近代刑法においては，国民の自由保障は刑罰法規の犯罪構成要件に示される。構成要件理論の基礎を罪刑法定主義に求めるのはそのためである。また構成要件の行為規範による犯罪行為の個別的明確化は国民に対する行為の規準として，犯罪の抑制に奉仕し，特定犯人の犯罪性を矯正する指針としての役割をも担っている。

構成要件の種類
(1) 基本的構成要件と修正された構成要件
　刑法の各本条や刑罰法規に個々独立に既遂犯や単独犯を一般的に定めている構成要件を「基本的構成要件」(Grundtatbestand) とよんでいる。これに対して，「修正された構成要件」とは，未遂犯および共犯の構成要件を指す。共犯および未遂犯が行為の方法論的に，あるいは行為の段階上，一般規定を修正・変更した構成要件だからである。

(2) 完結した構成要件と開かれた構成要件
　「完結した構成要件」(geschlossener Tatbestand) と「開かれた構成要件」(offener Tatbestand) という概念の区別は，近時，ヴェルツェルが言い出したことで，刑罰法規において，構成要件としての犯罪的行為の徴表のいっさいがあますところなく示めされているものを，完結した構成要件といい，過失犯および不真正不作為犯のように，注意義務違反の実行行為の内容，作為義務者の範囲について，刑罰法規には構成要件要素の一部だけが記述されていて，他の部分は裁判官によって補充されることを開かれた構成要件といっている。

　従来，構成要件該当性のほかに「**充足性**」(Tatbestandsverwirklichung) の概念がある。未遂犯の犯罪構成事実は，基本的構成要件に該当するが，これを充足するにいたっていないと解せられているような場合である。刑法理論は，構成要件を充足する場合，すなわち，「既遂」を標準として展開される。

　行為および行為者の外見的・客観面を構成要件の内容とするもの，すなわち，行為の客観性，行為の主体・客体，状況などを客観的構成要件要素 (Objektiver Tatbestand) といい，行為者の内心などを主観的構成要件要素 (Subjektiver Tatbestand) とよんでいる[15]。

　Claus Roxin は，その著 Strafrecht, Ang. Teil. Band I. 1999 で，「客観的構成要件への帰属」(Die Zurechnung Zum objektiven Tatbestand) について，詳細に理論を展開している。この理論は，構成要件が行為者の行為から，場所及び時間から，区別された外界の結果を要求されるとき，刑法総論の重要な問題を提供する。この理論は，2段階理論で，まず，因果関係の理論の上にたって，次に帰属の要件を論ずるものである。特に，等価説 (der Äquivalenztheorie) 相

当性説や重要性説を分析して，その上で，客観的構成要件の帰属の範囲に及んでいる。侵害犯や危険犯についての解釈に大切な指示をあたえている。注目すべき理論である。(S. 310 f.)。

(1) 柏木千秋「犯罪論の体系」滝川還暦「現代刑法学の課題」(上) 255頁以下。Claus Roxin, Strafrecht, Allge, Teil, Band I, 3 Auf. S. 149 f. 1999, ロクシンは, Zur geschichtlichen Entwicklung der neueren Verbrechenslehre (新しい犯罪論の史的展開) の下に，詳細に論及している。

(2) Maurach; Deutschen Strafrecht, Allg. Teil, 3. Aufl., 1965, S. 115 ff. Jescheck, Die Entwicklung des Verbrechenbegriffes in Deutschland, ZStW 73, S 179 f.; Schwarz, Der Verbrechensbegriff in den jüngsten Bundesstrafgesetzen, NJW 53, 1617 ; Zipf, Kriminologischer und strafrechtlicher verbrechensbegriff, MDR 69, S. 889 f.; Maurach-Zipf, Strafrecht, (1981) S. 171 f.

(3) 藤木英雄訳・アメリカ法律協会「模範刑法典」法務省刑事局刑事基本法令改正資料8号 (昭和39年11月)。

(4) 行為論に関するものとして，竹田直平「行為論」刑事法講座1巻107頁以下。平場安治「刑法における行為概念と行為論の地位」小野還暦「刑事法の理論と現実」㈠33頁以下，中義勝「刑法における行為の概念」刑法雑誌4巻4号476頁以下。木村亀二「刑法における目的的行為論」季刊法律学14号3頁以下，同「目的的行為論」刑法雑筆93頁以下，大塚仁「行為論」『刑法講座』2巻 (有斐閣・昭和38年) などがある。Welzel; Das Deutsche Strafrecht, 10. Aufl,. S. 30 ff. Maurach; a.a. O., S. 131 ff. Engisch; Der finale Handlungsbegriff, Kohlrausch-Festschrift, 1944, S. 141ff. Bockelmann; Ueber das Verhältnis von Täterschaft und Teilnahme, 1949, S. 21 ff.

(5) V. Liszt; Rechtsgut und Handlungsbegriff in Bindings HdB des Strafrechts, Vortäge I, 1905, S. 212.

(6) Nowakowski; JZ. 58. S. 335. S. 388. Maihofer; Der soziale Handlungsbegriff, Eb.-Schmidt-Festschrift, 1961, S. 156.

(7) Mezger; Moderne Wege der Strafrechts dogmatik, 1950, S. 27.

(8) Welzel; Das Deutsche Strafrecht, 10. Aufl., 1967. S. 30. 福田平「目的的行為論」(有斐閣・昭和37年) 358頁。

(9) Welzel; Um die finale Handlungslehre, 1949, S. 10.

(10) 滝川幸辰「犯罪類型と犯人類型」刑事責任の諸問題11頁以下。

(11) Liszt; Strafrechtliche Aufsätze und die Vorträge, 1905, I,S. 163.

(12) Mezger; Kriminologie, 1951, S. 141 ff.

(13) 行為者刑法については，木村亀二「刑法総論」(41年) 74頁, H. Mayer, Strafrecht, 1953, S. 64 ff.

(14) 小野清一郎「構成要件の理論」刑事法講座1巻137頁以下，木村亀二「構成要件と型概念」法学12巻345頁以下，滝川幸辰「刑法における構成要件の機能」刑法雑誌1巻145頁以下，構成要件該当性の実質的内容をめぐって，「構成要件的故意」を認めて，実行行為自体の要素とする説（団藤重光・大塚仁・福田平・板倉宏・西原春夫・斉藤信治など）が有力である。Beling, Die Lehre vom Verbrechen, 1906, S. 111. Mezger, vom Sinn der Strafrechtlichen Tatbestande, 1926, S. 6., Gallas, Zum gegenwärtigen Stand der Lehre vom Verbrechen, 1955, S. 31.

(15) Mezger, a.a.O., S. 97 ff., Schmidhäuser, „Objektiver" und „Subjektiver" Tatbestand, Festgabe für H. Schultz, 1977, S. 61 f. Jescheck, Lehrbuch des Strafrechts, Allg. Teil. 5. Aufl., S 272 f. 1996.なお，Claus Roxin は，構成要件的故意の主観的構成要件への帰属性は，現在，ドイツ刑法学では，一般に認められている。その理由として，5つのものを掲ておられる。構成要件充足の未遂は故意を前提としている。主観的要素は，客観的記述（例えば，欺罔する，強要するなど）から排除出来ないのである（Strafrecht, Allge. Teil. Band I. 3 Auf. S. 249 f. 1999.)

第2章 行 為 論

第1節 行 為 概 念

〔1〕「行為」(Hundlung) とは

　刑法で，犯罪行為とは，理論的には，人が決意にいたるまでの内部的動作と決意せられた意思を実現せんとする外部的動作と実現せられた結果の全体をいう。狭義では，刑法学上，行為とは犯罪構成要件に該当する身体的動静をいう。しかしこの行為概念に関しても学説の争いがある。

(1)　「**身体的動作**」説 (Körperliches Sich-Verhalten)

(2)　「**有意行為**」説 (Willensbetätigung)

(3)　「**目的的行為**」説 (finale Handlung) がこれである[1]。

　第1の身体的動作説は，行為をもって，純肉体的な身体的動作を意味し，反射運動も，熟睡中の動作も，絶対的強制下の動作もすべて行為と解し，意思が存在したか否か，意思の内容が何であるか，その行為が違法であるか否かなどいっさい問わない。ベーリング，ノヴァコウスキーなど少数説である。

　第2の有意行為説は，意思が原因として作用して外部的動作を惹起し，外部的動作によって結果が発生する動作をもって行為と解する。意思は意思力として動機によって原因づけられ，動機はさらに性格と環境によって原因づけられるものと解せられ，意思は因果的必然の事実である。かかる意味において，有意行為説は「**因果的行為論**」(Kausale Handlungslefre) である[2]。したがって，意思の加わらない動作たる反射運動や熟睡中の動作は有意行為ではないから行為ではないとする。今日の通説となっている。

　第3の目的的行為説は，行為とは予見せられたところの結果を実現するために因果関係を支配・統制して展開されるところの意識的目的動作であると解する。したがって，目的意思をもたない反射運動，熟睡，高度の失神，麻酔状態などの動作は行為ではないとする。

　故意行為はもちろん過失行為も目的行為としての行為であるとする。ただそ

の場合,過失行為は構成要件的に重要でない結果を予見した目的行為を原因として,重要な結果を因果的に惹起した行為であるとする。ヴェルツェル,木村博士,福田教授等の見解である。

さらに,いわゆる「**忘却犯**」(Vergesslichkeitsdelikte)——過失による不作為による「失念」行為——についても,意思がないから行為でないとする説(フランク,マイヤー,平場説)と意思を必要としない説(メツガー,ラートブルッフ説),構成要件的に重要でない結果を認識した目的行為があったとする説(ヴェルツェル,マウラッハ,木村説)があるが,行為は身体の挙動または静止として把握すれば当然忘却犯も行為ということが可能である[3]。

〔2〕 構成要件該当の行為

行為が構成要件に該当する場合,これを構成要件該当の行為という。構成要件は違法行為の類型であるから,構成要件該当の行為は違法阻却事由の存在しないかぎり違法という判断を受ける。構成要件の中核は行為であるから,構成要件の要素としては,通常,行為の主体・行為の客体・行為の態様・行為の結果および行為の状況があげられる。

(1) 行為の主体

犯罪行為の主体は自然人である。古代のように人以外の自然現象又は動植物も犯罪の主体と考えられた時代もあった。今日行為の主体は人であれば足りる。行為の主体としての人に法人が含まれるかどうかが問題とされる。現代刑法では,「法人は犯罪能力を有しない」(Societas delinquere non potest) というのが一般原則として通説で肯定されている。

法人の**犯罪能力否定説**は,① 法人は自然人のように意思と肉体を有しないから行為能力がないこと。② 法人はその機関たる自然人を通して行為をするのであるから,その機関たる自然人を罰すれば足りる。③ 法人自体を罰することにすれば,犯罪と関係のない法人の構成員までも罰することになり不合理であること。④ 現行刑罰制度は自然人に対して設けられた刑罰を中心とするものであって,法人に適用し得るのは罰金刑のみであることなどをその根拠としている[4]。

これに対し，法人の犯罪能力肯定説は，①法人の犯罪能力を否定する見地は法人擬制説を前提とするが，法人実在説の見地からは妥当でない。②法人はその決議によって意思決定をするが，その意思は構成員たる個人の意思とは別個の，法人固有の意思であり，法人はその決議によって決定せられた意思を機関の行動によって実現し得るから，法人には行為能力が存在すること。③法人自体を罰するならば犯罪に関係のない他の構成員を罰することになるというが，そのことは却って，法人の構成員が法人の処罰を避けるために法人の機関に圧力を加え合理的行為に出ることになるから，法人の刑事責任を否定する理由にはならない。④法人の社会的活動面がますます増大し，その反社会的行動も激増しつつある事情にかんがみ，刑事政策上法人の刑事責任を認めることが必要であることを根拠としている[5]。

法人の行為が自然人の行為と別個であり固有であるからといって法人の行為能力を否定する理由にはならないし，かかる抽象理論を超えて，実践刑法の現実的要請は近時の判例によって「法人の犯罪主体性」を認めつつある。

これは，「法人ニ於テ租税ニ関シ事犯アリタル場合ニ関スル法律」以来の確立した原則であり，所得税法第72条等のように，法人の代表者，代理人，使用人その他の従業者が違反行為をなした場合には，これらの行為を罰する他，その法人自体に対しても罰金刑を科する旨を規定し，両罰主義を採用している。

法人の犯罪主体の問題は，「法人」(Juristische Person)自体の他，法人を含めた「団体」(Personenverbände)の犯罪主体性の問題として論ぜられる。団体として重要なものは使用者団体・労働組合・政治団体等がある。法人格のないこれらの団体については，たとえば労働関係調整法39条のように，違反行為の責任者が，「法人でない団体であるときは，代表者その他業務を執行する役員」に対して罰則を適用する旨を規定（代罰規定）し，団体の役員だけを罰するものと，政治資金規制法第26条のように，団体自体および団体の責任者の両者を罰しているものもある。このように，法人の処罰は，近時，経済犯・行政犯において大きな意味を持っている。

(2) 行為の客体

行為の客体（Hundlungsobjekt）とは行為の向けられる事実的目的物をいう。

殺人罪における「人」(199条)，窃盗罪における「他人の財物」(235条) などがその例である。

行為の客体は，必ずしも構成要件における保護の客体 (Schutzobjekt) すなわち法益 (Rechtsgut) とは一致しない。殺人罪では「生命」，窃盗罪では「財産」がその保護客体である。不退去罪 (130条) のような純正不作為犯は行為の客体はないが，保護の客体は住居の平穏である。また，殺人罪と傷害罪のように，法益は異なるが行為の客体は同一のものもあり，窃盗罪と詐欺利得罪のように，法益は同一であるが行為の客体が異なるものもある。

行為の客体は，被害者 (Verletzte)——犯罪によって害をこうむった者——と区別されなければならない。被害者は，1つの犯罪において，必ずしも1人とはかぎらない。殺人罪においては，被殺者のほか，その親族も被害者である。

(3) 行為の結果

行為を原因として生じる外界の変動を行為の結果というが，この結果は事実上無限に続くものである。そこで，構成要件の内容としての行為の結果は，構成要件を標準としてその限界が引かれなければならない。ところで，こうした結果の発生を必要とする犯罪としない犯罪とがある。前者を**実質犯** (Materialdelikt) といい，多くの犯罪はこれに属し，この犯罪においては行為と結果との因果関係が問題となる。

なお，実質犯は，法益の侵害を構成要件とする**侵害犯** (Verletzurgsdelikt) と法益侵害の危険の発生で足りるとする**危険犯** (Gefährdugsdelikt) に分かれる。後者を**形式犯** (Formaldelikt) といい，これは構成要件上一定の行為を必要とするにとどまり，その結果の発生を必要としないもので，行政犯にこの種の犯罪が多い。

なお，構成要件的結果の発生と法益侵害との関係から，**即時犯** (délit instantané)，**継続犯** (Dauerdelikt)，**状態犯** (Zustands verbrechen) の3種に区別することができる。

即時犯とは，一定の法益侵害または危険性の発生によって，ただちに犯罪が完成し，かつ終了するもので，殺人罪 (199条)，放火罪 (108条以下) などに代表される犯罪類型である。

第 2 章 行 為 論   55

継続犯とは，一定の法益侵害の状態の継続する間，その犯罪の継続が認められるものである。逮捕・監禁罪 (220 条)，老幼不具者の生存に必要な保護をしない罪 (218 条) などがそれである。

状態犯とは，一定の法益侵害の発生によって犯罪は終了し，それ以後，法益の侵害されている状態は継続してもそれはもはや犯罪事実とは認められないものをいう。窃盗罪 (235 条)，横領罪 (252 条) などがその例である。

(4) **犯罪行為の分類**
犯罪行為は種々の視点より分類することができる。
(1)　身分犯，行為の主体に関連してなされる。
(2)　実質犯，形式犯，結果犯，挙動犯，侵害犯，危険犯，結合犯，結果的加重犯など行為の形態に基づく分類。
(3)　既遂犯，未遂犯，単独犯，共犯などの基本犯罪行為と修正された犯罪行為よりの分類。
(4)　故意犯と過失犯のような行為者に向けられた非難の形式を基準とした分類 ((3), (4)については後に詳説する)。
(5)　現行犯と非現行犯の分類。
(6)　親告罪と非親告罪の分類。
(7)　政治犯と普通犯の分類。
(8)　自然犯と行政犯の分類。
(9)　重罪，軽罪，違警罪の分類。
などが一般的である。

(1)　「**身分犯**」(Sonderdelikte)とは一定の身分のあるものだけが犯罪の主体として，「男女の性別，内外人の別，親族の関係，公務員たるの資格のみならず，総て一定の犯罪行為に関する犯人の人的関係である特殊の地位又は状態を指称するもの」(最高判昭和 27・9・19 刑集 6 巻 1084 頁) とされる。

一般的には，収賂賄罪の規定における「公務員又ハ仲裁人」(197 条)，偽証罪の「法律ニヨリ宣誓シタル証人」(196 条)，背任罪の「他人ノ為メ其事務ヲ処理スル者」(247 条) 等のようなものをいう身分犯の一種として，常習犯 (gewohnheitsmässiges Verbrechen) も考えられねばならない。

身分犯は狭義の「**純正身分犯**」(echte Sonderdelikte) と広義の「**不純正身分犯**」(unechte Sonderdelikte) に区別される。純正身分犯とは，上に述べた収賄罪とか偽証罪や背任罪のように，構成要件に規定した犯罪の主体が一定の身分を有するものに限られ，刑法65条第1項にいうところの「犯人の身分に因り構成すべき犯罪行為」をいう[6]。

不純正身分犯とは，一般に犯罪の主体に制限のない行為を「裁判，検察，警察の職務を行い又は之を補助する者」(194条) という身分を有する者がなした場合に重い刑を規定している場合をいう。判例は刑法65条にいうところの「身分」を一律に解しているが，ドイツ刑法50条第2項にいうところの，「特殊な一身的な性質又は関係」(Persönliche Eigenschaften und Verhältnisse) に該当すべき場合と解すべきではあるまいか。身分刑に関して，重要なのは「公務員」である。「公務員と称するは官吏，公吏，法令に依り公務に従事する議員，委員其の他の職員を謂ふ」と刑法7条1項は定義している。郵便集配員は公務員であるとされるに至っている（最高判昭和35・3・1刑集14巻209頁）。

(2)　**挙動犯**(Tätigkeitsdelikte) とは，行為者の身体的動静のみを内容とするもので，偽証罪 (169条) などである。「自手犯」(eigenhändige Delikte) もこれに含まれる。

(3)　**結果犯**(Erfolgsdelikte)とは，身体的動作の外に一定の結果の発生をも必要とするもので，殺人罪 (199条)，窃盗罪 (235条) などである。

(4)　**結果的加重犯**(erfolgsqualifizertes Delikt) とは，一つの基本構成要件が実現された後に，さらにある一定の結果が発生することによって，刑事責任が加重される場合である。傷害致死罪 (205条)，強盗致死罪 (240条) などがその例である。

これをどこで扱うのが最もよいか明らかではありませんが，日本の刑法は，「……に因って」という形で，重い結果を発生させた場合として規定されている。傷害致死罪では，身体傷害「に因り」人に死を致した者となっている。ところが「……に因り」の文言が必ずしも決め手ではなく，この文言があっても結果加重犯ではなく，文言がなくても結果的加重犯とされる場合がある。結果的加重犯にとって最大の問題は基本犯と加重的結果との関連である。結果的加重犯が規定されるのは，基本犯自体の中に結果発生の客観的危険がかなり典型

的な形で内在化されているという前提がある。暴行と傷害，傷害と死，強盗と死傷，強姦と死傷といった関係が，そのことを示している。この問題は，責任主義の原則からも，相当因果関係からも限定されるものである。

　刑法改正草案は，22条に「結果的加重犯」を立法論として解決している。結果的加重犯は，重い結果を発生させる危険のある基本犯を行って，その結果，現に重い結果が発生した場合に，結果的加重犯として，一定限度の刑を加重しているのは，故意は基本犯にのみ及んで結果に及ばず，結果については過失が要求されるので，結果的加重犯は，基本的行為についての故意犯と結果に対する過失犯の複合形態だとするのが刑法学者の考え方である。重い結果について故意があった場合には，これを結果的加重犯の中に含めて解釈することができるか，この点をめぐって学説は分かれている。

　木村亀二博士や平野龍一博士は，ドイツ刑法の「少なくとも過失があった場合でなければ」と規定している点とも関連して，重い結果について故意がある場合でも結果的加重犯は成立する見解を示し，香川達夫教授や小野清一郎博士は，結果的加重犯は重い結果について故意のある場合をいっさい含まず，別個に故意犯が成立する分離説がある。

　(5)　**重罪** (Verbrechen)，**軽罪** (Vergehen)，**違警罪** (Übertretung) という区別は刑罰の軽重の枠による縦的分類で，ドイツ刑法(第1条)，フランス刑法(第1条・6条・9条)の採用するところであるが，法定刑の幅をゆるやかにし，具体的行為者の情状を顧慮しようとするかぎり，犯罪を抽象的一般的な軽重の枠を設けることは適当ではないから，現行日本刑法はこの区別を廃止している。

　英米法では，反逆罪 (treason)，重罪 (felony) および軽罪 (misdemeanor) の区別を設けている。

　(6)　**親告罪** (Antragsverbrechen) とは，被害者の名誉を尊重し，被害者の意思を顧慮して告訴権者の告訴を必要とする犯罪をいう。そうでないのを非親告罪という(請求を待って論ずべき罪も親告罪と同視される，刑訴92条，労働関係調整法42条)。

　(7)　**政治犯** (国事犯，Politisches Delikt) とは国家の体制・政治的秩序を侵害する犯罪をいう。政治的確信および宗教的信念に基づいて犯される犯罪なので**確信犯** (überzeugungsverbrechen) の概念がある。内乱罪がその例であって，政

治犯の裁判は公開されねばならないことになっている(憲法82条)。政治犯については，国際間の犯罪人引渡しも認められないのが一般である(逃亡犯罪人引渡法2条1号2号，ソビエト憲法129条)。これ以外の犯罪一般を「普通犯」といっている。

(8) **自然犯** (mala in se, delitto naturale) とは，刑事犯 (kriminaldelikt) ともいい，それ自身が刑罰規範がなくてもすでに反社会的・反道徳的な犯罪をいう。国家の行政目的から犯罪とされ，法規に違反してはじめて違法とされる法定犯 (delittolegale) ──行政犯 (Verwaltungsdelikt) ともいう──に対して用いられる。

なお，自然犯・法定犯両者の限界は，歴史的・相対的であって，現在においては「法定犯の自然法化」または「行政犯の刑事法犯」という現象があり，両者の区別を否定する学者（牧野英一・小野清一郎）もある。社会事情の変化により経済犯などに移行すると考えられる。しかし，故意に違法性の意識を必要とするかどうかの点より両者の区別は可能であるとする学説もある(7)。

(9) **現行犯** (frisch Tat) とは，現に罪を行い，または現に罪を行い終わった者をいう(刑訴法212条1項)。刑事訴訟法上の概念で，一定の時間段階における区別である。罪を行い終わってから間がないと明らかに認められる者は，厳密には現行犯人ではないが現行犯人とみなされる。これを「準現行犯」(dèlit rèputè flagrant) という。現行憲法33条にいわゆる「現行犯」がはたして準現行犯を含むか疑義があるが，その他の時間的経過を経たものを非現行犯として区別している。

第2節 実 行 行 為

実行行為 (Ausführungl) とは，犯罪行為の実行の着手が刑法では大切である。犯罪の未遂行為と予備行為を分ける時点だからである。未遂行為は可罰性をもつが予備行為は原則として処罰されないからである。刑法学上，構成要件に該当する狭義の行為をいうのである。刑法学では犯罪行為をその時間的発展段階的視点から考察することを重視している。

そこで，わが刑法は43条に「犯罪の実行に著手し之を遂げざる者は其刑を減

軽することを得，但し自己の意思に因り之を止めたるときは其刑を減軽又は免除す」と規定している。前段が「障害未遂」すなわち，未遂犯の規定で，後段が「中止未遂」すなわち，中止犯の規定になっている。

　実行行為とは犯罪の内容たる行為である。実行行為の開始（Anfang der Ausführung）が着手である。「実行の著手」という時点をもって未遂と予備を区別する標準となる。すなわち，行為の発展のいかなる点からその行為は予備を進めて実行に入ったかと，実行行為の終了点はいつか，すなわち，既遂にいたる前提要件である着手未遂と中止未遂を区別する上に重要な意味をもっている。大変重要なので，第5章「未遂犯」のところで詳細するので，ここでは概説を頭に入れておいて欲しい。ところで，実行行為は客観面と主観面の統一体でなければならない。したがって，故意の実行行為と過失の実行行為に区別することができる。過失行為にあっても実行行為があるから実行の着手もあり，過失行為の未遂もありうる。「過失犯の未遂」（Versuch eines Fahrlässigkeitsdeliktes）がそれである。

　実行行為は，行為者自身によって，直接，積極的に行われるのが原則である。これを「作為」（Begehung）といい直接正犯（unmittelbare Täterschft）とよばれる。実行行為性は明瞭である。

　これに対し，行為行為者の消極的動作により，他人を道具として利用することにより，また自己の無意識的動作によって，犯罪が実現されることも少なくない。これらの場合，はたして実行行為が認められるかどうか考察を必要とする。それが，不作為犯，間接正犯，原因において自由な行為の問題である。

(1)　**実行の着手**

　実行の着手とは実行行為の開始を意味する。実行の着手の基準をめぐって，客観説，主観説，折衷説とが対立している。

　客観説は，犯罪構成要件に属する行為に着手すること，または，犯罪構成要件に属する行為およびこれと直接密接する行為を行うことを実行の着手とし，あるいは，犯罪の完成に必要な行為を行うこと，法益に対する第一の侵害行為を行うこととか，犯罪に対する危険を現出させることなど，実行の着手の概念を専ら外部的行為の客観的規準に求めようとするのである[8]。

主観説は，具体的に，当該行為について行為者がその犯意を遂行する状態に達したか否かによって着手を定めることになる。

犯意の成立がその遂行的行動に因って確定的に認められるときとか，外部的行為があるために，行為者の犯罪的意思の存在が，二義を許さず，取消が不可能なような確実性を示す行為のあった場合とか（牧野・市川・八木説），完成力ある犯意の表動であるとし，またかかる犯意の表動は犯意の飛躍的表動（宮本説）であるとか，自己の行為が事物の自然的経過によれば，犯罪を実現する可能性をもつことを観念して，その行動に出たとき（江家説）などに実行の着手を認めようとするのである。

そうして，木村亀二は，「主観説は単に犯罪的意思すなわち故意の強弱によって未遂と予備を区別するものではなく，犯罪的意思の存在を確実に識別させるところの外部的行為の存在を必要とするものであって，その外部的行為の性質については学説が分かれている。その一は，純主観説であって，この説によると，少なくとも行為者の見解において構成要件の実現に，または，加功行為に至るであろうと考えられる行為をなそうとした時に実行の着手があるとせられる。その二は，主観的客観説であって，この説によると，行為者の『全体的企図』（Gesamtplan）を基礎として当該構成要件の保護客体に対して直接危殆化に至るところの行為の中に犯罪的意思が明確に表現せられたときに実行の着手があると解する」とされる(9)。

折衷説は，行為者の計画全体からみて法益侵害の危険性が切迫したかどうかを基準として実行の着手を定めようとする立場である。

ドイツにおいては，ヴェルツェルが「行為者が自己の犯罪計画によって犯罪構成要件の実現を直接的に開始したときに未遂が存在する」(10)とし，シェンケ＝シュレーダーは「行為者の全体的企図（Gesamtplan）によれば，当該構成要件の保護客体を直接に危殆化ならしめるような行為に犯罪的意思が明確にあらわれているとき，実行の開始が存在する。そうでない場合には予備が存在するにすぎない」とするのである。

わが国でも，斎藤金作博士は犯人自身の全体的企図を前提として，さらに外部的行為を評価して着手を定めようとするもので，行為者の内心的要素と法益侵害の危険性という客観的要素との一体性を二重構造的認定に求められる(11)。

思うに「**行為者の全体的意図**」(Gesamtplan des Täters) と新たに考察を認められたことは，構成要件から一歩前進して主観化しつつあるのではあるまいか。ドイツにおけるライヒ裁判所の判例の実際の動向も漸次，主観化せられつつあることを考え合わせるべきである。

(2) 実行の終了

実行の終了とは，実行行為の終了することをいう。この点についても，客観説と主観説の対立がある。前者は行為の外部的形態を標準とし，後者は行為者の意思形態を標準とする。実行行為が終了しても，犯罪は必ずしも，ただちに既遂にいたるものではない。挙動犯においては，実行の終了があれば，犯罪は当然既遂に達するが，侵害犯，結果犯にあっては，実行行為は終了しても，一定の侵害的結果が発生するまでは，犯罪は既遂とはならないのである。

第3節 不作為犯

不作為犯 (Unterlassungdelikte) とは行為者が，消極的に全然または何らかの外部的挙動に出ない不作為がその実行行為であることをいう。この場合を，**真正不作為犯** (echte Unterlassungsdelikte) という。真正不作為犯は条文に明示されている。その形態は，「……せざるときは」という形で表示されている。107条の不解散罪（当該公務員より解散の命令を受けること3回以上に及ぶもなを解散せざるときは），130条後段の不退去罪（要求をうけてその場所より退去せざる），218条の保護責任遺棄（保護すべき責任のある者，……その生存に必要なる保護をなさざる）などが，それである。

刑法で不作為とは，何もしないことではなく，「何かをすべきなのに，何かをしない」ことを表示する点に注意すべきである。これに反して，構成要件が作為（Begehung）の形式で規定されている場合に，不作為がその実行行為でありうるか。すなわち，不作為によって作為犯をなす場合である。これを「**不真正不作為犯**」(unechte Unterlassungsdelikte) という。ドイツでは，刑法典に明文の規定(13条)をおいているが，日本では，現行法には規定がなく，学説と判例にゆだねられている[12]。

ドイツ刑法13条は，①刑法の構成要件に属する結果を回避することを怠った者は，その者が結果の発生しないことについて，法的義務を負う場合で，その不作為が作為による法律上の構成要件の実現に準ずる場合に限って，本法によって処罰される。②刑は，49条1項の特別な法律上の軽減事由により軽減することができると規定してある。

日本では，改正刑法草案12条「**不作為による作為犯**」として，「罪となるべき事実の発生を防止する責任を負う者が，その発生を防止することができたにもかかわらず，ことさらに，これを防止しないことによって，その事実を発生させたときは，作為によって，罪となるべき事実を生ぜしめた者と同じである」としている。たとえば母親が授乳しないことによって，嬰児を殺すのは不作為による殺人罪であり，栄養を与えないでその病状を悪化させるのは不作為による傷害罪である。不作為犯は主としてこの不真正不作為犯について論ぜられる。不作為犯は，従来因果関係の問題として論じられ，違法性の問題として扱かわれていた[13]。しかし，まずその実行行為があるか否から検討しなければならない。

では，不作為の実行行為性はどう考えるべきか，結論的にいえば，当該不作為者が，はたして犯罪を実現させないことに対する「保証義務」(Garantenpflicht) を有していたかどうかを判断しつつ，具体的に決せられるべきである。通説・判例は次の場合をその根拠としている。

(1) 法令に明示されている場合，法令により拘禁されている者を看守または護送する者の看守義務（刑法10条），夫婦の扶助義務（民法752条），親権者の子に対する監護義務（民法820条）がその例である。

したがって，夫が病気の妻を放置して顧みない行為，また母親が嬰児に故意に授乳しない行為は，それぞれ保護責任者遺棄罪（218条），および殺人罪（199条）の実行行為となりうる。

(2) 契約，事務管理などの法律行為によって発生する場合。幼児の養育をひきうけた者には，十分の食物を与えて養育すべき契約上の義務を生じるような場合である。

(3) 慣習上の保護義務，たとえば，雇主は同居の雇人が疾病にかかったときは，適当な保護をすべき義務がある。また客を集める目的の場所の管理者は，

その場所内の迷児や急病人を適当に保護すべき義務がある。

(4) **先行行為** (Vorhandlung) に基づく防止義務「自己の行為によって事実発生の切迫した危険を生じさせた者は，その発生を防止する義務がある。先行行為に基づく作為義務は，違法行為にかぎるか，適法行為でもよいか，故意・過失に基づく行為でなければならないか，あるいは他人の行為に対しても，このような作為義務が認められるかなど争いがあるが，抽象的には論定しがたい。誤って通行人を轢き倒した自動車の運転者は，これを救護すべき義務を負う（道路交通法72条参照）。判例も，自己の重過失による出火に対して消火義務を認めている（最高判昭和33・9・2刑集12巻2882頁）。

他人の生命・身体が危険にさらされている場合に，容易に救助しうるものが拱手傍観しても，救助義務がないか争いのあるところであるが，外国の立法例では，ドイツ刑法330条ｃ，フランス刑法63条，スイス刑法296条1項，チェコ刑法227条等救助義務を認めている。わが学説としても認めるべきであろう（牧野・江家，同旨説，木村・大塚，反対説）。

ヴェルツェルは不作為の実行行為性を否定しつつ，他方で不作為それ自体というものはあり得ず，不作為は必然的に1つの実行行為に関連し，行為者に可能な行為であるから，**可能的目的性** (Potentielle Finalität) であるとし，現実の目的性としての行為と可能的目的性としての不作為を合わせて「容態」(Verhalten) として統一的に理解しようとしている。しかし，「可能性」の要素は不作為犯の要素としての作為義務違反であり，行為性に関するものではない。このような行為性と義務との混同は誤りといわねばならない[14]。

最近，ドイツでは，ラインハルト，マウラッハ (Reinhart, Maurach) やカール・ハインツ・ゲーゼル (Karl Heinz Gössel) などが，その刑法総論 (Strafrecht, Allgemeiner Teil, Teilband 2, 1988) で，目的行為行為論の立場からする罪刑法定主義の原則に違反するのではないかとするアルミン・カウフマン (Armin Kaufmann) の命令構成要件に該当する不真正不作為犯を作為犯の禁止構成要件で処罰することは，類推解釈になるとする見解などをふまえて，より広くその種類などに分析している (Wesen und Arten der Unterlassungsverbrechen, S. 166 f.)。

なお，法的作為義務が不作為犯の客観的成立要件の1つであるとすると，「作

為義務の錯誤」が問題となる。これは不作為者が錯誤によって自己に法的作為義務があることを認識していない場合は，はたして意故犯が成立するかという問題である。この「作為義務錯誤」は，構成要件の錯誤として処理すべきだとゆう見解と違法性の錯誤で処理すべきだとする見解が現在のところ対立している。作為義務者が構成要件要素なのか，それとも違法性の要素なのかにかかってくる。

第4節　間接正犯

〔1〕　実行行為は行為者が直接手を下すことが必要ではない。器具や動物を道具に使ってもよいし，人を道具に使ってもよい。たとえば，医師が患者を毒殺するのに，事情を知らない看護婦を使って毒薬を飲ませても，それは自分の手で毒薬を飲ませるのと少しも違いがない。このように他人を道具に使って犯罪を実行する場合を「間接正犯」(Mittelbare Täterschaft) とよんでいる。

最近，ドイツでは，間接正犯の学説の深化がなされ，ラインハルト，マウラッハ (Reinhart, Maurach) の刑法総論 (1988年) では，その本質やその範囲や可罰性につき詳細に論ずるまでになり，クラウス・ロクシン (Claus Roxin) がその最近作 Strafrecht, Allgemeiner Teil, Band I, 1999 で，正犯者法から説明し，ドイツのリスト以来の学説を詳細に分析し，批判している (S. 131 f.)。これが後に述べる「教唆犯」や「従犯」と異なるのは被利用者が責任性をもたないところにあると解するからである。刑法は間接正犯の概念を認めていない。判例・学説の創造にかかる概念にすぎない。したがって，他人を利用する場合のいっさいが共犯に含まれることになるのであってことさら「間接正犯」の概念は必要ないが（牧野・木村・市川同説），現実に責任無能力者や責任条件を欠く者を利用した者に共犯従属性説をとる伝統的立場は刑責を問いえない不合理を救おうとするため案出されたのが間接正犯概念である。

共犯独立説に従えば，教唆と間接正犯を区別せず，責任無能力者を利用する場合も正犯と解するから，最近の通説のように，制限的従属形式の基礎に立ちながら，極端従属性の責任のない行為を利用する間接正犯を認めようとする間接正犯論の混乱を極めたものになっているのとは異なり，ことは明快に解決で

きうるが，ここでは講学上，一応かかる視点を前提として通説の立場で間接正犯を考察してみよう。

〔2〕 間接正犯の正犯性を基礎づけようとする諸見解は「**道具理論**」(Werkzeugstheorie) が中核となっている(15)。

これは，行為者が人を道具として利用することと人以外の道具を利用することとの間には，なんら本質的差別は存しない。したがって，責任のない人間（3，4歳の幼児とか狂人）を利用して犯罪を行った場合においても，自己自からが道具を利用して犯罪を行った場合と等しく評価される。ただ異なる点は，道具が「**生ける道具**」であったか「**死せる道具**」(totes werkzeug) であったかにすぎない。したがって，間接正犯は直接正犯と法上同一であり，間接正犯という表現はその事実上の特別な性格を明らかにしているにすぎない。つまり静止の状態にある人間が正犯とよばれるだけのことである。

間接正犯の概念もしたがって多義的である。間接正犯は利用者が「誘導」(Veranlassen) したものでなければならないという説と，過失の間接正犯を認める説がある。幇助行為による間接正犯も認められている。また間接正犯は通常他人を利用する場合と考えられているが，ベーリングのように自己の行為を利用する間接正犯も認められている。したがって，この考え方からすれば，「原因において自由な行為」は自己の行為による間接正犯と考えられる。この他に，「**故意ある道具**」(doloses Werkzeug) つまり犯罪の故意があるが刑罰は科せられないものを利用して犯罪を犯す行為も間接正犯と考える説がある。

〔3〕 間接正犯はいかなる犯罪に認められるかということは事実問題である。以下これを整理すると，

(1) 被利用者が責任能力または責任条件を欠く場合にこれを利用する。
(2) 被利用者が単純に意思なしに「生命なき道具」として作用する場合にこれを利用する。たとえば甲が乙を押しそのため乙が動いて丙を傷けたような場合。
(3) 被利用者に責任阻却原因がある場合にこれを利用する。
(4) 正犯者にある主観的違法要素が必要な場合に，被利用者がこれを欠いているのに乗じて利用する。たとえば，行使の目的ある者がその目的のない者を利用して通貨を偽造させる場合。いわゆる「**目的なき故意ある道具**」

(absichtsloses doloses Werkzeug) である。
(5) 身分ある者が身分なき者の行為を利用する場合。たとえば，公務員が非公務員を虚偽文書の作成に利用する。「身分なき故意ある道具」(qualifikationsloses doloses Werkzeug) とよばれるものがこれである。
(6) 被利用者の行為が構成要件に該当しない場合にこれを利用する。たとえば，甲が腐敗した食物を乙の食卓の上に置いたのを乙が食べて健康を害した場合などである。

〔4〕 間接正犯の着手の時期

間接正犯の実行の着手の時期は，被利用者が実行に着手したときとみるか，利用者が被利用者に働きかけたときとみるか，について説が分かれている。前者が客観説（フランク，ヒッペル，小野説）であり，後者が主観説（リスト，牧野，マウラッハ，ヴェルツェル，木村説）の立場である。客観説の立場にあって主観説をとる学者もある（団藤重光・刑法総論 104 頁以下）。

なお，利用者が被利用者の責任能力その他について錯誤のある場合をいかに解すべきか主観説と客観説の対立がある。最近は，学説は①利用者標準説，②被利用者標準説，③個別化説に分かれている。利用者標準説が通説で，（団藤・福田・吉川・香川達夫・阿部純二・中・野村稔などで），被利用者説（中山研一・板倉宏・曽根威彦など）は少数説である。有力説として，個別化説が出現してきた。（平野竜一・西原春夫・藤木英雄・大谷実・西田典之・森下忠・川端博・前田雅英・奈良俊夫など）がそれである。

さて，われわれは，いかなる学説に従うべきであろうか。拡張的正犯概念は確かに限縮的正犯説の編みだした「間接正犯」なる技巧的概念を解消し，間接正犯の必要性の再検討の機会を与えた意味において，正当な契機をもつが，構成要件的結果の実現に一条件を与えた者すべて正犯なりとすることにより，共犯もまた正犯なりとする立場は，構成要件が有する罪刑法定主義的要請をあまりにも無視するものといわなければならない。したがって，拡張的正犯概念をとることは問題である。

正犯概念といえども，刑法的概念たる以上，法的価値概念であり，刑法的価値の対象たるべきものであろう。そうだとすれば，類型的に「自己の手による」(eigenhändiges Delikt)，「他人の手を介して」なる区別がなされるからといっ

て，「自己の手による」場合だけを正犯であると云わなければならない理由はあるまい。したがって，いわゆる「間接正犯」が刑法上，正犯概念と共犯概念とに解消される所以がある(16)。

第5節 原因において自由な行為

実行行為が，行為者自身の責任能力を欠いた状態——泥酔，睡眠などの状態——を利用して行われる場合を「**原因において自由な行為**」(actio libera in causa)という。ドイツ刑法学において論じられてきた理論で，18世紀の頃はドイツ普通法時代で一律に区別なく有罪として処罰してきた。19世紀に入って責任無能力の時点を評価して，actio libera in causa は一転してすべて無罪となった。20世紀は，この情況を利用した犯罪が多発し，これに対応する理論が形成されてきたのが今日の actio libara in causa というラテン語で表示されている理論の前史である。最近では，ドイツ学会は，あらゆる事態を想定して，詳細な理論を展開している(17)。

たとえば，嬰児に授乳しつつ睡眠におちいった母親が，熟睡中，嬰児を乳房で窒息死させた場合(大審判昭和2年10月16日刑集6巻413頁)，病的酩酊の素質のある者が，酩酊により，心身喪失の状態で人を殺害した場合(最高判昭和26年1月17日刑集5巻20頁)などがそれである。このような場合，過失犯や不作為犯について原因行為として実行行為を認めることは容易である。原因において自由な行為は，行為者自身が自己の身体活動を道具として利用する場合にほかならない。言葉を換えて言えば「自分自身を刑法上責任のない状態に変身」させて犯罪を行うことである。その点において，他人を道具として利用する間接正犯と一緒に理解するのが必要である。

この「原因において自由な行為」において特に問題となる点は，実行行為をいかなる時点に求めるかということと，責任非難をどの時点に向けるかということである。学説は2つに大別される。①形式的な意味での「実行行為と責任能力の同時存在の原則」を維持する見解と②「実行行為と責任能力の同時存在の原則」を実質化する見解がそれである。通説は，「同時存在の原則」を維持しつつ「原因において自由な行為」を処罰するために，間接正犯の犯罪に類似し

ているところに着目して，利用行為である原因行為が実行行為と考える見解である。**間接正犯類似説**といわれるものである。

通説によれば，行為者が責任無能力状態において違法な結果を惹起した時点に実行行為を求めるのではなく，原因設定行為に実行行為を求める。したがって，結果発生に対して責任非難が向けられる場合もまた，いわゆる刑事責任の近代的原理たる責任と犯罪行為との同時存在の要請からの当然の帰結として，原因設定行為すなわち，実行行為に求められる。原因設定行為の際には，責任能力を有し，かつその結果を予見したか（故意），予見し得たはず（過失）であるから，結果を惹起させた直接の行為者の行為が責任無能力状態においてなされたとしても，結果を惹起せしめたことに対して責任非難を及ぼすべきであるというのである。

この説にあっては，自己の責任無能力の状態を惹き起す行為，たとえば飲酒・就眠行為をもって実行の着手と解すべきである。ところが，実行行為をもって，構成要件的結果に対して，原因力を与える行為と解する因果的行為論に立って，実行行為をもって構成要件的行為と解し，構成要件的行為は，結果に対して原因力を与える行為ではなく，日常生活の用語上の意味で構成要件的行為とせられる行為を意味する。

したがって，客観説においては，日常用語的意味における構成要件的行為がなされたときに実行の着手があるとする。ところが，原因において自由な行為において，飲酒行為に原因行為としての殺人罪の実行の着手にあたる行為とするのは無理である。これらの多くの問題点と批判から，実行行為時に責任能力が存在していないにもかかわらず，原因行為時に責任能力が存在すれば，なぜ完全な刑法上の責任が問うことができるのか，から出発して，①「同時存在の原則」を「実行行為との同時存在」ではなく，「行為との同時存在」と理解することで，原因において自由な行為を処罰を基礎づけようとする学説（西原春夫「責任能力の存在時期」佐伯還暦（上）413頁，大谷実，川端博）。②責任の対象となる実行行為と未遂の開始時を分離して，同時存在の原則を「未遂行為とは分離された意味での実行行為と責任能力の同時存在」の原則と理解することで，処罰を基礎づける学説（山口厚「『原因において自由なる行為』について」団藤古稀第2巻172頁以下，平野龍一，内藤謙，曽根威彦）。

この説に対しても次のような批判がある。①法益侵害と相当因果関係がある事実だけで，その行為を実行行為とするのは十分な条件か。実行行為の範囲が広がりすぎる。②原因において自由な行為の形態にこの説だと妥当性を欠く問題がでてくる。たとえば，酩酊運転の場合，法規が禁止しているのは酩酊運転行為それ自体であるにかかわらず，処罰自体は飲酒行為を根拠にして行われることになり，禁止の対象である行為と処罰の対象である行為が分離することになり，おかしいというのがそれである。

これに対して主観説は，原因において自由な行為について，責任無能力の状態を惹き起す行為，たとえば飲酒行為をなし，酩酊状態に入ろうとしたときをもって，実行の着手と解する。その理由は，自己の責任無能力の状態を惹き起す行為がその状態において発生させられた構成要件的結果に対して原因力をもったからではなく，その原因行為によって責任無能力の状態を惹き起そうとするに至ったときに行為者の犯罪的意思たる故意が確実に認識せられ，行為者の全体的企図を基礎として直接法益侵害の危険があると解されるからである。したがって，上の意味において，原因行為が実行の着手と解され，もし結果の成立がなかったならば未遂と解すべきである。

「原因において自由な行為」についての各国の立法動向は，ドイツ刑法(330条a)，スイス刑法 (263条)，ギリシャ刑法 (440条) のように「みずから招いた酩酊状態において刑罰法令に触れる行為をした者を，特別の罪」として罰するものや，イタリア刑法(92条2項, 93条)のように責任能力の適用を排除してかえって刑を加重するものもある。わが国のように刑法予備草案 (104条)，刑法仮案（133条）の常習的飲酒者が酩酊状態で罪を犯した場合など保安処分を認めている。わが国の改正刑法草案17条は，この actio libera in causa を，「**みずから招いた精神の障害**」として，①故意に，みずから精神の障害を招いて，罪となるべき事実を生ぜしめた者は，責任能力の規定を適用しない。②過失により，みずから精神の障害を招いて罪となるべき事実を生ぜしめた者についても，前項と同じである，として立法論として解決を図ろうとしているのが現状である。

第6節　事実の欠缺および不能犯

〔1〕　**事実の欠缺**（Mangel am Tatbestand）という概念は必ずしも一定していないが，刑法上問題とされるのは，行為の主体，客体，手段，行為の事情等について，犯罪の構成要件に該当するところの性質が具備していないのに行為者が具備していると信じて行為をした結果，構成要件の実現がなかった場合を意味するものと解されている。

事実の欠缺の問題は，刑法上，未遂および不能犯の問題と関連して，主としてドイツの刑法学界において論議され，その通説的見解は，事実の欠缺をもって未遂および不能犯と別個に取り扱われるべき場合と理解する。わが国においても，事実の欠缺の刑法的意義を認め，これを未遂と区別して，不可罰的な不能犯と解する説と事実の欠缺を未遂から区別せずこれを可罰的未遂と解する説が対立している[18]。

従来の伝統的な見解によると，ピストルを発射したが狙いが不十分であったため弾が当たらなかったような場合は未遂であるが，公務員でない者が公務員と考えて賄賂を収受したり(197条以下)，自己宛の小包を他人の物と考えて郵便車から抜き取ったり(235条)，砂糖を麻酔剤と間違えて昏睡させるために飲ませたり(239条)，火災でないのに火災だと早合点して鎮火用の物を損壊したような場合は（114条），すべて事情のいかんを問わず事実の欠缺（構成要件の欠缺）だとされていた。

しかし，最近の学説では，かかる広汎な事実の欠缺を認めることは一般に否定されている。今日，事実の欠缺には次のようなものがある。1）行為の主体についての事実の欠缺は法令により拘禁せられた者を看守または護送するという身分のない者が，その身分を有するものと誤信して，被拘禁者を逃走させた場合（101条，102条）などがそれである。2）客体の事実の欠缺についていえば，構成要件上，客体に必要な要件的性質を具備していないにもかかわらずこれを具備するものとして考えて行為をなした場合をいうもので，死者を睡眠中の人と信じてこれを殺さんとして発砲した場合(199条)，あるいは，懐胎の婦女でない者を懐胎の婦女と信じ，その嘱託，承諾を得ることなく堕胎行為をなす

場合（215条）がそれである。3）手段についての事実の欠缺として，構成要件上規定せられた手段でないものをその手段と誤信して行為をなした場合であって，毒物でないものを毒物と誤信してこれを施した場合がそれである。その他，行為の時間的，場所的事実に関する事実の欠缺の場合が考えられる。日本国に対し外国からの武力の行為がないのにこれがあるものと信じて行為をなしたような場合である（82条）。

事実の欠缺の概念に関連して区別されなければならないものに幻覚犯（Wahnverbrechen）がある。幻覚犯とは法律上構成要件そのものが存在しないのに存在するものと解し，自己の行為が構成要件に該当するものと信ずる場合である。あるいは，自己の行為が法律上許された場合であるにもかかわらず違法なものと誤信してなす場合をいうものであって，構成要件そのものの存在に関する錯誤および行為の違法性に関する錯誤を含むものである。

事実の欠缺は，犯罪の構成要件そのものの存在ではなく，構成要件の要素に関し，その要素を具備しない事実についてそれが具備するものと信ずること，すなわち，事実が構成要件の要素を具備するという点についての錯誤の本質とするものである。このような意味で両者は別個の概念であることに注意しなければならない。

なお，事実の欠缺について，「不能犯」といかに関連性があるかの問題がある。この点についても学説は，この両者を全く同一のものとして取り扱うもの，逆にこれを全く別個のものとして取り扱うもの，あるいは，この両者のいずれか一方に他方を包括して取り扱うもの等に分かれ一致していない。不能犯の問題を実行着手の消極的限定をなすものと解する限り，この両者は事実上同一の問題に帰するが，概念上は構成要件の欠缺の中に不能犯を含めて考えるのが合理的であると解する。

〔2〕 不 能 犯

不能犯（不能未遂）（untauglicher Versuch）とは[19]，たとえば呪詛によって人を殺しうると信じて，いわゆる「丑の刻参り」をしたり，砂糖に殺人力があると信じて，敵に砂糖水を飲ませたりするように，行為者が，本来，犯罪の完成にいたるべき危険性を含んでいない行為によって，犯罪を実現しようとする場合を意味する。

不能犯は，結果の発生しないこと，構成要件の実現しないことにおいて未遂犯と同様であるにもかかわらず犯罪ではなく未遂犯ともならない。不能犯を不可罰的未遂であると解する説があるが，未遂自体にも可罰的未遂と不可罰的未遂とがあるのであるから，可罰性の有無ということから未遂犯と不能犯とを区別すべきではない。未遂犯と不能犯との区別において重要なのは危険性の有無である。

いかなる行為をもって不能犯とするか。未遂犯と不能犯の分界点をめぐって学説の分かれるところである。

(1) **絶対的不能説・相対的不能説**

この説は不能を「絶対的不能」(absolute Untauglichkeit) と「相対的不能」(relative Untauglichkeit) とに分け，前者を不能犯，後者を未遂犯とする。

(2) **法律的不能説・事実的不能説**

法律上の要件を基礎として，不能を**法律的不能**（impossibilité de droit）と**事実的不能**（impossibilité de fait）に分け，前者を不能犯とし，後者を未遂犯とする。その法律的不能というのは，法律上必要な方法または目的を欠く場合であり，事実的不能というのは，ただ事実上の要件を欠くだけの場合であるとする。

(3) **事実の欠缺説**

構成要件中，因果関係に属する部分と単に因果関係の経過すべき事態（犯罪の主体，客体，手段，行為の事情等のような構成要件要素）とを区別し，後者が欠如した場合を事実の欠缺とし，この場合は当然犯罪は不成立で，未遂の問題は起こらないとする。

すなわち，犯罪行為者の行為が完全でなかったために犯罪が完成しなかった場合は未遂であるが，犯罪行為者の行為自体に関係なくして要件の欠けたことに基づいて犯罪が完成しなかった場合には未遂にもならないとする。たとえば人を殺そうとしたのにその人はすでに死骸となっていた場合には客体に関する事実の欠缺とされる。しかも，事実の欠缺は不能犯の一つの場合であるか，不能犯とは別個の，未遂に関連する特殊の場合であるかについて説が分かれてい

るし，また，これを法律的不能とする説や幻覚犯とするものもある。

(4) **具体的危険説**（客観的危険説）

危険[20]の有無を区別の標準とする説である。具体的事情において行為者の行為に危険が認められるときは未遂犯が成立し，危険が認められないときは不能犯であるとし，その危険判断の基礎であるその具体的事情は，その行為の当時において一般人が予見し得べかりし事情のほか，行為が現に予見し得べかりし事情について論定すべきものとする。

たとえば妊娠していない者に対する堕胎手術であっても妊娠している者と考えることが理由あるような場合には未遂犯となる。この説は，危険を行為当時客観的に成立している具体的事情について論ずるのであって，そこに抽象的危険説との重要な差異がある。この説の中にも，危険判断の具体的事情を，事後の審査によって決定すべきだとする見解もある[21]。

(5) **抽象的危険説**（主観的危険説）

危険の有無を区別の標準として定める点において具体的危険説と同様であるが，それを行為者の主観について論じるもので，行為の当時行為者が認識していた事実が若し実際に存在したのであったならばその行為が結果を発生したであろうという場合には未遂犯の成立を認め，そうでない場合には不能犯であるとする（たとえば，毒薬を以て毒殺しようとして誤って無害の薬を飲ませた場合は未遂犯となる）。すなわち，この説は，行為が危険なものであったかどうかを，客観的事実ではなく，専らその行為者の認識したところについて一般的見地から定めるので，危険は抽象的（abstrakte Gefahr）に成立するので足るとするのである。

行為者の計画が行為者の考えたとおりに実現されたならば客体に対して侵害が発生したであろうと考えられる場合に未遂が成立すると説き，事態が行為当時行為者が認識したとおりであったとしたら結果の発生が可能であった場合は未遂で，そうでない場合は不能犯であると説くのも同一である。ただ，この説を主張しつつ，しかも事実の欠缺を未遂犯や不能犯とは別個の不可罰的な場合であるとして特別に取り扱うべきであるとする説があることを考慮して，事実

の欠缺を特別に扱わない考え方をもって主観的危険説を抽象的危険説から区別する見解もある（フランク，牧野，木村，市川説）。

(6) 純主観説

　この説は犯意あり実行行為ある以上はそれを未遂犯となすべきであるとする。この説によれば，結局，不能犯という概念は原則として否定されることになる。ただ，「迷信犯」（abergläubiger Versuch）については，この説の論者も未遂犯とはしないが，その理由はまちまちで，自然的因果関係を利用する意思がないから犯意がないといっている（ヴェルツェル，マウラッハ，宮本，江家説）。

　わが国の判例の立場は，絶対的不能・相対的不能説によっているものと解される。すなわち，「いわゆる不能犯とは犯罪行為の性質上結果発生の危険性を絶対に不能ならしめるものを指す」にうかがわれる（最高判昭和25・3・31刑集4巻1593頁）。いずれの見解が適当であろうか。

　行為を行為者の反社会性の懲表として理解すれば，未遂犯と不能犯の区別の要点は，未遂犯たるべき行為が結果発生の危険を具有するという点にある。その危険の認められない場合には犯罪の実行行為が成立しないものとしてこれを不能犯とするのである。

　犯罪の実行行為が成立するためには，単に行為者が結果発生を意欲する意思をその遂行的行為によって表現しただけでは足りず，さらにその行為が犯罪行為たるに相当な内容実質をもっていなければならない。そしてこの場合の危険とは，社会心理的に，経験上一般的に結果発生の可能性ある場合であることになるので，「法秩序に対する危険」（Gefahr für die Rechtsordnung）すなわち，抽象的危険説をもって妥当とする。

第7節　因果関係の理論

　〔1〕　刑法上，**因果関係論**(Kausalzusammenhangstheorie)とは，結果犯について，実行行為とその結果（構成要件的結果）との間に必然的一定の原因・結果の法則性（Gesetzmässigkeit）があるかどうか，あるとすればその原因はどの範囲かを論ずることをいう。この世の中は，原因があって結果が生ずる関係が一

般である。この先行行為（原因行為）と結果との間のプロセスに客観的必然性があるとき「因果関係」があるという。刑法の犯罪行為でも「殺人罪」（199条）や「放火罪」（108条）のように侵害犯と危険犯については，とくにこのことが犯罪の成立にかかわってくる。さらに，刑法総論でこの因果関係論は特に不作為犯，過失犯，結果的加重犯などの行為について重要性をもっている。

　もっとも，M・E・マイヤーや滝川幸辰のように，刑法理論上，因果関係論は不必要である。事実関係さえ確定すれば，責任論の一場面として因果関係を問題とする余地がないとする見解もある。今日では少数説である。

　因果関係の存在の有無を判断する基準を与えようとした第一次理論を「条件説」（Bedingungstheorie）という。実行行為と結果との間に，前行行為がなかったならば後行結果も発生することがありえなかったであろうという条件関係（conditio sine qua non）を認め，因果関係を決定する学説である。

　この学説を基礎としてこれに立脚して，次の具体的な因果関係の範囲を決定する第二次理論として，**原因説**（Kusalitätstheorie）と**相当因果関係説**（Theorie der adäquaten Verusachung）とが対立している。わが国においては，**条件説・原因説・相当因果関係説**の3説を平列的にいずれか1つを択一的にとるように説いている学者がいるが誤りである。

　因果関係の進行中に，自然的事実あるいは故意に基づく他人の行為が介入した場合，これによって，あたかも因果関係が中断したような現象を呈することがある。たとえば甲が口論の末，乙の左眼を蹴って少し傷を負わせたが，乙自身脳梅毒におかされて，脳に高度の病的変化があったので，その傷から脳の組織が崩壊して死亡したような場合（被害者自身の特種な身体的状況の介入），あるいは甲が丙を自動車ではね，丙を病院に運びこんだが，たまたまその病院の火災で死亡した場合（自然的事実の介入）などについて，**因果関係の中断**（Unterbrechung des Kausalzusammenhanges）あるいは**断絶**（Abbruch）ということが従来論ぜられた。

　因果関係（Kausalität）とは，もともと，時間的前後の関係にある事実間に存在する必然的関係であるから，因果関係は存在するか存在しないかである。したがって存在しない因果関係が中断せられることはあり得ないし，また因果関係が存在するなら中断もありえないから，今日では因果関係中断論は放棄され

ている。

(1) 原因説 (Kausualitatstheorie)

原因説とは，条件説に立脚して，結果に対する諸条件の中から，なんらかの規準によって原因となるべきものを摘示して，この原因と結果との間にのみ，刑法上の因果関係を認めようとする立場である。個々的な事態について，因果関係の有無を判断しようとする意味において「個別化説」(individualisierende Theorie) ともいわれている。

その判断規準はいろいろであるが，原因をどうとらえるかによって必然的な条件，結果発生に決定的な方向を与えた条件，最後の条件，最有力な条件などがあげられる。犯罪結果を生み出した数多くの条件の中から，ただ一個の条件のみを取り出してこれが原因だと解することが，はたして現実上つねに可能であろうか疑問である。

さらに，現代の科学をもってしても，質的，量的に異なる犯罪結果を惹起した各個の条件の効力に優秀をつける客観的精密測定法も開発されていない刑法学の方法論において，はたしてどれほどの現実的実践上の意味があるか不明といわざるをえない。したがって，妥当性を欠く理論と思う。

(2) 相当因果関係説 (Theorie der adäquaten Verursachung)

相当因果関係説とは，社会生活上の経験に照らして，通常，その行為からその結果が発生することが「相当」(adäquat) とみられる場合に因果関係の存在を認めようとする立場で相当性の判断は「客観的可能性」(objektive Möglichkeit) を基礎とするから，個別化説に対する意味で，「一般化説」(generalisierende Theorie) といわれる。

この相当性の客観的判断の基礎をめぐって，3つの学説に分かれる。① 主観説，② 客観説，③ 折衷説がこれである。

主観説は，行為の当時行為者が認識した事情および行為者が認識し得た事情を基礎とし，客観説は，行為の当時行為者が認識した事情，行為の当時存在したすべての事情およびその事情から一般経験上成立が可能と考えられた事情の全体を基礎とすべきであるとし，折衷説は，行為の当時存在した事情であって，

もっとも注意深い人間（einsichtigster Mensch）ならば知りえた事情のほか行為がとくに知っていた事情をも基礎とする。

　主観説は社会の普通人が認識し得た事情を，行為者において認識し得なかった場合に，考慮しないとする理由が明白でない点において欠陥があり，また，客観説は社会の普通人ですら認識し得ない事情を，行為の当時存在したという理由で相当性の判断の基礎とすることになり不合理である。したがって折衷説の立場を妥当と解する。わが国の判例の動向は，今日も条件説に立っている。

　しかし最近の高等裁判所判例には，相当因果関係説を採用するのがしだいに増えている。たとえば「行為者に対し刑法上の責任を論ずるには，行為と結果との間に一般的見解において普通可能とせられる関係すなわち相当の関係があると認められる場合においてのみ因果関係ありとするのであり，いわゆる一般的見解とは全経験的知識の見地すなわち経験則に基づくこと勿論である。

　換言すれば，注意深い人間であるならば知り得た事情および行為者が特に知っていた事情を基礎としてこれらの事情から一般的見解に立って普通生じたであろうと考えられる範囲内に具体的結果が発生した場合に，行為者の行為を以て結果に対する原因であると解すべきである。もし相当の範囲を超えた結果生じたとすればそれは偶然であり本質的でないから相当因果関係はないものといわなければならない」として相当因果関係説（これを「客観的相当因果関係説」とみるか，「折衷的相当因果関係説」とみるか争ひがある。）を採っている（最決昭42・10・24，最決昭和49・7・5）。なお，前田雅英は，相当因果関係の「相当性」は，行為の危険性であり，おゝむね実行行為性を意味している。狭義では「相当性」は因果の経過の非異常性を指している。むしろこの狭義の「相当性」を考察する必要を強調して，客観的相当因果関係説をとる。

〔2〕　不作為の因果関係

　不作為犯の因果関係が，因果関係理論上，問題となっている。なんとなれば，不作為は一定の作為に出ないか。または，何らの作為に出ないということを根拠に，不作為は活動としては無であり，「無から有は生じない」(Ex nihilo nihil fit)として，不作為犯に原因力はないから，不作為には因果関係はないとする見解があった。今日，ヴェルツェルも非・行為としての不作為の因果関係を論ずるのは行為と不作為の混同であるとして，不作為は行為をしないことであるから全然何ら

の因果関係がないとする。その他不為の因果性をめぐって種々の学説がある。

① **他行行為説**（Theorie des gleichzeitigen Andershandeln）は、不作為の間に行われた他の作為と結果との間に因果関係を認めようとするものである。② **先行行為説**（Theorie des vorangegangenen Tun）は、不作為に先行する他の作為に原因力を認めようとするものである。③ **干渉説**（Interferenztheorie）は、不作為の際に行為者の決意、すなわち、義務意識に基づいて作為に出ようとする衝動を抑圧し、結果の発生を妨げる条件をおさえ結果を惹起するというその過程に原因力を認めるものである。④ **準因果関係説**（Theorie der Quasikausalität）は、不作為には因果性はないが、不作為に出た者においては結果発生を防止するという作為義務があり、その作為義務の違反があった場合には、結果に対して因果関係があった場合と同様に取り扱うべきであるとする説である。

これらの諸見解はいずれも不作為を行為してその存在を否定しているから誤りである。

不作為は単に一定の行為に出ないという状態であるから存在態であって因果関係の下にある。刑法における因果関係は刑法の目的に従って規定されるべきものである。したがって、「結果の発生を防止し得べかりし者の不作為に限りて其の原因力を認むべく、作為義務を有する者についても作為の不能なる場合においては不作為犯の成立なし」とされる牧野英一の見解（危険関係説）でさしつかいないと思う（同説、市川説・八木説）。

わが国の判例は大審院以来、条件説の立場を採ってきたが、昭和42年（1967年）を以て、最高裁判所は相当因果関係説への転換を示す注目すべき判例を下した。それは「被告人が自動車を運転中に、通行人をはねとばし、被害者は自動車の屋根の上へはね上げられて、意識を失った。被告人は、これに気づかず、運転を続行したが、車の振動で被害者の身体がずり落ちはじめるのに気づいた助手席の同僚が窓から手を出して、これを道路上に引きずり落として逃げた」という事例であるが、被害者の転落死と最初の交通事故の傷害行為との間に因果関係があるか争われたところである。

最高裁は、この介在行為を含む経過から、因果関係を否定した。この判例には、多くの批判が学界から出された。その後、昭和46年と昭和49年に因果関係に関する最高裁の判例が出たが、むしろ条件説にもどったかに見える。最高

裁の因果関係の判例理論は，まだ動揺しているといえるだろう。

(1) Nowakowski, a.a.O., S. 44. なお，Claus Roxin は，最近の著書で，Strafrecht, Allgemeiner Teil, Band I 3. Auflage, 1999 で，これらの行為概念を，それぞれ分析・考察して，比評しておられる (S. 149 f, S. 184 f.)。
(2) Liszt, a.a.O., S. §28, 1. Beling, a.a.O., S. 10 ff.; Radbruch, a.a.O., S. (Handlungsbegriff) 130. Claus Roxin, a.a.O., S. 197 f. なお，Der negative Handlungsbegriff（消極的行為概念）につき最近諸説が出現してきたが，これらは，いずれも Prinzipder Vermeidbarket（回避可能性の原則）に立却しているとして，各説（Herzberg, Behrendt, Jakob など）を批判している。
(3) Maurach, a.a.O., S. 177. Claus Roxin, a.a.O., S 187 f.
(4) Maurach, a.a.O., S. 122. Claus Roxin, Strafrecht, Allge. Teil, (Band I) 3. Aufl. S. 189 f 1999.
(5) 八木胖「業務主体処罰規定の研究」149頁以下，金沢文雄「法人の刑事責任」法学17巻208頁以下，木村亀二「刑法理論」152頁。
(6) Armin Kaufman, Methodische Prsbleme der Gleichstellung des Unterlasens mit der Begehung, JuS., 1961, S. 173. Welzel, Das Deutsche Strafrecht, 10. Aufl., 1967, S. 195 ff.
(7) 秋山哲治「自然犯―法定犯」と「刑事犯―行政犯」の概念について，刑法学雑誌4巻2号1頁以下。
(8) 小野清一郎「刑法講義」(昭和25年)182頁，団藤重光「刑法綱要」(総論)(昭32年)264頁，植松正「刑法概論」(昭31年)253頁。
(9) 木村亀二「刑法総論」345頁，八木国之「実行の着手に関する学説の流動」研修(昭43) №239号，3頁以下，八木国之「実行の着手の学説に関する基本観念の再検討」法学新報72巻11・12号（昭和40年）
(10) Welzel, Das Deutsche Strafrecht, 10. Aufl., 1967, S. 169; Schönke-Schröder, Strafgesetzbuch, Kommentar, 24. Aufl., 1991, S. 221.
(11) 板倉宏「実行の着手」(刑法基本講座，21頁以下。) 最近は，(1)切迫性基準説（直接性説）や(2)直前行為基準説が出現してきた。(1992) 同説・西原春夫『間接正犯の理論』（成文堂・昭和37年）169頁。
(12) 木村亀二「不作為犯に於ける作為義務」刑法解釈の諸問題211頁以下，江家義男「不作為犯」刑事法講座1巻167頁以下，安平政吉「新刑法に於ける不作為犯の理論」人格主義の刑法理論252頁以下，日高義博『不真正不作為犯の理論』（慶応通信，昭和54年），同「不真正不作為犯」基本問題セミナー・刑法 I（一粒社・1992年）57頁以下。
(13) Welzel, a.a.O., S. 26 f. Jakobs, Der strafrechtliche Handlungsbegriff, 1992. Herzberg, Gedanken zum strafrechtlichen Handlungsbegriff und zur „Vortatbestandlichen" Delikts-Vermeinung, GA. 1996. s 1 f.

(14) Welzel, a.a.O., S. 175. Schmidhäuser, Gedanken zum strafrechtlichen Handlungsbegriff, GA. 1996, S. 303 f.

(15) 道具理論に立つ学者として、Köstlin, System des deutschen Strafrechts, Bd. I, 1855, S. 301, 318;Goltammer, Der Materialien Zum Strafgesetzbuch für die Preussischen Staaten, 1851, Bd. I, S. 245 ff.; Marezoll, Das gemeine deutschen Kriminalrecht; 3. Aufl., 1856, S. 132.滝川幸辰「刑法講義」(昭6) 158頁、斎藤金作「刑法総論」(昭23) 218頁、植松正「犯罪の共同形態」警察研究22巻7号60頁、滝川春雄「教唆と間接正犯」刑事法講座3巻477頁。

(16) 木村亀二「間接正犯」法律学辞典第1巻316頁以下、竹田直平「間接正犯」立命館学叢4巻8号、滝川春夫「教唆と間接正犯」刑事法講座3巻469頁以下、荘子邦雄「間接正犯」刑法演習講座186頁以下、大塚仁「間接正犯の正犯性」刑法雑誌4巻2号22頁以下。

(17) actio libera in causa については、ドイツの学説は Schönke=Schröder, Strafgesetzbuch, Kommentar, S. 276. 1995. Jescheck, Lehrbuch das Strafrechts, A 11., Teil, 5. Aufl., 1996, S. 360. Lenckner, §20 Anm. 8, Maurach-Zipf, Strafrecht, A 11., Teil, Teilband 1, S. 521. Otto, Actio libera in causa, Jura, 1986, S. 457. Roxin, Bemerkungen zur actio libera in Causa, Lackner-FS, 1987, S. 307;

Hettinger, Die., actio libera in causa, "Strafbarkeit wegen Begehungstat trotz Schuldunfähigkeit?, 1988; Hettinger, Die „actio libera in causa", G A 1990, 77; Claus Roxin, Strafrecht, Allgemeiner Teil (Band I), (1999) 781 ff. 西原春夫「原因において自由な行為の再論」団藤古稀3巻29頁、内藤謙「原因において自由な行為(一)」(法学教室76号85頁、大越義久「原因において自由な行為」法曹時報41巻11号1頁。川崎一夫「過失と原因にをいて自由な行為」刑法判例百選 I (4版) 76頁以下 (1997)。浅田和茂「原因において自由な行為」再論 (刑事責任能力論(下)1999. 133頁以下。)

(18) Maurach-Zipf, Strafrecht, Allg. Teil. (Teilband I), S. 299;

(19) 奥村正雄「不能犯論の予備的考察」同志社法学32巻5号 (昭和56) 98頁以下、内藤謙「不能犯(二)」法学教室109号 (平成元) 81頁以下、振津隆行「不能犯」中義勝先生古稀祝賀『刑法理論の探求』(平成4) 259頁以下、中山研一「不能犯論の反省」研修472号2頁以下、大沼邦弘「構成要件の欠缺と可罰未遂の限界(一)～(三)」成城法学94頁、野村稔「不能犯における危険(2)」Law School 39号32頁、川端博「不能犯」現代刑法論争 I 292頁、西原春夫「刑法における危険概念」法学セミナー346号33頁、西山富夫「不能犯・事実の欠缺」大塚仁編判例コンメンタール 8刑法 I 440頁。林陽一「不能犯について」(「松尾浩也古稀記念論文(上)377頁以下。1998)。

ドイツの文献としては、Jescheck, Lehrbuch des Strafrecht, Allg. Teil, 5 Aufl., S. 478. (1999) Eser, Schönke-Schröder, StGB Kommentar, 24. Aufl.,

S. 317. Blei, Strafrecht I, Allg. Teil, 18,. Aufl., S.230 f.
(20) 山口厚「危険犯の研究」（昭和57年）6頁以下，奥村正雄「未遂犯における危険概念」刑法雑誌（1993）33巻2号198頁以下，曽根威彦「刑法における危険概念をめぐる問題点」刑法雑誌33巻2号45頁以下，1993，松生建「危険犯における危険概念」刑法雑誌33巻2号128頁以下，1993。
(21) 今日では通説とされている学説で，植松正「刑法総論」345頁，平野龍一「刑法総論」II 326頁，福田平「刑法総論」223頁，大塚仁「刑法総論」232頁，香川達夫「刑法講義」（総論）2版（昭和62年）298頁，野村稔「未遂犯の研究」331頁以下，平野龍一は，具体的危険説に立脚されつつ，事後になっての安堵感をも考察の中に入れておられる（平野龍一「未遂犯」（法学セミナー139号49頁）。

第3章 違法性論

第1節 違法性

「**違法性**」(Rechtswidrigkeit) とは行為が法に違反すること，すなわち，法律上，許されないことであって，違法性とは行為に対する法的無価値判断である。ドイツから影響を受けて，わが国で展開されたものである。それだけに，違法行為 (Unrecht) と違法性 (Rechtswidrigkeit) を明確に区別していないので，不明確なものにしている。ドイツから翻訳された，佐伯千仭博士・木村亀二博士・平野龍一博士とも苦労された点である。

① 民法上違法であっても刑法上違法といえない場合，② 違法性が低い場合，③ いくつかの利益が衝突して違法性阻却事由にはあたらないがこれに近い場合に，この問題解決に重要なキーとなるものである。その点で，行為を行為者に結びつけて非難を帰する責任性の判断とは異なる。もちろん犯罪行為は違法・有責な行為として全体的統一的に評価されるが，刑法理論上はこれを分析・考察しなければならない。行為そのものとして違法な行為であって，初めて行為者にその非難を帰する責任の問題が生じるのである。したがって，違法性が責任論の前に先行して理論的に位置せしめられる理由がある。

刑法的行為は違法か適法かのどちらかである。それは全法秩序の視点から違法性を認められるものの中から，「**量**」的に一定の程度以上の重さを有し，かつ，「**質**」的に刑罰的制裁を適当とするものだけが取り上げられるのである。

判例は，チッソ事件(川本上告審)で，「被告人を含む患者らとチッソ株式会社との間の水俣病被害の紛争は終了し，本件の被害者らにおいても今なお処罰を求める意思を有しているとは思わないこと，右公害によって，父親を失い自らも健康を損う結果を被っていることなどを考え合せると，原判決を破棄して第一審判決の執行猶予付き罰金刑を復活させなければ，著しく正義に反するとは考えられず，いまだ刑訴法411条を適用すべきものとは認められない」とした最高裁判決に対して，多くの問題をなげかけた[1]。

これが, 当罰性の限度の問題である。大変重要な課題で, 藤木英雄が『可罰的違法性の理論』(1967) や前田雅英教授が追求してきた『可罰的違法性論の研究』(1982) である。たとえば, 一厘事件のようなきわめて零細な違法行為は, 刑法外におかれるのであるし (大審院明治 43・10・11 録 16 輯 1620 頁), また, 姦通行為のように民法上違法性 (民法 770 条 1 号) があり, しかも高度の違法性を具えているにもかかわらず, 刑法においては可罰性が否定されている。

このような意味において, 刑法上の違法性は「可罰違法性」(Strafwürdigkeit Oder) として, 要罰性の概念として, 最近, ドイツでは使用されており, 可罰性と要罰性を区別している。当罰性が犯罪の成否を決める可罰性の実質的要素であるということができる。

行為が構成要件には該当するが, 違法性を具備しない[2], すなわち, 違法性を排除する事由のある行為がある。たとえば, 正当防衛, 緊急避難などの行為である。こういう場合を, 「**違法性阻却事由**」(Rechtswidrigkeitsausschliessungsgründe) または, 「**正当化事由**」(Rechtertigungsgründe) という。従来の違法性論はこの違法性阻却事由の有無だけを論じていたにすぎない。しかし, 違法性論はさらに違法性が存在する場合に, それがどの程度に存在するかという問題も合わせて考察することが必要である。すなわち, 刑の量定は, その前提としての犯罪の程度を, 中核的基準として行われるべきであるが, 具体的な犯罪の程度は, 結局それぞれの事態における違法性の程度において論ぜられるからである。

第 2 節 違法性の学説

〔1〕 「違法性」とは何かという本質論をめぐって, 「形式的違法性」(formelle Rechtswidrigkeit) と「実質的違法性」(materielle Rechtswidrigkeit) の対立がある。これが**形式的違法論**と**実質的違法論**の対立である。

形式的違法論は, 行為が法秩序または法規範に形式的に違反すれば違法であると解する学説である。2つの問題がある。まず, 法規範の形式的な違反をもって違法と見るだけでは, 違法性の実体が不明であること。次に, 法規範に形式的に違反しても, それをもってただちに違反ではなく, 実質的には適法の場合

がありうることである。前者はメルケル，ビンディングによって主張された理論であって，行為が法秩序ないしは法規範に違反することをいうのである。これらは違法性を法規の規定，または，規範の違反として，形式的に確定しようとするものであるからその名がある。後者は，M・E・マイヤー，リストによって追求された見解で，わが国の学者はほとんどこの立場に立脚している。

たとえば木村亀二は「実質的違法とは，法の全体すなわち全法秩序の見地において，行為が国家的に承認せられたところの社会生活の目的に違反すること，または，その目的達成に不適当であること」，すなわち，「行為が公の秩序善良の風俗に反すること」であるとか，団藤重光の「違法性とは，単に形式的にではなく実質的に，全体としての法秩序に反することであり，法秩序の基底となっている社会倫理的な規範に反すること」であるとされるのも，いずれもこの立場である。

違法性の実態はつねに変動してやまない。したがって違法性の判断はその実態の流転する中においてある時点における適切な基準を見いだすことになる。

さらにまた，違法性の本質について，**「客観的違法性論」**(Objektive Rechtswidrigkeit) と**「主観的違法性論」**(Subjektive Rechtswidrigkeit) の対立がある。前者は，法を客観的な評価規範と理解し，これに客観的に違反することが違法であるとする立場である。したがって，行為が違法であるか否かを決定するに行為者の能力は問わない。これに対し，後者は法規範を行為者に対する命令規範と理解し，これに対する違反は，その名宛人 (Adressat) として，命令の内容を理解しその意思決定をするもの，すなわち，責任能力者の行為について論ずべきであるとする。

〔2〕 違法性の要素は構成要件の要素であるということができる。なんとならば，構成要件は違法行為の類型であるかである。だが違法性の判断は，構成要件該当性の判断とは，その性質を異にするから，構成要件要素以外の要素が，違法性の要素として考慮されることが必要である。

違法性は，行為の外部的側面と考えられ，責任性は行為者の内部的・心理的側面と理解されて，「違法は客観的に，責任は主観的に」というのが従来の学説であったが，目的犯の目的など，単に行為の内心に存在すれば足りるし，教師の懲戒行為が，生徒を虐待する意思によるときは，行為者の内心の要素によっ

て決定されることが経験科学的に認められるにいたり,「主観的違法要素」(Subjektive Unrechtselemente) を認めるようになってきた。滝川博士のように「主観的違法要素」を否定する見解もあるけれども,今日では認めるのが通説・判例となっている。

ある種の主観的要素の存在によって,行為が適法化されることがある。たとえば正当防衛における防衛の意思や緊急避難の場合の避難の意思のようにである。これを最近では「主観的正当化要素」(Subjektive Rechtfertigungselemente) とよんでいる。この「主観的正当化要素」または「主観的違法要素」が違法性判断の対象としての事実にほかならない。違法性の判断は,具体的・非定型的な価値判断である。その判断の具体性,非定型性が,違法性の程度 (Wie) を決定する場合に特に重要である。

第3節　違法性阻却の原則

わが国の刑法やドイツの刑法は,違法性が阻却される例外の行為のみを刑法典に明示するという方式を採用している。そこで,違法性阻却事由を一応,一般的正当行為と緊急行為とに分けることができる。したがって,そこに指導原則が必要になっている。その違法阻却事由の類型化と体系化の指導原理は,前者については,**優越的利益保護の原則**（Prinzip des überwiegenden Interesses）であり,後者については,**利益不存在の原則**(Prinzip des mangelnden Interessen) である。

I. 一般的正当化事由

「正当行為」には次の種類がある。

1) 法令行為, 2) 正当業務行為, 3) 自損行為, 4) 被害者の承諾による行為, 5) 被害者の推定的承諾に基づく行為, 6) 治療行為, 7) 安楽死, 8) 労働争議行為, 9) 許された危険, などがあげられる。これらの分類は木村博士が指摘されるとおり,いくつかの共通的要素を中核として分類した解釈論的規準であり,科学的方法論に基づくものではない。

(1) **法令行為**

　刑法35条は,「法令又は正当の業務に因り為したる行為は之を罰せず」と規定している。これは,法令行為および正当業務行為を違法性阻却事由とする趣旨である。刑法は違法阻却事由が存在するときは「之を罰せず」という表現を使っている。

　法令による行為とは,法令の根拠によってなされた行為をいい,たとえ構成要件に該当する場合でも,権利行為として違法性が阻却される。具体的に法令による行為の例をあげれば,刑事訴訟法213条による現行犯人の逮捕,少年院法8条による少年院長の懲戒行為,民法822条による親権者の懲戒行為,学校教育法11条による校長及び教員の懲戒行為,優生保護法14条による人工妊娠中絶などである。行為の根拠が法令に規定してある場合も含む。たとえば法務大臣の執行命令（刑訴法475条に基づく）によってなされた刑務職員による死刑の執行などである。

(2) **正当業務行為**

　これは学説から発展して,原則になったもので,大きな法律的保護法益を救うために,やむをえず小さな価値の法益を犠牲にする場合は違法性が阻却されるとするものである。保全した法益に対する危険の程度,法益侵害行為が出ることの必要性の程度,法益侵害の危険性の程度など,行為の態様を含めた具体的事情を考慮に入れた優越的利益の保全がなされた場合をいうとする学説もある（中義勝・講述犯罪総論,内藤・刑法講義総論314頁）。

　この原則に対して,疑問がないわけではない。この原則は,(イ)法益の比較衡量が困難である。(ロ)結果的に強者の権（Faustrecht）を認めるもので,弱者や貧者が強者や富者の犠牲になるおそれがある。

　利益不在の原則は,ドイツ語のNotstandを訳したもの「緊急状態」のなかで,たしかに対立している2つの法益を見る限りでは,「正対正」という法益衝突の状況が発生している。これに対する原則である。危難に陥っている者が,その危難を忍受するか,それとも無関係な第三者に危難を転嫁するかの二者択一を迫られている状態,すなわち,緊急避難は,危難に陥った法益を救うために無関係な第三者にその危難を転嫁する行為であるから,避難行為は,原則と

して違法と解すべきものである[3]。

刑法35条後段は「正当の業務に因り為したる行為はこれを罰せず」として違法阻却事由を規定している。これは正当行為としての業務なのか，業務行為として正当だからなのか争いのあるところであるが，通説は，正当行為であるから違法性が阻却されると理解している。妥当な結論だと思う。

正当業務行為の類型は，たとえば医師の手術，はり師，きゅう師，あんま師の施術，相撲，拳闘などがそれであり，いずれも正当な行為であれば，傷がついても，傷害罪，暴行罪とならないのである。ただ，正当な業務による行為であっても，その方法を誤ると違法性を帯びる場合がある。最近，問題視されている医者による医療過誤がそれである[4]。

(3) **自損行為（自傷行為）**

自損行為(Selbstverletzung)とは行為者がみずから自己の法益を侵害する行為であるから，原則として違法性はない。しかしそれが同時に他の法益を侵害する場合はもちろん違法性は阻却されない。

(4) **被害者の承諾による行為**

「被害者の承諾」(Einwilligung des Verletzten)については「承諾があれば不法行為とはならない」(Volenti non fit iniuria) というローマ法の原則があるほど，古くから，違法性を欠くものと理解されてきた。今日，刑法上は被害者の承諾による行為は，犯罪の成立を阻却する場合が少ないのであるが，しかし，それは必ずしも違法性を阻却するものであるとは限らない。したがって，「被害者の承諾」は，犯罪成立との関係において，違法性の面と構成要件該当性の面から考察しなければならない。

窃盗罪（235条），住居侵入罪（130条前段）のような場合の被害者の承諾は，被害者の意思に反すること。または，承諾のないことを予想している場合であるが，違法阻却の場合である。たとえば犯人が強盗の意図で，「こんばんは」と声をかけ，家人が「おはいり」と答えたので，これに応じて住居に立ち入ったような場合にも，真実の承諾とは言いがたいから，住居侵入罪を構成するのである（最高判昭和24・7・22刑集3巻1363頁）。

また，被害者の承諾が，犯罪の成立を阻却するのではなく，単に刑の減軽事由にすぎない場合もある。たとえば嘱託または承諾による殺人罪(202条)，承諾による堕胎罪 (213条以下) のような場合である。

　被害者の承諾によって違法性が阻却せられる基準については学説の分かれるところである。(1)法益が処分し得べきものであるか否かによる説，(2)被害法益が個人的法益であるか公共的法益かによる説，(3)公序良俗に反しないか否かによる説などである。

　犯罪の被害法益が公共的法益の場合には，通常，被害者の承諾は犯罪の成立に影響をおよぼすことはない。公共的法益と同時に個人的法益を被害法益としている犯罪，たとえば放火罪 (108条) の場合にも全体として違法性を阻却しない。犯罪の被害法益が個人的法益の場合でも，承諾自体が有効なものでなければいけないことは上述したとおりである。

　刑法は**自殺**を犯罪としていないが，生命を処分不可能な法益と理解するからである。承諾あることによって，その侵害行為が公序良俗に反しない限度において，違法阻却が考えられるのである。すなわち，承諾による法益侵害の分量，程度，方法が公序良俗に反しない限度において違法阻却が認められるのである。たとえ承諾があったからといって，「ベニスの商人」のシャイロックのように胸の肉，1ポンドを切りとることは許されない。その他，承諾は単に被害者の内心に存在するだけで足りるか外部的に表明されることを要するかなどの問題があるが，もちろん，黙示の表明でもよいが外部的に表明されることが必要である。承諾は当然に行為のときに存在しなければならない。事後に与えられた承諾は無意味である（大審判昭和11・1・31刑集15巻63頁）。

　承諾は承諾ということを理解し得るものの自由な判断に基づく真摯なものでなければならないことは勿論であるから，幼児（大審判昭和9年8月27日刑集13巻1086頁）や，精神病者の承諾や，脅迫や錯誤に基づく承諾などは承諾とはいえない（最高判昭和25・10・11刑集4巻2012頁）。

(5)　推定的承諾に基づく行為

　被害者推定的承諾（Vermutete Einwilligung des Verletzten）に基づく行為とは，現に被害者自身による承諾はないが，もし被害者が事情を知っていたら，

当然に承諾をするであろうと推定される場合に，被害者の利益を計って行う行為をいう。

たとえばケガをして失神状態にあるものを介抱するために本人の衣服を破って傷口をふさぐとか，不在の隣家の火事を消すために戸を破って入るとか，留守中の友人宛に来た速達の手紙を開いて適当な処置を講ずるような場合である。これらの行為に対して，推定的承諾の理論の他に，「被害者の利益のための行為」の原理の見解もあり，「事務管理」(Geschäftsführung ohne Auftrag) に基づく違法阻却事由とする見解もある[5]。

(6) 治療行為

治療行為 (Heilbehandlung) とは，医学的合理性のある治療の目的で手術その他の行為をすることをいい，手術その他の行為が暴行・身体侵害・監禁等に該当する場合である。医師・保健婦・看護婦・助産婦・あん摩師・はり師・きゅう師等の免許を受けて業務として行う場合もあり，素人が行う場合もある。このように治療行為は免許を受けて業務として行う者の行為たると否とを問わず，治療行為の方法手段は専門的に承認せられたものたることを要する（医師法 17 条）。

さらに，治療行為に際して緊急を要する場合を除いては，本人の承諾すなわち，医師より事情説明を受けた上での同意（これをインフォームド・コンセント (informed Consent) と云う）。または本人に承諾能力がないときは配偶者・保護者の承諾を得ることを要する。治療行為の治療目的は主観的正当化要素である。したがって，治療の目的がない場合またはその他の目的，たとえば実験用に使う場合は，たとえ結果的に治療の効果があっても違法である。なお，患者の自己決定権と治療行為がぶつかるとき，専断的とも見える医学上救急状態の場合は，治療行為は認められるべきであろう。（「エホバの証人」，患者輸血拒否事件，東京高判・平成 10 年 2 月 9 日）。

最近，先端医療の開発によって，**臓器移植**など生命を延長させるための方法が医学的処置として，種々行われるようになり，違法性の限界がボーダーレスなりつつある[6]。治療方法それ自身の危険性が内含されているからにもよる。たとえば，未熟児網膜症に治療として，光凝固法を採用しているが，その有効性

に現在も議論が続いている。末期医療や救急治療について，治療の義務を放棄して，おざなりの処置を施し，臓器移植の対象者とすることは臓器移植法第6条によって，「脳死」の判定か，心臓死の判定が必要で，その手続プロセスも法定されている。したがって，これに違反した行為は，ゆるされないばかりか，殺人罪や業務上過失致死傷罪ともなりうる。

(7) 安 楽 死（オイタナジー）

安楽死 (Euthanasie) とは[7]，傷病者の死が確実に予想され，しかもその痛苦がはげしいときに，その無益の痛苦を除くために人工的にその死期を早める行為をいう。学説上，安楽死が自然死を早める点において違法行為であり，責任阻却にすぎないとする見解もあるが，今日の通説は違法阻却と解しているが，最近では適法とみる立場が多くなっている（滝川・小野・木村・江家・団藤説）。

従来の判例（名古屋高判昭和37・12・22）は，安楽死の要件に，①本人の傷病が不治であり，かつ瀕死の状態にあること，②自然死を待つことが堪え難い肉体的苦痛を伴うこと，③原則として本人の真摯な同意のあること，④安楽死を行う者が医師またはこれに相当する能力を有する者であること，であるとされている。したがって，たとえば不治の傷病であることが確実でない場合とか，医師またはこれに代わるべき者以外の者が行った場合は，他の要件が備わっていても違法性は阻却されないことになる。最近の判例の動向は医師による積極的安楽死の許容要件として，①耐えがたい肉体的苦痛。②死の不可避と切迫性があること。③苦痛を除去と緩和する他の手段の不存在。④生命短縮承諾の患者の明示的意思表示があること。本件では，①④の要件を欠き，有罪としたものである。最近の学説はⓐこの4条件は妥当としつゝもこの要件に該当する安楽死はないとする説（町野朔），さらに，ⓑこの4条件の外に「方法の妥当性」も必要とする説（小暮得雄），また，ⓒ「真摯な嘱託」に限定すべきで，「責任阻却」の余地ある場合にのみとする説（甲斐克則）がある[8]。(横浜地裁判平成7・3・28（東海大学安楽死事件))。

安楽死がなぜ，違法性を阻却されるかについて，医療権説，法益衡量説，正当行為説，文化規範説などの多数の見解に分かれている。

これらの学説は結局死が不可避であるかぎり，安楽死は，むしろ苦痛のない

点で勝っている他の人工的死因に置き換えるだけのことであって，一種の治療行為にほかならない——「死因の転換」だというのである。

現代医学の発達した今日では，次の要件を備えたときにかぎり，適法な安楽死として認めてよいと思う。(1)医学的救済の見込みのない不治の傷病で，死期が目前に迫っていること，(2)傷病者が肉体的に堪えがたい苦痛を有すること，(3)本人が真剣かつ明示の方法で，死の苦痛を軽減または除去を希望すること，(4)必ず専門医師によって行われ，残酷な方法でないこと。

これに関連して「断種」が適法な治療行為か否か見解の対立するところであるが，結論的には違法性が阻却されると解する。なんとなれば，「断種」とは生殖腺は除去せず，ただ生殖能力だけを除去する行為であって，生殖腺を除去する「去勢」や，受胎後に行われる「堕胎」または「妊娠中絶」とは本質的に異なるからである。優生保護法3条に規定されている。優生学的断種はもちろんのこと，「社会的断種」も「治療的断種」も認められると思う。

最近，安楽死，特に尊厳死と結びついて，**脳死**(brain death)の問題が議論されてきている。脳死説は，従来の心臓の機能停止を中心とする三徴候説の死の判断から，脳の死に置き換えようとする考え方で，ドイツでは脳死説は多数説であった。脳死とは，人の脳活動が不可逆的に消えることだとされているが，大脳半球説や脳幹説など医学との関連で臓器移植と密接に結びついて論じられてきた。① **総合判断説**（大塚仁，福田平，大谷実，中山研一），② **択一的徴候説**，③ **全面脳死説**（団藤重光，斉藤誠二），④ **脳幹脳死説**（平野龍一），⑤ **部分的脳死説**（金沢文雄，石原明）に日本では大別されるが，アメリカでは古くは，「全脳死説」の判定基準として1968年のハーバード大学基準があり，その後は1981年のアメリカの大統領委員会の報告書に代表される Whole brain formulation（全脳死説）とイギリスの王立医学会によって代表される lower brain formulation（脳幹死説）が世界的に共通の観念の下でさらに研究が続けられている現状である。

アメリカで盛んに論じられ，日本でも問題となった生命維持装置をはずす尊厳死とも深い関係をもっている[9]。この場合をドイツでは，超法規的な責任阻却として緊急避難としている[10]。

(8) **労働争議行為**

労働争議行為は形式的には威力業務妨害罪(234条)，住居侵入罪(130条)，暴行・傷害罪（208条），監禁罪（220条），脅迫罪（222条），名誉に対する罪（230条），物件毀棄罪(260条)等の構成要件に該当するが，いかなる場合に違法性が阻却され，いかなる場合に違法性を有するかが問題であり，労働刑法 (Arbeitsstrafrecht) のある理由である。

労働争議行為とは，原則として，現行憲法28条が基本的人権として，勤労者に対して保障する「**団体行動をする権利**」として，公共の福祉のために行使せられかつ濫用せられないかぎり正当なものである。

具体的には，「同盟罷業，怠業，作業所閉鎖その他労働関係の当事者が，その主張を貫徹することを目的として行う行為及びこれに対抗する行為であって，業務の正常な運営を阻害するものをいう」（労働関係調整法7条）としている。

さらに労働組合法1条2項は，「刑法第35条の規定は，労働組合の団体交渉その他の行為であって前項に掲げる目的を達成するためにした正当なものについて適用があるものとする」と規定しているが，「正当」な争議行為について刑法35条の適用があるのは当然のことであって，この規定で刑法35条の適用を限定する意味ではないと解しなければならない。

むしろ，「**正当性**」とは何かが研究されねばならない。正当性の基準として通説は，① 正当性の範囲，② 目的の正当性，③ 手段・方法の適当性，④ 社会的相当性をあげ，このいずれかが違法性をもてばそれは違法な争議行為と解している。妥当なものといわざるを得ない。判例は，生産管理と称して，使用者の企業財産に対する管理支配を完全に実力で排除する行為はその正当性を認めなかった（最高判昭25・11・15刑集4巻11号2257頁）。また，企業施設の使用者側の管理を完全に排除するような行為すなわち，職場占拠は違法と判断されている（最高判昭33・5・28刑集12巻8号1694頁）。この関係で，「いかなる場合においても，暴力の行使は，労働組合の正当な行為と解釈されてはならない」（労働組合法1条2項但書）としていることに注意しなければならない。

最後に争議行為の許されないものがあることを付言しておく。国家公務員，地方公務員，公共企業体の職員およびその組合，地方公営企業の職員およびその労働組合，電気事業の事業主および従業者並びに石炭鉱業の事業主および従

業者がこれである。公務員や公共企業体職員の争議行為と刑事罰の適用が問題となる。とくに，最高裁の判断（最高判昭44年4月2日刑集23巻5号685頁）では，公務員は，同盟罷業その他禁止されている争議行為の遂行を共謀し，そのかし，あおり，または企てたものは，それだけで当然に処罰されるとしている。

(9) **許された危険**

「許された危険」(erlaubtes Risiko)または，「適度の危険」(massvolles Risiko)の概念は高度産業が発達した現代社会の要請から生まれたもので，鉱山，工場，高速度交通機関，ジェット航空機や高速新幹線列車やジェット・ホイル高速艇・高速道路などの自動車の運転，先端医療と臓器移植などの医療機関など，それ自体危険性をともなわないものはないが，これを全面的に禁止すれば現代の社会生活は麻痺してしまう。そこで国家は，「許された危険」の範囲なので，一般的に必要とされる注意義務をしていれば，法益侵害の危険をともなうものでも適法とするのである。**「信頼の原則」**や**「危険配分の法理」**が出てきたのである。今日，この限界が問題になっている。環境破壊は人間の生命をもむしばむほどになり，最近では行政上の規制をこえて，刑法で環境保護をするところまできてしまった。日本のみならず，世界的現象である。そこでドイツなどは，環境を破壊するものを「環境犯罪」(Umweltschtuzdelikte)と規定して，この対策の為に「環境刑法」を成立させて，対応にあたっている[11]。むしろ，結果を発生させないように危険を防止することを条件として許されるべきであろう。

II. 正当防衛

正当防衛・緊急避難および自救行為を「緊急権」(Notrecht)または緊急行為(Nothandlung)という[12]。

緊急の場合，法による本来の保護を受ける余裕のないとき，補充的・例外的に，私人侵害される法益の保護を許すものである。かかる意味で違法性阻却事由である。

(1) 正 当 防 衛

「正当防衛」(Notwehr)は刑法 36 条 1 項に,「急迫不正の侵害に対し自己又は他人の権利を防衛するため己むことを得ざるに出てたる行為」と規定してある。

現行法の建前は刑法の自己保全という見地から正当防衛を基礎づけるのが正当であるが,正当防衛には「書かれた法ではなく生まれた法である」とか,「正当防衛は歴史をもたない」など一連の長い思想系列の前史がある。

正当防衛の要件は,① 急迫不正の侵害のあること,② 自己または他人の権利を防衛すること,③ 己むことを得ざるに出たことの 3 つである。

「急迫」とは,法益侵害の危険が目前に迫っていることをいう (最高判昭和 24 年 8 月 18 日刑集 3 巻 1465 頁)。したがって,過去の侵害,または単に将来予見せられるにとどまる侵害に対しては正当防衛はあり得ない。しかし,現在の侵害が予見せられている場合には正当防衛となりうる。すなわち,将来の侵害を予見して防衛設備,たとえば侵入を防ぐために電流を通した針金をめぐらせるとか,忍び返しを設けるとか,自発銃を備えるかした場合である。

侵害は挑発によって誘発せられる場合がある。「喧嘩闘争」(Schlägerei) において多くみられる。喧嘩闘争が当事者相互において初めから相手を攻撃する意図をもって行われ,違法な行為の相互的交換と連続の過程として行われる場合には,その過程のある瞬間において一方が防禦に終始しても,正当防衛の成立の余地はない (最高判昭和 23・6・22 刑集 2 巻 697 頁)。ところが判例は,喧嘩にも正当防衛を認めるに至った (最高判昭和 32・1・22 刑集 11 巻 1 号 31 頁。最高判平成 1・11・13 刑集 43 巻 10 号 823 頁)。学説も,正当防衛は可能だとする説が通説である (大塚仁・大谷実・阿部純二・川端博)。

「侵害」は他人の権利に対して,実害または危険を与える行為をいう。故意によるものと過失によるものであると,また,作為であると不作為であるとを問わない。人間の行為のほか,人間の飼養し,または管理する動物その他の物による侵害に対する防衛 (**対物防衛**,Sachwehr) が許されるかどうかについては争いがある。牧野・木村・内藤謙・曽根威彦・前田雅英・森下はこれを肯定し,宮本・久礼田・島田はそれに準ずるものとして,準正当防衛とする見解である。「対物防衛」は民法 (720 条 2 項) でも不法行為として認められており,それが刑法の補充的性格なので,法益権衛上,問題があるとする (植松正・平野竜一・

福田雅章）の見解がある。

　板倉宏・団藤・福田平・野村稔・大塚仁は，動物の侵害に対する対物防衛を否定して，緊急避難と解しておられる。「不正」とは違法であるから，侵害行為は，客観的に違法なものであれば足り，侵害行為者が有責であるか否かを問わない。したがって，精神病者や幼児の行為に対しても，正当防衛は可能である。

　防衛するのは自己または他人の権利である。「権利」は広く法益を指す。「他人」とは，自然人にかぎらず，法人その他の団体をも含むものと理解される。「防衛」行為は，その性質上，侵害者に向けられた反撃でなければならない。反撃が第三者に向けられたときは，正当防衛とはいいがたい。防衛行為は「防衛の意思」(Verteidigungswille)を有する通説・判例の立場である。「防衛の意思」は必要でないとする見解（中山研一・内藤謙・前田雅英・日高義博）もあり，「**偶然防衛**」を認る立場である。「**口実防衛**」（「**挑発防衛**」ともいう）（防衛に名を借りて，かねてから憎悪していた侵害者に積極的に攻撃を加える行為）は，「防衛の意思」を欠くから，通説・判例は認めていないが，斉藤信治教授は，その妥当性を疑っておられる（斉藤信治・刑法総論［3版］191頁，1998）。したがって，防衛の意思なくして他人を殺した場合に，その他人が実は自己の生命を不正に侵害せんとしたものであったとしても，正当防衛にはならない。防衛の意思は，「主観的違法阻却事由」である。

　防衛行為は「己むことを得ざるに出でたものたる」ことを要する。己むことを得ないとはその必要性（Erforderlihkeit）ではなく，軽微な権利を防衛するために，侵害者の重大な法益に反撃を加えることは許されないという意味で相当性（Angemessenheit）でなければならない。したがって，野菜泥棒をライフルで撃ち殺すようなのは己むを得ざるに出でた防衛ではない。

　なお，正当防衛に関しては，「盗犯等の防止及び処分に関する法律」に注意しなければならない。これは，昭和初頭のいわゆるピス健や説教強盗に起因する立法であるが，その第1条に，「盗犯を防止し又は盗臓を取還せんとするとき」その他一定の場合において，「自己又は他人の生命，身体又は貞操に対する現在の危険を排除する為，犯人を殺傷したるときは，刑法第36条第1項の行為ありたるものとす」と規定されている。すなわち，当然に正当防衛として違法性が阻却される。しかも，このような現在の危険のない場合でも恐怖・驚愕・興奮・

狼狽によって現場において犯人殺傷するにいたったときは，これを罰しないものとされる刑法の正当防衛に対する特則があるからである（最高裁決平成13年6月30日）。

(2) 過剰防衛

「過剰防衛」(Notwehrexzess)とは[13]，防衛行為が防衛の程度を超えたる場合をいい，刑法36条2項は「情状に因り其刑を減軽又は免除することを得」としている。防衛の程度を超えた行為とは防衛行為が己むをえないものとして相当性の限定を超えた場合であって正当防衛の要件を欠いた場合である。手段の相当性を超えたり，反撃行為の強さが著しく超えたときに過剰防衛となる。初めから防衛行為としての要件を欠いている場合，たとえば急迫の侵害がないのに先制攻撃をしたとか，すでに侵害が終了したのに，報復行撃を事後にしたときは，過剰防衛とはならず，単なる加害行為となる。手段の相当性を欠くかどうかは，全体の事情を判断すべきである。窃盗犯人と格闘の上，被害品を取還したあと，謝罪する犯人を懲罰の意図で欧打して負傷させた場合は，前半を正当防衛，後半を単なる加害行為というように分断するのでなく，全体として防衛の程度を超えた過剰防衛と判断すべきである。

不正の侵害にさらされて，冷静さを失ったため，行き過ぎた防衛手段をとったような場合は，行った行為者の非難可能性が欠けるので，わが刑法36条2項は情状により刑を減軽免除の可能性を認めている。ドイツ刑法では，33条に「行為者が，狼狽，恐怖，驚愕のため，正当防衛の限界を超えたものであるときは，これを罰しない」(Überschreitet der Täter die Grenzen der Notwehr Verwirrung, Furcht oder Schrecken, so wirder nicht bestraft.) として立法的に解決している。

(3) 誤想防衛

「誤想防衛」(Putativnotwehr)は「**錯覚防衛**」ともいい，急迫・不正の侵害がないのにかかわらず，このような侵害があるものと誤想して行為した場合をいう。これは正当防衛ではないから違法性は阻却されないが，錯誤の問題となる。「**誤想過剰防衛**」と「**過剰誤想防衛**」がある。従来は，そう考えるのが通説で

あったが，藤木英雄博士のように，正当防衛は侵害排除の権利であるから，社会的有用性を認め，相当性，行為の妥当性の範囲を考慮するなら，同時に，急迫不正の侵害が実在すると信じたことに，合理的な根拠がある場合には，正当防衛を認めるべきだとする考えもある[14]。

III. 緊急避難

「緊急避難」(Notstand)とは，「自己又は他人の生命，身体，自由若くは財産に対する現在の危険を避くる為め，已むことを得ざるに出でたる行為は，其行為より生じたる害，其避けんとしたる害の程度を超えざる場合に限り，之を罰せず」と刑法37条1項本文に規定しているのがそれである。緊急避難の概念は「**カルネアデスの板**」(BC. 2000)以来難かしい問題があり，今日でもなお，いわゆる「超法規的緊急避」(übergesetzlicher Notstand) の観念が用いられている。緊急避難とは具体的にいえば，自動車に轢かれそうになったので避けようとして他人をつきとばして傷害の結果を与えたとか，強姦されようとする女性が室外にのがれようとして他の物を壊すのは貞操に対する緊急避難である。

もともと，この理論もドイツから来たもので，ドイツ刑法は34条に「違法性阻却事由としての緊急避難」(Rechtfer tigender Notstand)，そして35条に，「責任阻却事由としての緊急避難」(Entschuldigender Notstand) の二つに分け，法益保全のため，他に方法がなく，保全しようとする法益が，生命・身体・自由・財物で，避難行為によって害される法益より著しく優越し (Wesentlich überwiegt)，かつ手段として，妥当であるときは，34条の違法性阻却事由となり，自己又は親近者の生命・身体・自由を保全するためには，他の方法がない場合には，法益保持の法益権衡を要件とせずに責任阻却事由とする。これを二分説という。

わが国では，責任阻却事由としての緊急避難を認めず，この場合には期待可能性理論を適用している。それはともかく，わが国では，緊急避難をめぐって学説が対立している。大別して，(1)処罰阻却事由説(大場説)，(2)責任阻却事由説（松正，滝川説），(3)違法性阻却事由説（小野，団藤・斎藤・大谷・川端・前田説），(4)二分説（木村，佐伯，森下説）がこれである。

今日，この**二分説**は差別説ともいわれ，これがさらに，3つに分かれている。

a) **量的差別説** この説は，優越的利益の原則に基づき，より大なる法益を救うために，小なる法益を犠牲にする場合をもって，違法性阻却事由と解し，同価値の法益（比較困難な法益を含む）の一方を救うために他方を犠牲にする場合を期待可能性の欠如を理由とする責任阻却事由と解する説である。

b) **質的差別説** この説は，生命対生命または身体対身体という同質のものの関係において，責任が阻却され，その他の場合は違法性阻却事由と解する説である[15]。

c) **原則責任阻却説** この説は森下忠博士が解く学説で，ドイツでは緊急避難は責任阻却説が多数説であるのと同じ考えに立脚している。例外的に，衝突する法益の間に著しい差があるときにかぎって，超法規的な違法性阻却事由とする説である[16]。

わが刑法37条1項本文における緊急避難の規定を解釈するにはどの立場が妥当であろうか。緊急避難は正当の利益対正当の利益の対立であり，「正対正」（Recht gegen Recht）の関係である。したがって，刑法上，緊急避難はすべて違法阻却事由であるとするのが通説である。

すなわち，刑法37条は「**法益権衡の原則**」（Güterabwegungsprinzip）に基づいて，その行為より生じた害が避けんとした害の程度を超えないことを要するとする。換言すれば，同等またはいっそう大なる利益を救うために同等またはより小なる利益を犠牲にする場合に緊急避難が許されると解するのである。

しかし，人の生命と生命，身体と身体の価値が対立し，その一方を犠牲にしなければ他方を救うことができないというような場合，たとえば，いわゆるカルネアデスの板を争う一人を救うために他人を溺死に至らしめることが——法的に認められるべきであろうか，人格はいかなる場合においても手段とされてはならないのであって，たとえ緊急状態においてであれ許されないと理解されねばならない。したがって，生命・身体に対する緊急避難は違法である。

だが，その場合に避難行為が健全な自己保全本能から行為者の動機決定に，人間の弱さということを考慮に入れて，行為について行為者に責任ありとすることは期待し得ないから期待可能性を欠くものとして責任が阻されると解すべきである。すなわち，生命・身体に対する緊急避難は，違法ではあるが，責任阻却される場合であると解すべきである。したがって，刑法37条もまた「二分

説」(Differenzierungstheorie) に基づくのが妥当といえよう。

危難は，法文に列挙された法益にかぎるべきかどうかについて争いがあるが，必ずしも，これらの法益にかぎる必要はなく，名誉や貞操についても，国家法益や社会的法益に対してもこれを認めてよいだろう。いわゆる「**超法規的緊急避難**」(übergesetzlicher Notstand) である[17]。

危難は現存のものでなければならない。「現存」とは法益の侵害される危険が目前に切迫していることをいう。「危難」は法益に対する実害または危険の状態をいう。その発生原因のいかんを問わない。**みずから招いた危難**に対して緊急避難をなしうるかをめぐって肯定説（江家，植松説）と否定説（滝川，木村説）がある。

判例は「行為者が其の有責行為により，自ら招きたるものにして，社会の通念に照し已むをえざるものとして其の避難行為を是認する能わざる場合には刑法37条は適用しない」と説いている（大審判大正13・12・12刑集3巻876頁）。

さらに，「已むことを得ざるに出でたる」とは，その危難を避けるために唯一の方法であって，他にとるべき途がなかったことが必要である。これを「**補充の原則**」(Prinzip der Subsidiarität) という。

さらに，刑法37条2項は「業務上特別の業務ある者」，自衛官，警察官，消防職員，船長，医師等その業務の性質上，一定の危険に身をさらす義務を有する者には，緊急避難の規定は適用されないことを定めている。

避難行為が，その程度を超えた場合を，「**過剰避難**」(Nostandsezxess) という。行為の違法性は阻却されないが，行為者の責任が軽減されることがありうる（37条1項但書）。また，現在の危難が存在しないのに，行為者が，これがあると誤信して避難行為を行う場合，「**誤想避難**」(Putativnotstand) という。違法性は阻却されないが責任要素としての故意が阻却される（東京高裁判昭和57・11・29）。

IV. 自 救 行 為

刑法上，「自救行為」(Selbsthilfe) とは権利を侵害された者が，法定手続や官憲の救助を待ついとまがなく遅滞なく行為に出なければ権利が失効するような場合，自力でその権利の回復をはかる行為をいう。民法上では「自力救済」と

よばれている。

現行刑法は「自救行為」については規定していない[18]。近代的法治国家においては，法益の侵害は国家機関の手によることを建前とするからである。ただ現実上の問題もありうるから，これを**「超法規的な違法阻却事由」**と解する点で学説は一致している。したがって，判例も自救行為を認めるに慎重である（大審判昭和16・5・12刑集20巻246頁）。

ただ傍論として，窃盗の被害者が，窃盗犯人から現場で，贓物を取り戻す行為など例外的に自救行為が認められるべきと述べている（最高判昭和24・5・18判例体系30巻799頁）。また判例は，「他人に対し，権利を有するものが，その権利を実行する行為は，それが権利の範囲内であってかつ，その方法が社会通念上，一般に許容されるものと認められる程度を超えない限り，違法とはならない」としている（最高判昭和28・6・17刑集7巻6号1289頁，最高裁判平成1・7・7）。

（1） 最高判昭和55・12・17刑集34巻7号672頁。曽根威彦『刑事違法論の研究』(1998) 一元的人的不法論の問題点を指摘しつつも，二元的人的不法論を採ってはいない。
（2） 大野平吉「可罰的違法性の検討(1)」刑法21巻4号29頁以下，吉田宣之『違法性の本質と行為無価値』（1992・成文堂）185頁以下，平野龍一「可罰的違法性」ジュリスト313号64頁，朝倉京一「犯罪論体系における可罰性の問題」荘子古稀198頁以下，前田雅英「可罰的違法性」刑法基本判例（1988）21頁以下，板倉宏「当罰性（実質的可罰性）と要罰性」『平野龍一先生古稀（上）』（1990）93頁以下。町野朔「マジックホン事件―被害軽微の場合の可罰的違法性―」（刑法判例百選Ⅰ（第4版）38頁，1997。Claus Roxin, Strafrecht, Allgemeiner Teil, 3. Aufl, (Band II) 1999, S. 37 ff. 曽根威彦『刑事違法論の研究』(1998) 73頁以下。
（3） 森下忠『緊急避難の比較的考察』（有信堂・1962）210頁。
（4） 畔柳達雄『医療事故訴訟の研究』（日本評論社・1987）で，とくに麻酔と医療事故やエホバの信仰と緊急性がある場合の問題など多岐にわたる。今後，これらの医療刑法の問題が多発し，これに対する刑法上の対応を考えておかなければならないだろう（147頁以下）。
（5） Tiedemann, Die mutmaßliche Einwilligung, insbesondere bei Unterschlagung amtlicher Gelder, JuS. 70, S. 108 f.; Roxin, Über die mutmaßliche Einwilligung, Welzel-Festschr., 1974, S. 447 f.
（6） Medizin und Strafrecht (2000)，丸山英二「インホームド・コンセント―アメリカの法状況」「医事法学8」11頁以下（1993），山下登「インホームド・コンセント

―ドイツの法状況」「医事法学8」45頁以下（1993），植木哲・山本隆司編『世界の医事法』第4章（1992・信山社），井田良・長井圓「ドイツの新臓器移植法（上）（下）」ジュリスト1140（1998），中谷瑾子「最近の脳死論議の問題点」法律のひろば38巻8号（1985）11頁以下，斉藤誠二「刑法における生命の保護」（新訂版）（1989）。
　　　中山研一「脳死・臓器移植と法」（成文堂・1989）が詳細に海外の動向をふまえて論究している。
（7）　内藤謙「尊厳死(1)―(3)」法学教室 43～45号（昭和 59）
（8）　斉藤誠二「生命・死・始期」（多賀出版・1990）126頁以下。
（9）　石原明「臓器移植の比較法的研究」（比較法研究46号）。最近では，心臓移植の生存率の向上を背景に諸外国では，治療的実験の段階を超えて，慎重限定の下に医療行為を肯定するに至っている。ドイツでも最近に至って先馳的研究がみられる。Stratenwerth, Bemerkungen zum Prinzip der Risikoerhöhung, Gallas-Festschrift 1973; S. 227 f.; Zipf, Einwilligung und Risiko übernahme im Stafrecht, 1970; Hans Joachim Hirsch, Gfahr und Gefäfrlichkeit, Arthur Kaufmann Festschrift, 1993, S. 545 f. 斉藤誠二「Über Organtransplantationen und Todeszeipunkt in Japan aus der Strafrechtlichen Sicht」法学新報104―8・9，1998，金川琢雄「新しい臓器移植法とその法的問題点」金沢医大論集26，1998，中山研一編『臓器移植法ハンドブック』（1998）。佐藤司「末期医療と臓器移植法」(1)(2) JCCD 82・83，1999，同・佐藤司「臓器移植法第6条と末期医療」JCCD 85，2000。中山研一『安楽死と尊厳死』（成文堂・2000）

(10)　Bockelmann, Zur Schuldlehre des OGH, ZStW 63, S 13. Goldschmidt, Der Norstand, ein Schuldproblem, S 21, Jescheck-Weigend, Lehrbuch des Strafrechts, Allg. Teil, 5 Aufl., S. 480 f.

(11)　これは，「危険防止負担の合理的分配の原則」が生じてきた。板倉宏『刑法総論』286頁以下，1994。一定の危険を冒しても手術が適法とされることを認める見解（平野龍一，内藤謙など），これに反対するのが中山研一などがある。なを，最近は，世界各地で，環境に対する人的保護と環境破壊は，刑法によって保護されるところまできてしまった。そこで，「環境犯罪」と位置づけてこれに対応する「環境刑法」
　　　（Umweltstrafrecht)の研究がいそがれている。(Günter Heine-Volker Meinberg, Das Umweitstrafrecht, GA. 1990. S. 2 f) 中山敬一「ドイツ環境刑法上の解釈論上の諸問題」（刑法雑誌32巻2号，1992, 19頁以下。)

(12)　前田雅英「正当防衛に関する一考察」（団藤古稀論文1巻333頁。）西田典之「侵害の急迫性」刑法判例百選Ⅰ（4版）48頁，1997。斉藤信治「正当防衛」判例刑法研究2〔違法性〕55頁以下。曽根威彦「正当防衛Ⅰ」刑法の基本判例24頁以下。山口厚「自から招いた正当防衛状況」法学協会100周年記念論文集2巻721頁。川端博「正当防衛権の再生」（1998・1頁以下。）橋爪隆，「正当防衛論の再構成」刑法雑誌39巻3号，1頁以下。2000年。

(13)　藤木英雄「誤想防衛と違法性の阻却」法協87巻9頁。**「誤想過剰防衛」**について

も，急迫不正の侵害がないのにあると誤信して反撃行為をしたが，その行為が結果的に相当性の程度を超えて過剰になったような場合をいう。①防衛行為の相当性について錯誤があった場合，②過剰を意識していた場合に分けられます。これを，通説は過剰防衛の一種と見なしている。平野龍一博士は，誤想の結果の過剰でも，なお過剰防衛とされる。

(14) Jescheck, Lehrbuch des Strafrechts, Allg. Teil., 5. Auf., S 350 (1996). 町野朔「誤想防衛・過剰防衛」警察研究 50 巻 9 号 37 頁，松生光正「誤想防衛と過剰防衛(1)」刑法判例百選Ⅰ（4版）54 頁，内田文昭「誤想防衛から誤想過剰防衛か」判例タイムズ 550 号 94 頁以下。

(15) 森下忠「緊急避難の研究」（1960・有斐閣），森下忠「緊急避難の比較法的考察」（1962・有信堂）参照。この見解は，生命や身体は人格の根本的要素であるから，たとえ緊急避難においてであれ，これを侵害することは違法であるが，期待可能性が欠けるので責任が阻却される。

(16) 森下忠「緊急避難の研究」228 頁以下。

(17) 「超法規的」といっても「超法律」的でないことは当然である（板倉宏『刑法総論』215 頁以下（1994））。Wachinger, Frank-Festgabe, Bd.I, S. 472 ff., Jescheck, Lehrbuch des Strafrechts, Allg. Teil., 5. Aufl., S 359 f. (1996)

(18) 中山研一「自救行為」（刑法判例百選Ⅰ（第3版）44 頁），橋田久「自救行為」（刑法判例百選Ⅰ（4版）42 頁），1997．土本武司「自救行為」（大コンメンタール刑法2巻 322 頁）

第4章 責 任 論

第1節 責任の基本概念

「**責任**」(Schuld) とは，犯罪行為について，行為者に対し刑法から「非難」(Vorwurf) あるいは「非難可能性」(Vorwerfbarkeit) を求めることである。このような意味において，行為の「有責性」(Schuldhaftigkeit) ともいうことができる。「構成要件該当性」，「違法性」に次いで，「責任」は犯罪が成立するための第三の要件である。

近代刑法は責任原則が基軸となっている。「責任なければ刑罰なし」(Ohne Schuld Keine Strafe) というのがそれである。

いったい人間の何に責任の基礎を求めたらよいのか，**民事責任と刑事責任の分化**，すなわち，不法行為の何が民事責任で，何が刑事責任になるのか。刑法の責任とは，道義的責任なのか，それとも社会的責任なのか。歴史的に古くから争われてきた。古くして新しい刑法学永遠の課題である。

個々の行為における悪しき意思（意思責任，Willensschuld）に求めるのか，行為者の悪しき性格──本人の素質と環境によって決定された──（性格責任，Charakterschuld）に求めるべきか，それとも，そのように形成されてきたそして自分でそうした悪しき行状（行状責任，Lebensführunsschuld）に求めるべきか。

わたくしは，まずこの問題の前提として，「人間」とは何か，ということが問われ，追及されなければならない。現実の人間は血もあり肉体もあり，愛憎のある，素質と環境によって左右される人間像である。この具体的人間をみることなしに抽象的人間像を想定した人間が犯罪をするのは自由意思で行うのだ。自由意思が人間にはある。いや，人間には自由意思などない，すべて素質と環境によって決定されているのだ。など決定論と非決定論の対立などがあった。

このような抽象理論は実践刑法として無力であり，「人間不在」の刑法である。人間科学としてダイナミックな心理学・社会学が発達した今日，これを基

礎科学として,「具体的人間像」(Ontologischen Menschenbild) に, または「行為者類型」(Tätertypus) が分析され, 責任論に礎定されなければならないと私は思っている。

以下,「責任の本質」「責任の基礎」や「責任の要素の性質」について従来の学説を紹介しながら検討したいと思う。

学説に入る前に一般概念を説明しておきたい。刑法で責任が問題となるには, 違法行為の存在が確定されることが必要である。違法行為のみが刑法上の責任を引き出す。違法の判断を与えるものは法規範の評価規範としての作用であるが, これに対応して, 責任の判断を可能にするものは法規範の法定規範としての作用である。さらに法規範は, 法定規範としての作用として命令禁止として現われる。各人の内心において, 違法行為に向けられている動機を抑圧して適法行為を行わせることである。内心に向けられるこのような法上の要請は義務 (Sollen) といわれる。

責任は義務の関係において理解される。責任を認めるには, 行為者に, (1)一定の精神状態の備わること, (2)一定の心理状態のもとに行為が行われること, この二つが必要である。この精神状態が「責任能力」, この心理状態が「責任条件」である。責任能力があり, 責任条件が備わるかぎり, 行為者は現実に行った違法行為を避けて適法行為を行うことができたはずであり(期待可能性), したがって, 行為につき責任を負うという推定を受ける。これが責任主義の原則である。この推定を破る例外として,「責任阻却事由」が認められる。

第2節 責任の学説

責任論には, 前述したとおり,「責任の本質」「責任の基礎」「責任の要素の性質」をめぐって, 従来, (1)道義的責任論と社会的責任論, (2)行為責任論と性格責任論, および人格責任論, (3)心理的責任論と規範的責任論があって, それぞれ対立している。

I. 道義的責任論と社会的責任論

「道義的責任論」(moralische Schuld) は古典学派が唱道したもので, 人間行為

の基礎に自由意思を認め，素質と環境の制約のもとにおける相対的自由意思のあり方に注目し，「決定されつつ決定する自由意思的なはたらき」(小野博士)を認め，その自由な決意のもとに行った行為およびその結果は行為者に帰属されるから責任も「帰責性」(Zurechnung) をもつというのである。したがって，非決定論 (Indeterminismus) の立場である[1]。

これに対し，「社会的責任論」(soziale Verantwortliche Schuld) はフェリー (Ferri)以来，近代学派の実証的見地からの唱道によるもので，自由意思などという「純然たる幻想」に刑事責任を求めるのではなく，社会の環境因子と素質因子によって決定された，ごく普通の人間が社会で生存しつつ，社会に対して危険な犯罪に陥るべき性格を有するものが犯罪という形で徴表されたとき，社会は防衛の手段（社会防衛，défense Sociale）として刑罰・矯正処分をうけさせる法律的地位に立たせるのである。これが**決定論** (Determinismus) の立場であり責任なのである[2]。

刑事責任とは本来，犯罪行為について卒直にその行為者を非難すべき基礎・原因を追求する刑法上の判定だとすれば，刑法の予定している人間像は聖人でも君子でもない平凡な市民であり，ある場合には道義のなんたるかをもわきまえないギャングである。そのような現在の犯罪行為者を前に，哲学上の自由意思論争を刑法の責任論にもちこむこと自体問題であろう。

さらに従来の道義的責任論者は，刑法上の責任を個人的倫理の立場から理解しているが，このような観念論では，現実の犯罪対策としては無力であると私は思う。犯罪学の教えるところでも犯罪者の実態はそのようなものではない。Kaiser, Kriminologie 1985, によれば，犯罪は人類に共通の側面とその民族・国民に特有な側面をもっていることも忘れてはならない。そういう意味において，刑法上の責任は，まず日本民族の特性・歴史性，そして個人倫理を超えた国家的・社会的倫理の観点から現代人間科学に立脚した実践科学的法律的判断を下すべきである。そのような意味において，われわれは社会的責任論が刑法上の責任論として正しいものであるとの確信をもっている。

II. 行為責任論，性格責任論および人格責任論

責任が問題となるのは，当該の窃盗行為とか傷害行為である個々の行為であ

るから，その意味において刑事責任は「個別的行為責任」(Einzeltat-Schuld)であり，また，責任は決意という意思形成について言われるのであるから「意思責任」(Willensschuld)であり，さらに責任は行為者に対する非難であるという意味において「行為者責任」(Täterschuld)である。このようなところから，さきほどの道義的責任論と社会的責任論をふまえて，「行為責任論」と「性格責任論」が生じてきたのである。

　行為責任論は個々の犯罪行為に向けられた行為者の意思に責任非難の根拠をおくからその基礎ははっきりしているが，行為者のもつ意味が不明である。性格責任論は犯人の危険な性格に，社会からの防衛処分が科せられるべきものとして根拠をおく。人格責任論はこの二つの立場を止揚する試みの一つとしてドイツのメツガー，ボッケルマンによって提唱され，わが国においては団藤重光博士によって精致な理論が展開され第三の学説として定着し，博士によって責任論がいちじるしく密度の高い発展をみた。

　博士によれば，「責任は，第一次的行為責任であり，行為者の人格の主体的現実化であり，行為の背後には，素質と環境とに制約されつつも，行為者の主体的努力によって形成されてきた人格が存在するのであり，かような人格形成における人格態度に対して行為者を非難しうるのであって，そこに第二次的に，人格形成責任を考えることができる。現実の行為における人格態度を把握するためには，必然的に過去におけるその人格形成をもとりあげなければならない。かようにして，概念的には，行為責任と人格形成責任とは区別されるが，生の現実では不可分であり，このように合一されたものを，全体として，人格責任と呼ぶもの」とされる[3]。

　ところで，行為者は動機決定を通して行為に対する因果的関係に立つという意味では性格を有するから，その意味において行為者責任である反面，行為者は意思行為の主体としては統一者たる人格と解せられるからその意味において，行為者責任は人格責任であるといえる。すなわち行為者は性格を基礎として人格を有するのである。ことばを換えて言えば，性格のない人格もなく，人格のない性格もない，人格は性格の上に形成されるものである。したがって最近，木村亀二博士によって提唱された「性格学的責任論」(Charakterologische Schuldauffassung) すなわち，行為は行為者の性格の徴表であると同時に，行為者の

人格の有意味的表現である。そのように性格と人格に根ざし，因果的に決定せられながら，有意味的に決定する人格者の行為に対して責任非難が可能でありかつ意味を持つものであるから，刑事責任は単純に行為者から抽象せられた行為を対象とする行為責任でもなく，また，行為者から抽象せられた行為者を対象とする行為者責任でもない「性格学的責任」に基礎をおくべきではなかろうか[4]。団藤博士の道義的責任論から出発した「人格行状責任」の到達した結論も，木村博士の社会的責任から出発して「性格学的責任論」におよんだ結論も帰するところは同一な一致点ではなかったであろうか。

Ⅲ．心理的責任論と規範的責任論

責任の内容たる要素の性質をどの様に理解するかについて，さらに，「心理的責任論」(psychologische Schuldauffassung)と「規範的責任論」(normative Schuldauffassung)がある。

心理的責任論とは，故意および過失を「責任形式」(Schuldformen)または責任条件と解し，責任とは故意・過失という心理的事実の類概念に外ならず，故意または過失があれば責任があり，それがなければ責任がないとする説である。

規範的責任論は責任を「義務違反性」(Pflichtwidrigkeit)と解し，責任の要素として，故意と過失とを統合するものとして，さらに，行為者に適法行為の「期待可能性」(Zumutbarkeit)が認められること，すなわち，行為の際の具体的事情にかんがみ，行為者にその犯罪行為をさけて他の適法行為に出ることを期待しうるという状態の存在すること，が必要であると解する立場である[5]。

本来，責任は，単なる行為者の心理的状態としてのみ把握するものではない。責任とは心理要素たる故意・過失と規範的要素たる期待可能性の結合である。そこで，故意・過失がなければ期待可能性はないから責任はないが，故意過失があっても期待可能性がなければ責任がないことになる。これが規範的責任論の構造であって，期待可能性は，規範的責任論の中心概念たる規範的要素を指すのである。

規範的責任論は発生史的には古典学派の道義的責任論と結んで提唱されたが，Ａ．シュミットの見解を介して，近代学派の社会的責任論とも結合され，今日ではわが国においてもドイツにおいても学派の対立を超えて責任論の共通項と

なっている。

　そこで期待可能性理論をさらに分析すると，期待可能性は行為者の内部的属性ではなく，行為の際における外部的な事情を基礎とするものである。その場合の外部的事情は客観的に存在したものでもよいし，客観的に存在すると考えられたものでもよい。たとえば，しばしば学者によって引用される，**ライネンフェンゲル事件**（Leinenfänger Fall）として有名な1897年のライヒ裁判所の判例がそれである。

　〔ライネンフェンゲルという渾名の暴れ馬を馬車馬として使用中，誤って通行人を負傷させた馭者が雇主の命令にさからってまで使用しないことは期待可能性がないとした事件〕

　わが国の判例としては，いわゆる「甘粕事件」（軍法会議判大正12・12・18新聞2195号7頁）や「第五柏島丸事件」（大審判昭和8・11・21刑集12巻2072頁）が著名である。連絡船第五柏島丸が瀬戸内海で，定員の五倍余の乗客を載せて航行中，沈没して多数の死傷者を出した事件について，大審院は，乗船時に通勤の乗客が殺到したのに，取締りの警官は出航時刻の励行のみをうながし，定員超過の点は看過していたこと，船長であった被告人の再三の注意にもかかわらず，船主が採算上の理由から多数の乗客を載せることを命じていたこと，さらに，被告人が貧困で会社をクビになったらいき場がなかったことなどを考慮した結果，期待可能性のないことに基づいて，被告人に軽い罰金刑を言い渡したのであった。

第3節　責任能力

I．責任能力とは

　「責任能力」（Schuldfähigkeit）とは[6]，肉体的・精神的健康または成熟によって，社会的行為をなしうる能力をいう。古典派は責任能力をもって責任の前提条件としての「自由な意思決定」能力（freie Willensbestimmung）であるとして，責任能力のある者の行為についてのみ犯罪の成立要件たる責任が問題になるのであるから，責任能力は「犯罪能力」（Deliktsfähigkeit）であって，責任能力のない者の行為は犯罪ではないと理解している。

現行刑法では，39条，41条の2ケ条が，責任能力に関連した条文である。39条は，「心神喪失」と「心神耗弱」という概念（これは明治41年に決定した古い概念）で，この心神喪失者の行為は罰しないことにしている。また，心神耗弱者の行為はその刑を減軽するとしている。41条は刑事責任年齢を14歳と定めて，14歳未満の者の行為は，罰しないことにしている。日本の刑法は，責任能力を定義したり，責任能力の類型や積極的要件を決めないで，処罰されない場合の例外だけを規定する方法を採用している。多分にドイツ刑法の影響がみられる。また，責任能力は，責任の前提か責任の要素かという専門上の難問題がある[7]。

ところが少年法では，責任能力のない14歳未満の少年が「刑罰法令に触れる行為」（少年法3条1-3）をした場合は24条の保護処分が適用されることになっている。刑罰法令に触れる行為とは構成要件に該当した違法で有責な行為（犯罪）であることは言うまでもない。少年法は責任能力のない少年の犯罪を認め，これに刑罰以外の保護処分を認めている。なぜ，刑罰を科さないかというと人格（性格）の可塑性に富む少年に刑罰を科すのが適当でないからである。しかし責任能力のある少年に刑罰を科すのはなぜかというと，刑罰を科するに適しているからである。したがって，責任能力があるかないかは，「犯罪能力」（最近では，これを「**有責行為能力**」と言っている）があるからではなく，刑罰を科するに適するか否かを意味する。かかる意味で責任能力は「**刑罰適応能力**」(Anpassungsfähigkeit) または，「**刑罰能力**」(Straffähigkeit) と理解するのが近代学派であり，われわれの立場である[8]。

この説に対して，責任能力を刑罰能力と理解するならば，責任能力は刑罰の執行の際に存在すべきであって，行為のときの要件とはいいがたいとの批判もあるが，これは刑罰能力と刑罰執行能力を混同したものである。刑罰能力とは犯罪に対する法の効果として本質的に同一である保安処分（含保護処分）と刑罰の関係において，保安処分ではなく刑罰という社会の普通人に対する制裁を科するに適当した能力を意味するからに外ならない。したがって，責任能力は刑罰執行能力ではなく，刑罰能力として行為のときに存在することを要する。

平野龍一博士は，最近，自由意思論を捨て，刑法上の非難の契機を有責行為能力としながら，刑罰を問うに足りる責任（可罰的責任）があるかどうかの問題とされたことは，われわれの立場も理解された，注目にあたいする所論である。

責任能力のない者もまた犯罪をするから，これに社会防衛手段としての刑罰は適当でないので，保安処分を科すのである。

ヴェルツェルは責任能力を二面性から論じている。すなわち，「認識的要素」(Erkenntnimässiges Moment) と「意思的要素」(Willensmässiges Moment) から成り立っているというのがそれである。この理論は，あまりにも思弁的で哲学すぎるので採用するものは少ない。むしろ，「精神障害」が精神医学の領域なので，現在では，精神保健福祉法の精神病者(分裂病やそううつ病などの内因性疾患や脳挫傷，てんかんなどの外因性疾患)，精神薄弱者，精神病質者の定義に基づいて施行されているのが現況である[9]。

その他，病的酩酊や幻覚，妄想，健忘症などが「原因において自由な行為」との関連で問題になる。弁識能力については，種々の問題をはらみながら，ドイツでは，シュナイダー (K. Schneider) 以来の医学的研究がなされており，英米でも，種々の批判にさらされながら，マックノートン・ルール (M. Naghten Rules) やダラム・ルール (Durham Rule, 1954) などによって判定基準を出そうとしている[10]。

責任能力は行為の際に存することをもって足りかつ十分である。犯罪行為のときとは，実行行為のときであって，結果の発生時ではない。したがって，犯罪行為後に，行為者が心神喪失の常況になったとしても——公判中であれば公判手続の停止の原因(刑訴法314条1項)，受刑中であれば，刑の執行停止原因となる（刑訴法479条・480条）——刑法上の責任能力には影響がない。

また「原因において自由な行為」(actio libera in causa) は，責任無能力の状態を招く，原因行為時に故意または過失の責任能力がある行為であるから責任無能力の適用がないのは当然である。刑法は，責任能力を規定せず，消極的に「責任無能力」と「限定責任能力」を認め規定を置いている（39条～41条）。

II. 心神喪失者

刑法は責任能力が完全に欠如した場合を，心神喪失として「責任無能力」を認め，39条1項によって「心神喪失者の行為は之を罰せず」としている。

心神喪失については各国の立法例によってまちまちであるかが，フランス刑法は，行為者の精神状態の異常性を生物学的方法 (biologische Methode)，（フラ

ンス刑法64条)で認める立場であり，ドイツ刑法は，精神状態の異常性とその異常状態に基づく，行為者の自由な意思決定が不可能であった点を生物学的・心理学的方法 (biologisch-psychologische Methode) をもって認定している (ドイツ刑法51条)。心神喪失とは精神障害の高度のものであるから，この状態では運動する能力はあるが，「行為」の能力はないから，責任能力が否認せられるわけである。心神喪失には種々の原因がある。主たるものは狭義の精神病(高松高裁判昭和28・6・11特報36号15頁，仙台高裁判昭和33・3・26刑集11巻169頁) であるが，生来的に精神機能に故障のある場合も成長後の偶発的に基づくものでもこれは問わない。したがって精神病・痴呆などのような生来的なものはもちろん，一時的なものもすべて含まれる。一時的なものは，妊娠・高熱のための夢中の状態，一過性精神異常，泥酔(東京控判昭和6年9月22日新聞3320号4頁)とか催眠による人為的なものを問わない。

　心神喪失に関連して，「道徳的精神錯乱」(Moralisches Irresein) と「原因において自由な行為」を考えなければならない。前者は精神的に健全なものが，道徳的な面にはなはだしく堕落した精神錯乱者の場合である。心神喪失の判断は法律上のものであり裁判官が終局的には行うものであるが，心理学，精神医学などの専門知識をもって具体的行為者の精神状態を診断することが前提なのは論ずるまでもない。

III. 心神耗弱者

　刑法39条2項は「心神耗弱者の行為は其刑を減軽す」と規定している。刑法上，心神耗弱者とは責任能力の一部欠けたものをいい，責任能力者と責任無能力者との中間に位置するから「**限定責任能力**」(Verminderte Zurechnungsfähigkeit) といい責任減軽事由である。

　その精神状態の内容は，具体的にはきわめて多様性をもっており無限の段階が含まれるものといわなければならない。したがって，団藤博士が指摘したように，ある種の犯罪に対してのみ，その存在が認められる「部分的責任能力」(partielle Zurechungsfähigkeit)，すなわち，ある種の刺戟に対して，異常な反応を示し，暴行・傷害などにおちいるヒステリー患者は，それらの罪については責任無能力者とみるべきであっても，他の犯罪については，責任能力を肯定で

きる，ある種の限定責任能力者の存在も可能であろう。

　判例は「心神喪失と心神耗弱とは，いづれも精神障礙の態様に属するものなりと雖も，其の程度を異にするものとして，心神耗弱は，精神の障礙未だ事物の理非善悪を弁別する能力を欠如する程度に達せざるも其の能力著しく減退せる状態を指称するもの」としている（大審判昭和6・12・13刑集10巻682頁）。このような限定責任能力を刑罰の減軽事由にすることは問題がある。道義的責任論の立場からは理論上当然の結論であろう。しかし，かような心神耗弱者に対し応報としての刑罰を軽減してみても，これらの者の具備する危険性は矯正されなければ，無意味であろう。これには保安処分が必要である。

　現行刑法は39条2項で心神耗弱者の行為を減軽し，「精神保健福祉法」（平成7年）によって処分する，刑と保安処分との二元主義をとっている。ここにおいて刑と保安処分は併科されるので両者は「連続的適用」をみるのであるが，私が言いたいのは，保安処分的な「措置入院」（精神保健福祉法29条）をする前に，裁判所によって限定責任者として減軽せられた刑を執行していったいそこにいかなる効果を期待するのか。減軽せられた短期の刑が社会保全のためにも，行為者個人のためにも共に効果がないとすれば，これは刑罰経済上，無用な加重であって，刑法と精神保健法の二元主義を採る欠点といわなければならない。

　この点，ベルジックの1930年の社会防衛法（Codigo de Defenoa Social）は，重要な実践的模範を示している。ベルジックの社会防衛法は保安処分一元主義によってこのような刑事政策上の要請に答えている。わが国における限定責任能力者に対する当面の問題も，このような趨勢に基づいておのずから一元化へ動いて行くものと私は思っている。

IV. いん啞者

　刑法40条は「いん啞者の行為は之を罰せず又は其刑を減軽す」と規定していた。いん啞者とは「おし」のことである。いん啞者はその程度のいかんによって，責任無能力者または限定責任能力とされるのである。いん啞者は聴覚機能を先天的に喪失してるか，幼少時に喪失したことによって，言語機能に欠陥のある者を意味すると解する（最高判昭和28・5・29刑集7巻1192頁）。これらのものは，その精神の発育が阻害されることが多いことを顧慮したものであり，具

体的な精神的障碍の程度に応じて，責任無能力者および限定責任能力者が区別されるべきである。

しかし特殊教育の進歩した今日では，いん啞者を一率に責任無能力者または限定責任者とすることは適当ではない。特殊教育がゆきとどき高等教育まで発展し，大学院教育までの段階まである今日，いつまでも明治期の刑法解釈でいいかどうか，考えなければならないだろう。しかも，十分に，この人達の人権的配慮は必要であろう。いん啞者でも，かくべつ精神的障害を認めがたいものも少なくないであろう。そこで，刑法40条は平成7年(1995)年の刑法改正で削除された。

Ⅴ．少　年（刑事責任年齢）

14歳に満たない者は，責任無能力者である(41条)。刑法では，これを絶対的刑事責任能力者といっている。精神状態の発達は，身体の成熟度に相応するのが一般である。具体的には，個人によって遅速があるのはもちろんのことであるが，刑法は，このような個々の精神状態を考慮する煩瑣を避け責任年齢の限界を満14歳を絶対的刑事責任年齢といい，20歳未満のものを相対的刑事責任年齢というのである。

青少年犯罪者に対しては，人格は形成途上にあるので教育の可塑性にも富むと同時に，少年期および青年期の特殊な精神状態を考慮して，少年法(昭和23年法律168号)および少年院法(昭和23年法律169号)で性格の矯正を図る「矯正教育」(Corrective education)を中心とする**保護処分**(少年法42条)を施すのである。

少年の年齢は少年法では20歳にまで高められ，16歳未満の少年には刑事処分に付することができない(少年法20条但書)，事件は必ず家庭裁判所に送致され，保護処分か刑事処分かを決定し，刑事処分相当と認めた場合にかぎって，検察庁に送致(逆送)され(少年法20条)，刑事訴追(少年法45条5号)をなしうるのである。

日本ばかりでなく，ドイツ，アメリカ，イギリス，フランス，スイスの犯罪統計書を見てみると，先進各国ともに14歳から18歳までの年齢層が犯罪多発化の概向にあり，それぞれ対策に頭をいためている現況がある。刑事処分を受

ける少年についても，罪を犯すとき18歳に満たない者に対しては，死刑に該当する場合は無期刑にし，無期に該当する場合には，10年以上5年の懲役または禁錮をもってあてるのである。さらに犯罪少年には不定期刑（少年法52条）を採用している。最近の(a)年少少年(14歳)の凶悪化と，(b)犯罪少年の低年齢化は大きな社会問題となり，**少年法改正**の議論がおこっている。現在のところ，少年法が保護処分優先主義を採用しており，すでに50年前の成立当時とは大きく社会情況も犯罪少年の実情も大きく変貌しているのに，19世紀的発想の少年法は，制度的疲労をおこしており，現実の凶悪な少年犯罪に対応しきれないでいる。

第4節 故　意

Ｉ．故意とは

「故意」とは「罪を犯す意」すなわち，犯罪意思である。

「故意」(Vorsatz) は過失とともに責任条件である。刑法では「罪を犯す意なき行為は之を罰せず」(38条1項) として，「犯意」といっているのがこれである。故意とは自己の企画する行為から一定の違法事実が発生することを認識していることをいう。しばしば，認識しながらその違法事実の発生をともなう行為を任意に支配する意思を働かせたことまで含めて，故意（犯意）という場合がある。故意行為がそれである。故意行為によって生ずる責任を「故意責任」という。

刑法は**故意責任を原則**とし処罰して，過失責任の処罰を例外としている（38条1項）。そうして，故意責任が重く，過失責任が例外的に軽く処罰せられるのは当為である。これは故意が，現実上自覚して法規範に違反して行為に出た意思の働きがあるからであり，過失は，なんらかかる意識なしに結果的にそうなったにすぎないから，故意の非難性・悪性は，とくに重大であると評価されるに基づくものである。故意の本質について，これを意思と解するか表象と解するかによって「意思説」(Willenstheorie) と「表象説」(Vorstellungstheorie) に区別せられ，これを総合しようとしてM.E.マイヤーが「動機説」(Motiventheorie) を主張したが妥当ではない。

故意は，結果を予見し，その認識せられた結果を実現する意思であると解することによって，故意と故意でないものを区別することができる。さらに，故意は予見せられた結果を実現しようとする「実現意思」（Verwirklichungswille）であるから，実現意思のない場合に故意がない。

　故意は人格者の行為の要素たる意思の内容であり，この意味において，人格の表現であるが，人格は現実には性格と表裏一体の不可分関係にあるから，故意は同時に，因果関係における性格の徴表であり，反社会的性格の徴表としての意味を持つ。牧野博士が，故意をもって行為者の「反社会的性格の表現」といわれるのは故意の徴表的意味を指された意味である。個々の犯罪に故意が成立するためには，(1)一定の事実の認識が必要である。(2)その事実を発生せしめることは自分に許されていないという認識すなわち，違法性の認識が必要である。

II. 犯罪事実の表象・認容

　故意においては行為者は犯罪事実を知っているのである。目的とする結果とそれに不可分に結合している意欲していない「副次結果」(Nebenfolge) を認めた場合の故意を「認容」(Einwilligung) という。行為者は自己の「意図」(Absicht) する行為から一定の犯罪構成要件の内容とせられている事実の全部が発生可能であること，したがって，行為の「因果関係」とその因果的可能性による法定事実発生の可能性の認容が必要である。この両者を合わせて「事実の認識」という。

III. 故意の種類

a) 確定的故意と不確定的故意

　構成要件的故意の種類としては，まず犯罪実現についてのあらわれが確実かどうかより見て，確定的故意と不確定的故意に区別する。**確定的故意**（dolus determinatus）とは，犯罪の実現を確定的なものとして表象する場合をいい，**不確定的故意**（dolus indeterminatus）とは，犯罪の実現を不確定的なものとして表象する場合をいう。不確定的故意はさらに a) 概括的故意，b) 択一的故意，c) 未必の故意に分けられる。

a) **概括的故意**は，一定範囲のどれかの客体に結果が発生することは確実であるが，その個数およびどの客体かが不確実な場合をいう。たとえば，群衆の中に爆弾を投げ込むときのように，だれに，また，何人に死傷の結果を生じさせるか不確定である場合がこれにあたる。

b) **択一的故意**は，数個の客体のうち，どちらか一つについて結果の発生を認識している場合をいう。たとえば甲乙2人のうち，どちらかを殺す意思で発砲する場合が，これにあたる。

c) **未必の故意**は，結果が発生するかもしれないことを認識し，かつ，発生するなら発生してもかまわないと認容する場合をいう。たとえば獲物に猟銃を向けた甲が，自分と獲物との間にいる人に弾丸が当たるかもしれないことを認識しながら，当たってもかまわないと認容して発砲する場合が，これにあたる。なお，「侵害故意」と「危険故意」の分類もある。

IV. 違法性の認識

故意が成立するためには，行為者が，犯罪事実や違法性に関する事実を表象・認容することのほかに，その行為の違法性を認識したことを要するか。これが，「違法性の認識」(Bewusstsein der Rechtswidrigkeit) の問題である[11]。

すなわち，犯罪事実を発生させることは自己に許されていない，それは他人の法益の理由なき侵害として禁止されているということの認識，これを「違法性の認識」または「義務違反の意識」という。従来からこの点をめぐって学説の分かれるところであるが，大別すると次の4説となる。

第1説は，わが国の判例のとる立場で，故意の要件として，違法性の認識を必要としない見解である（大審判昭和6年1月19日刑集10巻6頁，最高判昭和24年11月28日刑集4巻2463頁）。

第2説は，道義的責任論の立場から，違法性の認識を故意の要件と解する見解である。小野博士は，「違法の意識こそは，故意と過失とを分つ分水嶺ともゆうべき」ものとされる（同説，滝川，植松，滝川（春）説）。

第3説は，近代学派の犯罪徴表説のとる見解で，自然犯・刑事犯には違法性の認識が必要でないが，法定犯・行政犯には必要であるとする立場で，自然犯・刑事犯においては，犯罪事実の認識があれば，当然に，行為者の反社会的性格

が表明されるか，法定犯・行政犯にあっては，法律上禁ぜられていることを知らない者については，その反社会的性格を認めないと解される（牧野，市川，八木説）。

第4説は違法性の認識の存在は必要でないが，その意識の可能性（Möglichkeit）が認められることが，故意の要件であるとする立場である（草野，佐伯，団藤，井上説）。

これらの学説はいずれも「違法の認識」または「違法の認識の可能性」が故意の要件であるか否か故意論の中で論じているので，これを「故意説」（Vorsatztheorie）という。これに対し，最近，目的的行為論に立脚する「責任説」（Schuldtheorie）が抬頭しつつある。違法性の認識を責任の要素と解する立場で，故意は，構成要件事実の認識を内容とする事実的故意（Tatvorsatz）であり，違法性の意識またはその可能性は，故意とは別の独立した責任要素と解するのである（ヴェルツェル，木村，福田説）。このように故意概念の混乱は錯誤論にも重要な混乱をもたらし，限界線を引くことに明確な解決がない（最高裁判昭和62年7月16日刑集41巻5号237頁）。

第5節 過　　失

I. 過失の構造[12]

〔1〕「過失」（Fahrlässigkeit）は責任条件の一種であって故意とともに刑法において重要な観念である。刑法はどこの国でも故意犯のみを重視し，故意犯を処罰するのが原則である。これは，「**故意犯処罰の原則**」といわれている。ところが，先進国では，とくに日本では，交通犯罪といわれる交通過失犯が犯罪の大半を占める国では，この研究が特に重要になってきたのである。したがって，刑法では，今や責任論の枠をこえて，違法論や構成要件論に及び「過失犯の構造」という形で犯罪論の体系をゆり動かしつつある[13]。

行為者が法的に要求されている程度の注意を緊張させていたならば，自己の態度である作為・不作為から一定の違法事実が発生することを「予見」（Vorsicht）してこれを避止する意思を働かせることが「可能的」であったのに，その**注意義務**（Sorgfaltspflicht）を怠るという不作為のために，それを予見せず，

したがって，その結果を防止する意思を働かせなかった主観的態度をいう。

しかし，この不予見による防止行為の不作為によって解放された一定の因果過程の展開によって，生じた一定の違法事実まで含めて過失という場合が多い。過失行為という場合の過失がこれである。過失行為によって生じる責任を「過失責任」という。

「**過失責任**」は民法では，故意責任と原則的に同一に取り扱われ，いずれも損害賠償義務を生じるものとしているが(民法709条)，刑法では，「あやまちは咎むるなかれ」で，故意責任の例外として重大な結果を発生した場合にかぎり刑事責任が生じるのである。これを「過失処罰例外の原則」という (38条1項)。したがって，刑法では，明文で処罰されているのは，5種類の犯罪しかない。①失火罪 (116条)，②過失溢水罪 (122条)，③過失往来妨害罪 (129条)，④過失致死傷罪 (210条)，⑤業務上過失致死傷罪 (211条) がそれである。ところが，わが国では，現在，交通事故 (過失犯) は行政犯の大部分を占め，医療過誤や薬害，食品公害，企業災害など過失犯が現今の主流を占めている現状では，「例外法の原則法化」(新しい新過失論) の道を辿らざるをえなくなっている。それだけに，この分野の研究の深化が求められている。

〔2〕 過失の概念は，これを分析すれば，(イ)**法的注意義務**，(ロ)**義務違反の予見不可能性**，(ハ)その結果**違法事実の発生**の3要素から成立する。過失の概念構造を考察するには，これらを分析しなければならない。

(イ) **法的注意義務違反** 過失犯の構成要件とされている事実，――人の生命・身体を死傷，火災発生，汽車電車等往来の危険――等の結果を生ずることについての予見である。自己の行為からこれらの結果が生ずることを注意して予見し，予見したかぎりこれを避けるに必要な行為をなすべきことが要件されているのである。予見しながらその結果を回避する行為をなさないときは，当然故意犯が成立する。過失は不注意に対する社会的非難であるから，いかに注意を払っても結果の発生を避けえなかったような場合は，不可抗力として過失犯すらも成立しない。

(ロ) **義務違反の予見不可能性** そこで，「過失」の有無を判断する標準たる注

意能力をいかに解するかが問題となる。客観説，主観説，折衷説がある。

　客観説は，社会一般人を標準し，社会の一般人が払いうる能力——たとえば，善良たる管理者の注意，社会生活において一般に要求される注意等を払わなかった場合に不注意が存在すると解する説で，一般人の客観的標準だけが，すなわち，「客観的注意義務」(Objektive Sorgfaltspflicht) を問題とする（牧野，木村，久礼田，市川，植松，江家説）。

　主観説は，行為者を標準とし，行為者個人が普通払いうる能力を払わなかった場合に不注意が存在すると解し，行為者個人の注意能力に主観的標準を置くものである（滝川，安平，斎藤，団藤説）。

　折衷説（二重構造論）は，第一に注意能力は客観的・一般的な基準によるべきで，何人に対しても，それ以上の注意を要求すべきではない。第二に，しかし，行為者その人の注意能力が一般的に基準におよばない場合には，その能力のおよばないところに過失を認めないとされるのである（小野，大塚説）。

　主観説は，注意能力の低い者に対しては寛大にすぎ，高い者に対しては厳格にすぎるという欠点があり，客観説は，その反対に，社会の普通人よりも注意深い者に対しては寛大にすぎ，注意能力が低い者に対しては厳格すぎるとの批判がある。折衷説はその点優れているが，過失犯を結果責任と解し，過失は道義的責任の一形態としてとらえている点に危殆犯の過失の異質性が問題となる。

　しからば，この注意能力をどう考察すべきか。刑法が過失の構成要件を設定するのは，結局，故意と同様に，社会一般人を基礎として不注意における注意義務を法定評価するのであるから，注意能力は一般人の注意能力を意味し，客観的な注意の違反であり，社会的に相当な注意の懈怠にほかならないから，客観説をもって妥当と考える（通説）。

(ハ)　**違法結果の発生**　義務違反的予見不可能性があっただけでは過失責任が生ずるのではない。その予見不可能のために結果防止行為が停止されて因果関係が進行して一定の違法事実が発生したことが必要である。この意味においては過失責任は一種の結果責任である。しかし，純粋の結果責任ではない。過失による結果は，故意的不作為の結果と類似性をもっている。したがって，故意的不作為であれば，過失「行為」もまた行為概念に含まれることが許されるで

あろう。

II. 過失の種類

刑法は過失について，種別を認めて故意とその取り扱いを異にしている。

(1) 重過失と軽過失

「重過失」(grobe Fahrlässigkeit) とは，「軽過失」(Culpalevis) に対する比較概念で，行為者の注意義務に違反した程度がいちじるしい場合をいう。刑法が「重大な過失により」(211条・217条2項) と規定している場合がそれである。すなわち，行為者が，きわめて些細な注意を払うことによって注意義務をつくすことができたのに，これを怠って注意義務に違反し，重い社会的非難を加えられるべき場合である。たとえば重過失火罪・重過失致死傷罪がこれにあたる。軽微な過失は，構成要件的にな類型化されていない。**監督過失**とは，業務その他の社会生活上の関係から，他人が過失により法益侵害を犯さないように監督する義務を負う者の過失をいう。監督過失としては，工場事故における工場長・会社幹部の責任，ホテルやデパート・ビル火災（いわゆるソーシャル・ビル火災）などの経営者の監督責任が，難解な問題を提出する。

監督義務は，(I)事前に安全体制を確立する義務，(II)結果発生直前の結果回避義務よりなる。機械設備や配管・電気系統などの維持管理の作動検査義務を指している。

これに違反している過失を**構成過失**という。火災や爆発事故などの場合に即刻適切な措置をとるべき義務や事故の源に対する災害の拡大を防止するための義務が問われる。

(2) 認識なき過失と認識ある過失

「認識ある過失」とは行為者が結果発生の可能なことは認識していたのであるが，自己の技術・幸運・偶然性などに信頼して結果を避け得ると信じて行為し，結果を成立せしめた場合をいう。「認識なき過失」とは上の可能性の認識なくして結果を成立せしめた場合である。たとえば，チフス菌の付着した食品を知らずに友人に食わせて発病させた場合とか，信号手が信号を出すのを忘却して交

通事故を発生せしめたような場合がこれである。後者の場合を「忘却犯」という。過失による不作為犯の場合である。

「認識ある過失」は,「未必的故意」(bedingter Vorsatz)と境を接する概念であり,どのような基準によって両者を区別するかが,重要である。刑法上,未必的故意と認識ある過失とは故意と過失を限界づけるものだからである。これには,認容説と蓋然性説とが重要である。

認容説は,行為者が犯罪の実現を認容していたかどうかを基準とするものであり,たとえば通行人の傍を全速力で通過しようとして,これを轢き倒した自動車運転手が,通行人を轢くかもしれないが,急いでいるのだから轢いてもやむをえないと思っていたとすれば,それは「未必的故意」によるものであるが,通行人を轢くようなことはないと考えていたときは,「認識ある過失」によるものと解する。

蓋然性説においては,犯罪実現の可能性が相当高度であることを表象しつつ行為した場合が未必的故意,それがきわめて低いと思って行為した場合が認識ある過失であるとされる。実際上の適用を考慮して,未必の故意と認識ある過失とを一つの統一概念にしようとする試みもある（アメリカ模範刑法典20条）。

(3) 通常過失と業務上過失

「業務上の過失」(Berufsfahrlässigkeit)とは,行為者が,「業務上必要な注意を怠った」ことによって,犯罪事実を発生させた場合をいう(117条2項)。通常過失は過失の一般的要件を具備した場合をいい,刑法が「過失に因り」と規定している場合に（刑法209条・210条・117条2項・129条）がこれである。業務上過失の「業務」とは,社会生活上反覆継続して行われる仕事を意味する。公的なものであると私的なものであると,主たるものであると,従たるものであると,また,報酬,利益があると否とを問わない。

業務上の過失は,通常の過失に比較して,加重処罰される。その理由は学説上分かれているが,(1) 業務者には,通常人と異なった特別に高度な注意義務が課せられており,そのような注意義務に違反するがゆえに,重い責任を帰せられると説く立場（大場・判例の立場）,(2) 業務者一般に対して特に注意を与えるため,すなわち,一般予防の目的によるとする立場（滝川,草野,江家,植松

説),(3)業務上の罪は,被害をうける法益が重大で多数であるから,その違法性が重いと解する立場(宮本,藤木説),(4)業務者は,その地位に基づいて,通常人よりも広い範囲にわたって結果を認識・予見しうる能力を有し,その認識が反対動機を形成して停止せしめる働きをするはずであるから,結果の発生に対して責任が重いとみる立場(佐伯,平場,宮内説)などに分かれている。(4)説をもって妥当と解する。

(4) **違法性の過失と事実の過失**

「違法性の過失」(Rechtswidrigkeitsfahrlässigkeit),または「禁止の過失」(Verbotsfarlässigkeit)とは,違法性の認識を過失によって欠いた場合,換言すれば,行為が法律によって許されないことを不注意で知らない場合である。従来,「事実の過失」(Tatfahrlässigkeit)に対する概念として「法律の過失」(Rechtsfahrlässigkeit)ともよばれてきた。事実の過失とは犯罪事実のその他の要素に関する過失であって,事実性の過失ともいっている。構成要件の要素に関する錯誤に限らず,違法性の事実に関する過失も事実の過失である。しかし,違法性の認識を故意の成立要件としない立場は,違法性の過失の観念は認める必要がない。

最近の学説の動向は,従来のように,結果の発生を防止する注意義務には,結果予見義務と結果回避義務があるわけで,そのうちの結果予見義務の方を重視する**旧過失論**から,結果回避義務の方に重点をおく**新過失論**にうつり,さらに,結果回避義務に重点を置きながら,結果予見可能性を危惧感で足りる**危惧感説**を**新々過失論**と呼ぶようになった。この他に,板倉宏のように,過失は生活関係の実態に即してとらえるべきとする**生活関係別過失説**(板倉宏・刑法総論259頁,1994)が出現して来た。判例もまた,変化しつつある(最高裁判平成1・3・14刑集43巻3号262頁,東京地裁判平成4・2・26判夕800号275頁)。

第6節 錯　　誤

Ｉ．錯誤とは

　錯誤とは思いちがい，つまり客観的事実と主観的認識とが一致しないことをいう。これには2種あって，「犯罪事実の錯誤」（単に**事実の錯誤**といっている）と「違法性の錯誤」（単に**法律の錯誤**ともいう）に分けられる。この他に「**あてはめの錯誤**」(Der Subsumtionsirrtum) がある。これは，自己の行為が刑罰法規のある条項には該当しないと誤解した場合である。学者は大仰に扱っているが，錯誤論は故意論の裏がえしで故意の阻却にすぎない。最近，法律の錯誤を事実の錯誤として扱うのはおかしい。法律の錯誤は故意とは無関係だとする考え方も出てきたが，一応ここでは，通説に従って整理しておくことにする。

　本来，錯誤には存在しないのに存在すると考える「積極的錯誤」と存在するのを存在しないと考える「消極的錯誤」がある。刑法で錯誤犯というのは，この消極的錯誤の場合である。

　刑法には，38条2項に，事実の錯誤についての規定がある。「罪本重かるべくして犯すとき知らざる者は，其重きに従って処断することを得ず」というのがそれである。法の意味は犯された犯罪が本来は重い罪だけれども，そのことを本人が知らなかった場合，つまり客観的には重いが，主観的には軽い場合は，重い罪としては処罰されず行為者が認識した限度の軽い罪で処罰されるということである。何が事実の錯誤で，何が法律の錯誤かは具体的事例の判断は難しい。その事例を判例で示そう。

　① 「むささび・もま」事件（法律の錯誤にあたるとして，故意を阻却しなかったもの）

　「刑法第38条第1項に所謂「罪を犯す意なき行為」とは罪となるべき事実を認識せざる行為にして，罪となるべき事実は即ち犯罪の構成に必要なる事実なるを以て，捕獲を禁ぜられたる「むささび」をこのような禁制のない他の動物なると考えたのは，明らかに，犯罪構成事実に関する錯誤なり。

　この観念に基づく，「むささび」の捕獲は犯意なき行為なること，勿論なれども所謂判示の如く，「むささび」と「もま」とは同一の物なるにかかわらず，単

に其の同一なることを知らず,「もま」は之を捕獲しても,罪とならないと信じて捕獲したるに過ぎない場合は,法律を以て捕獲を禁じた「むささび」すなわち「もま」を「もま」と知って捕獲したものにして,犯罪構成に必要なる事実の認識に何等の欠点もなく,ただ,その行為の違法なることを知らざるに止まるものであるが故に,結局のところ,刑法38条3項に所謂法律の不知を主張するものに外ならないから,原判決に於て,被告人が「もま」と「むささび」とが同一なることを知らざりしは,結局「法律を知らざること」に帰するをもって,罪を犯すの意なしとすることが出来ないと判示したのは正当なり」(大審院大正13年4月25日刑集3巻364頁)。

② 「たぬき・むじな」事件(事実の錯誤として故意を阻却したもの)

「被告人は,狸と狢(むじな)とは,全然種類を異にして,あなぐまが狸だと誤信して,本件の獣は十文字の斑点があるところから,被告人の地方では通称「十文字むじな」と称しているところから,狩猟法で禁止している狸に非ずと確信して,これを捕獲したるものなることは,疑う余地がない。

したがって,被告人の狩猟法に於て捕獲を禁ずる狸のなかに十文字むじなと通称が含まれていることを意識せず,したがって十文字狢(むじな)は禁止獣たる狸と別物なりとの信念の下に,之を捕獲したものであるから,狩猟法の禁止せる狸を捕獲するの認識を欠如したること明らかであるから,学問上の見地からするときは,「むじな」と「たぬき」は同一種なりとするも,このことは,動物学の知識があるものが初めて分かることにして,わが国では古来より狸と狢を並存し二者を区別してきたるところで,狩猟法中に狸なる名称中には「むじな」を包含することを国民に明らかにすべきなのに,単に狸の名称をかかげて,その内に当然「むじな」を包含させてわが国古来の習俗上の考えに従って「むじな」を「たぬき」とは別物なりと考えてこれを捕獲した者に対して,刑罰の制裁をもって之にのぞむが如きは,決して妥当なものとはいえない。

故に,本件の場合に於ては,法律に捕獲を禁ずる狸なるの認識を欠いた被告に対しては,故意を阻却するものとして,その行為を不問に付すは当然なり」(大審院大正14・6・9刑集4巻378頁)。

Ⅱ．事実の錯誤

　事実の錯誤については，いくつかの約束事として，学者は分類している。もともと，牧野英一博士の造語によるもので，① 錯誤が同一の構成要件上の事実か，または異なる構成要件上の事実であるかにより，Ⓐ 具体的事実の錯誤（これは同一の構成要件の場合），Ⓑ 抽象的事実の錯誤（異なる構成要件の場合）に分類する方法と，② 錯誤が構成要件的事実のいずれの部分についてのものであるかによって，ⓐ 客体の錯誤（目的の錯誤ともいう），ⓑ 方法の錯誤（打撃の錯誤ともいう），ⓒ 因果関係の錯誤に分類するやりかたもある。

　その他，故意を阻却するか否かの基準を何に求めるかによって，㋑認識したところと発生した事実の具体的重なり合いを求めるもので，故意の成立を最も厳格に考える基準（具体的符合説），㋺認識したところと発生事実が構成要件的に（たとえば，刑法199条の「人」と重なっていれば）その重なり合いで，故意の成立を認めようとするものである。さらに，同種の構成要件的事実の重なり合いも認める（たとえば，刑法204条の傷害と205条2項の尊属傷害致死の場合），㋩符合をさらに抽象化し，異種の構成要件的事実の重なり合う場合にも故意の成立を認める。およそ可罰的に重なり合うといえる限り故意の成立を認めるもので，一番広い基準に立っている。したがって，「可罰的符合説」も含まれている（抽象的符合説）の，それぞれ基準がある。最近のドイツ刑法では，『構成要件の錯誤』（Tatbestandsirrtum）として詳細に論じられている[14]。

Ⅲ．具体的事実の錯誤

　具体的事実の錯誤とは，行為者の犯罪事実の認識や予見と客観的事実との不一致が，同一構成要件内において生じた場合をいう。具体的事実の錯誤の問題解決に，学説は，法定的符合説と具体的符合説が対立している。客体の錯誤については，故意を阻却しないという点では両説は一致しているが，方法の錯誤では，法定的符合説が故意を阻却せず，具体的符合説では故意を阻却する。なぜ，このようになるのか。

　行為者の認識と客観的事実とが，構成要件的に符合していれば，発生結果について故意が認められるとするのが，法定的符合説で，故意の要素である構成要件該当事実の認識は類型化された事実の認識でいいというところから出発し

ている。具体的にいうと殺人罪ではどこの組の何というやくざを殺すという具体的な個別化されている必要はないので，単に抽象的な「人」を殺すという認識があれば，それで故意は阻却されないとする立場である[15]。

　この**数故意犯説**は，具体的符合説の論者だけでなく（最高裁昭和53年7月27日の判決は，この立場），法定的符合説論者の内部で批判がなされた。それは，故意が本来存在しないところに，故意があったがごとく擬制し，具体的実際には1個しかない故意から「符合」を基礎に複数の故意をつくりだしているのは，責任主義の原則に違反するというものである。これに対し，いや数故意犯説は，観念的競合であることによる刑の制約に責任による量刑の制約を加えることによって，責任主義の原則は全うされるとする反論がある[16]。

　法定的符合説に基本的に立脚しながら，種々の見解が生じてきた。まず，**一故意犯説**が主張された。そこでは，故意の個数を念頭に置き，方法の錯誤における故意犯の成立個数を限定しようとする試みである。犯罪構成要件該当事実の認識は，類型化された事実の認識で足りるが，それは，一個の事実の認識（殺人罪において，「一人の人を殺す」という認識）でなければならないという理解を出発点としている。この説も，いくつかに分説される，

　① 故意の類型性を強調し客体の個別性を問わず，殺人罪についていえば「一人の人」を殺すという認識こそが故意の内容をなすものであり，構成要件的に符合すれば結果が発生した客体を区別することなく，故意の既遂一罪が成立するとする見解である[17]。

　② 錯誤は，故意論の例外場面である。本来意図した客体に向けられた故意に導かれた行為から，予想外の客体に意図されたのと同じ構成要件的結果が生じた場合に，結果を故意行為に帰属させうるかどうかが錯誤論の中心課題であるから，併発事例について，結果発生客体に対する故意の既遂一罪のみを認める見解が生じた。これは，方法の錯誤について，未遂から既遂への構成要件的評価の修正をしたもので，本来意図した客体に既遂たる結果が発生した場合や，予想外の客体に既遂たる結果が発生しなかった場合は，錯誤論の問題は生じないとしている[18]。

　③ 法定的符合説は，故意を認定し得る実体が備わっている場合に，その実体を踏まえつつ，故意があるという法的評価をするもので，その意味における

構成要件の1回的充足が認められる限度で，故意既遂一罪の成立が認められるとする見解がある[19]。

④ 錯誤は故意論の例外的場合であり，故意論で処理できるときは錯誤を論ずる必要はなく，錯誤が問題となるのは本来意図した客体に何ら侵害結果が生ぜず，予想外の客体に結果が生じた場合に限られ，この場合宙に浮いた本来意図した客体に対する故意を結果発生客体に対する故意として，転用するのが錯誤論ではないのかと，錯誤論の根本より論究した見解がある[20]。

これらの法定的符合説に対する批判がある。法定的符合説は，具体的行為の構成要件的評価を問うのではなく，行為を組成する諸事実の実体的脈絡を断ち切り，相当因果関係の存在を接合要素として，「構成要件的評価」により観念的に行為を再構成するものといわなければならない。このように「因果的世界の宙」に浮遊する，観念的に創り出された行為が，違法とか責任という刑法的評価の客体たりえようか，とするものである[21]。

IV. 因果関係の錯誤

行為と結果との因果関係の詳細な認識は可能か。因果関係の基本的部分の認識さえあれば，既遂の結果について故意を認めていいのではないか（判例の立場；大審院大正14年7月3日刑集4巻470頁）。そこで，行為者の認容した行為の因果的な展開と具体的な客観的因果経過が，「こんなはずではなかった」行為の乖離が，どの程度に及べば，故意の既遂犯が否定されるのか。というのが，「**因果関係の錯誤**」といわれるものである。

ここでも学説の対立がある。法定的符合説の立場は，行為者の表象における行為の因果的展開と客観的な因果的経過とが相当因果関係の範囲内に包まれている限り，故意の成立を認めようとするものである。因果関係の錯誤の問題を，因果関係における相当性のあるかないかの問題としたり，行為者が予見しなかった行為の，因果関係により，予想外の客体に発生した結果についても，故意を認める立場では，因果関係の錯誤を論ずる意味がない。

また，行為の危険性と結果の認識があればよく，結果に至る因果過程の認識は必要ではないという見解に立てば，因果関係の錯誤は，「仮象の問題」にすぎなくなる。だが，しかし，故意は，具体的な構成要件該当事実の認識を必要と

するのであるから，行為者は，広義の相当性に加えて，狭義の相当性を認識していなければ，発生結果に対する故意を認めることはできないと理解するべきである。

また，相当因果関係説においては，因果関係の錯誤の問題は，その存否の判断における相当性があるか，どうかの問題の中に入ってしまう[22]。条件説をとり，相当性を故意の問題として処理する考えの下では重要な意味をもってくる。予見可能な因果的経過であっても，行為者がその具体的実現状況の認識を欠く場合は故意を認めることはできないのではないか[23]。

V. 抽象的事実の錯誤

抽象的事実の錯誤とは，異なる構成要件の間にまたがって生じた錯誤をいう。抽象的事実の錯誤は，客体の錯誤の場合と方法の錯誤の場合がある[24]。いつも悪さをするので，他人の飼犬を殺すつもりで発砲したところ，それが犬ではなく人であった場合は，客体の錯誤である。他人の飼犬を殺すつもりで発砲したところ，狙いがはずれて畑に居た老婆に当たってしまったような場合が方法の錯誤である。

わが国の刑法38条2項は，「罪本重かる可(つみもと)くして犯すとき知らざる者は，其重きに従って処断することを得ず」と規定しているので，一見，抽象的事実の錯誤の場合の処理を規定しているようにみえるが，この規定は，単に軽い犯罪の意思で重い犯罪の結果を生ぜしめた場合の処断上の制限を設けたもので，その場合の取扱方法まで示したものではない。しかも，重い犯罪の意思で軽い犯罪を生ぜさせた場合については規定がない。すべて，判例と学説にその解決がまかされている。

抽象的事実の錯誤については，構成要件的符合説（法定的符合説）と抽象的符合説，そして，可罰的符合説の対立がある。

① **構成要件的符合説**は故意の成立を構成要件を基準として決定しようとする立場で，発生した事実が認識した構成要件と異なる以上，発生した事実についての故意は，原則として成立しない。軽い甲罪を犯す意思で重い乙罪を実現したときは，認識した軽い甲罪についての故意はありうるが，発生した重い乙罪については，せいぜい過失が成立するにとどまる。そして，甲罪の実行の面

では，犯罪は未遂または不能犯であり，未遂罪が成立すれば，それと過失による乙罪とが観念的競合になる。逆に，重い罪を犯す意思で軽い犯罪を実現したときも，同様に認識した重い罪の未遂と発生した軽い罪の過失犯との観念的競合になる。

② **抽象的符合説**は，構成要件の内容を抽象して，行為者の認識事実と発生事実とが抽象的に一致する限度において，軽い事実についての故意犯の既遂を認める立場である。行為者の反社会的性格に刑罰の根拠をおく近代学派の主張であるが，それに対する構成要件的符合説の批判がある。たとえば，他人の飼犬を殺そうとして誤って人を殺したときは，軽い器物損壊罪の範囲内では故意犯の既遂を認め，発生した致死の結果についての過失犯と観念的競合となる。逆に，人を殺そうとして，誤って他人の飼犬を殺したときも，軽い器物損壊の範囲内では故意犯の既遂を認め，認識した殺人罪の未遂と合せて，重きに従って，殺人罪の未遂として処罰すべきとする。が，構成要件的符合説からは，器物損壊の意思で器物損壊をすれば，3年以下の懲役刑が科せられるのに，器物損壊の意思で器物より重大な法益である人の生命を侵害しても過失として20万円以下の罰金とはおかしい，とする科刑上の不合理をついている。

③ **可罰的符合説**は，可罰性の見地から必要とされる符合の程度を論ずるものである。認識と結果とが可罰的に符合すればよいとする見解で，ⓐ行為者が認識した故意犯の未遂，ⓑ発生させた事実についての過失犯の既遂，ⓒ現実に発生した結果につき，可罰的な意思で可罰的な結果を発生させたものとして故意の既遂。この3を組み合わせて考える方法で，ⓐとⓑとは，観念的競合にあたるとし，ⓐとⓒおよびⓑとの間には法条競合として，択一関係を認めようとする考えである。この説は，抽象的符合説の表象と事実との符合の抽象化をさらに徹底させたものである。これに対しても法定的符合説からの批判がある。

刑法38条2項の法意のとらえ方として3つの考え方がある。①刑法38条2項は，刑罰減軽事由的に，科刑のみを認識した軽い罪の限度で処断する旨の規定である。したがって，成立する犯罪は，実現された重い方の罪であるとする見解（植松正説），②38条2項は，科刑の点だけでなく犯罪の成立そのものを犯意の範囲内に限定する趣旨である。したがって，認識した軽い方の罪だけが成立するのである（団藤重光・福田平説）。③刑法38条2項の「処罰することを得

ず」という文言は,「処罰しない」と解すべきで,罪名と科刑を分断することは妥当ではなく,故意を構成要件としてとらえる以上,認識しなければ,その構成要件に該当しないのであるから,重い罪が成立する余地がない(平野龍一説)。

判例は,最近「覚せい剤事犯の被告人に,覚せい剤を無許可で輸入する罪を犯す意思で,輸入にかかる貨物が輸入禁制品たる麻薬である重い罪となるべき事実の認識がなく,輸入禁制品である麻薬を輸入する罪の故意を欠くものとして,同罪の成立認められないが両罪の構成要件が重なり合う限度で,軽い覚せい剤を無許可で輸入する罪の故意が成立し,同罪が成立するものと解すべきである」としている(最高裁昭和54年3月27日刑集33巻2号140頁)。なお,その後,最高裁昭和58年9月29日刑集37巻7号110頁で,この見解が改められ,観念的競合説に変更されたが,最高裁昭和61年6月9日刑集40巻4号269頁では,両罰が成立するという見解は今も続いている[25]。

VI. 違法性の錯誤

責任要件としての故意を阻却する場合がある。客観的には甲なる現実を,行為者が主観的に乙と観念した事情があるとき故意は成立しない。これを「錯誤」(Irrtum) すなわち,ここにいかなる錯誤が故意を阻却し,いかなる錯誤は故意を阻却しないが,言葉を換えて言えば行為者の主観と客観的事実とがいかなる程度において符合していれば故意を成立するに十分な条件があるのかという問題が起こってくる。これが刑事責任論における錯誤の問題である。

錯誤には,現実に存在しない事実を存在すると観念した場合に存する積極的錯誤と,その逆の場合に存する消極的錯誤とがある。責任論において錯誤というときは,通常,消極的錯誤を意味する。前者は「未遂罪」,「不能犯」,「誤想犯」の問題に関係し,後者は,「故意」,「過失」に関係する。さらに錯誤は「事実の錯誤」と「法律の錯誤」に分けて考察することが可能であるが,両者の区別の標準については必ずしも明確ではなく,これに関する学説も分かれている。事実の錯誤について故意が阻却せられた場合には法律の錯誤を論ずる必要がない。

「**法律の錯誤**」(Rechtsirrtum)とは[26],通常,行為において,現実の認識はあ

るが，違法性の認識がない場合である。これには，行為が法律上許されないことについての認識が全然ない場合と，自己の行為が法律上許されたものと誤信する場合がある。法律の錯誤として論ぜられるのはこの錯誤である。そこで法律の錯誤によって故意が阻却されるか否かという点である。

刑法38条3項は「法律を知らざるを以って罪を犯す意なしと為すことを得ず」という規定に基づいて法律の錯誤が論ぜられている。「法律を知らざる」とは多義的であって，行為が法律上許されないことを知らないとする意味の外，行為が，法律上罰せられることを知らないとする意味にもとれる。解釈上の問題して両方を含んで「違法性の錯誤」として論じられている。

そこで，故意を阻却すべき錯誤は，(1) 違法性阻却事由の錯誤，(2) 違法性の錯誤（禁止の錯誤），(3) 期待可能性の錯誤をあげることができる。

(1) 違法性阻却事由の錯誤

違法性阻却事由の錯誤とは，違法性阻却事由たる事実が存在しないのに，行為者が，これを，存在するものと誤認して行為した場合をいう。たとえば，誤想防衛，誤想避難のような場合である。違法性阻却事由の錯誤を，めぐって見解が分かれる。従来，事実の錯誤と法律の錯誤を区別する立場において，行為者には違法性に関する事実の認識が欠けるから，事実の錯誤の一種として故意が阻却されると解する立場で，通説・判例の見解である（牧野，宮本，団藤，植松，安平説），（広島高判昭和35・6・9刑集13巻399頁）。

これに対し，行為の違法性に関するものであるから法律の錯誤の場合にあたると解する見解も有力である（草野，斎藤，下村，井上説）。さらに最近は，違法性の意識の可能性は責任要素であるから，違法性阻却事由の錯誤は，行為者が，犯罪構成事実を知らなかったのではなく，故意の構成要件の実現についての違法性を誤っているのであるから，いわゆる「禁止の錯誤」の一場面であると解する見解がある（ヴェルツェル，マウラッハ，木村，福田説）。

わたくしは「法律の錯誤」（禁止の錯誤）にあたる場合と解するをもって妥当だと思う。

(2) **違法性の錯誤**（禁止の錯誤）

犯罪事実を認識していたが，自分の行為は，違法ではないと誤信した場合を「違法性の錯誤」という。ドイツでは大戦後「禁止の錯誤」（Verbotsirrtum）といっている(27)。違法性の錯誤は責任要件として故意が阻却されるかどうかの問題であり，違法性の認識の学説の対立がそのまま裏がえされて論ぜられている。

第1は，法律の錯誤（違法性の錯誤）は故意を阻却しないとする説。故意に違法性の認識を必要としないとする見解からの帰結である。

わが判例のとる立場である（大審判昭和8・10・10刑集12巻1801頁，同旨，大審判昭和8・9・13刑集12巻1619頁，最高判昭和23・7・1刑集2巻889頁，最高判昭和24・11・28刑集4巻2462頁）。その立論の最大の根拠は刑法38条3項である。この規定はローマ法以来の伝統である「法の不知は恕せず（ignorantia juris nocet）とか「法律の不知は何人をも許さない」（ignorantia legis neminem excusat）の思想を受けついでいる。しかし，21世紀になろうとしている現代の成熟された民主主義の時代にあって，いつまでも権威主義的な「法の不知はゆるさず」というのはいかなものか。別の意味で，誰もが法律を知っていることは民主主義の世では必要ではあるが。

たとえば，世に有名な「もま・むささび事件」（大審判大正13年4月25日刑集3巻364頁）では，「もま」とある地方で俗称されている動物が，狩猟法上の禁猟獣である「むささび」と同一のものであることを知らずに捕獲した行為に対して，被告人は，「むささび」すなわち「もま」を「もま」と知って捕獲したのであって，犯罪事実の認識に欠けるところはなく，ただ，その行為の違法であることを知らなかったにすぎないから，故意が認められるとしたのである。

第2は，違法性の錯誤は，当然，故意を阻却する立場で，違法性の認識は故意の要件であるとする見解の結論である。ここでは，刑法38条3項は，いわゆる「あてはめの錯誤」，すなわち，行為者が自己の行為に適用される刑罰法条を知らないことは，その故意を阻却しないという意味を示したものと解するのが一般である（小野，滝川，宮崎，植松説）。

第3は，自然犯・刑事犯と法定犯・行政犯とを区別して考える見解においては，違法性の錯誤は，前者については故意を阻却しないが，後者にあっては，これを阻却するとされる。刑法38条3項は，自然犯・刑事犯にはそのまま適用

されるべきであるが，法定犯・行政犯に対しては，除外例は認めねばならない。また，自然犯・刑事犯に属する犯罪も，特殊な事情——事変・災害——には例外として，法定犯・行政犯化することがあり，そのような場合には故意が阻却されると解されている（牧野，八木説）。

第4は，故意の要件として，違法性の認識の可能性を必要とする立場においては，単なる違法性の錯誤は故意を阻却するものではなく，故意が阻却されるためには，さらに，違法性の認識の可能性そのものが存在しなかったことが必要であると解される。刑法38条3項の意味は，行為者が，法律上許されない行為を許されたものと信じたことに過失があったときは故意とするのである（草野，佐伯，斎藤，団藤説）。

第5として，責任説の立場においては，刑法38条3項は，構成要件的故意と責任要素としての違法性の認識が存在しないことを明らかにしたものである。その但書は，構成要件的故意があり，かつ禁止の錯誤によって，違法性の認識は欠けたが，なお，これを意識する可能性が存する場合には，違法性の認識のあるときよりも責任が軽いから，その刑を減軽しうる趣旨を示したものであると解される（木村，福田説）。したがって，いわゆる「狸・狢」事件の判例（大審判大正14・6・9刑集4巻381頁）も被告人は狩猟法に禁止する狸と狢が全然種類を異にし，狢が狸でないと誤信してこれを捕獲したのであるが，その錯誤は禁止の錯誤であって，違法の認識の可能性がなく，法律の錯誤に相当するものと解すべきであるから，判例が故意を阻却すると解したのに対し，この立場からは責任を阻却すると解すべきことになる。わたくしは違法性（法律）の錯誤は故意を阻却すると解する見解は誤りであると思う。法律の錯誤が避け得なかった場合には，もはや，義務違反はなく，したがって，責任非難が不可能であるから責任そのものが阻却せられるからである。

VII. 期待可能性に関する錯誤

期待可能性に関する錯誤とは，期待可能性の欠如するような事情が存在しないのに，行為者が，それが存在すると誤信した場合に，故意が阻却されるかどうかの問題である。これは，責任阻却事由の錯誤と考えてよいであろう。期待可能性になるような状況がないのにあると思った場合にはたして，どう刑法で

期待可能性を阻却するような事情がないのにあると思った場合，それが事実の錯誤であることを理由に故意の阻却を認めるのが多数説である。いや期待可能性の錯誤は禁止の錯誤であると理解し，故意を阻却しないとする見解もある。期待可能性をもって，第3の責任要素と位置づける立場からは，その錯誤はさけられなかった場合に責任を阻却する。

期待可能性は，いわゆる客観的責任要素・規範的責任要素であって，その存在すること自体が，直接に行為者の責任（故意・過失）に影響すべきものであり，期待可能性の理論自体を判断の基準として，行為者がそのような錯誤におちいったことの期待可能性の欠如について，故意の阻却を認めるべきである（同旨，団藤重光・曽根・斉藤信次）。

第7節　期待可能性

〔1〕**「期待可能性」**（Zumutbarkeit）とは行為の当時，行為者が適法行為をなしえたであろうと期待しうる「可能性」（Möglichkeit）で，責任の要件の一つである[28]。責任の根拠たる義務違反は行為者が義務に合った適法な行為の決意に出ることが可能である場合に存在し，これが不可能な場合には義務違反はない。すなわち，あの場合，誰でもああせざるをえなかったであろうというような状況で，なされた違法行為については，その行為を社会的に非難することはできないということである。

行為者の刑事責任が追及されるのは，普通人であれば，誰しも適法行為をとることが期待できたのに，その期待を裏切って違法行為に出た場合だけに限られる。適法行為をとるべき「期待可能性」のない状況でなされた行為には責任がない。つまり，期待可能性の有無が責任の有無を決定する。ところが，期待可能性の有無の判断は行為者自身が主観的見地においてする場合と社会の一般人，すなわち平均人を標準として客観的見地によって異なる。しかし，刑法は聖人・君子に対する規範ではなく，社会の一般人に対する規範であるから，期待可能性の有無は社会の一般人を標準として，社会の一般人が行為者の立場に

あったならば適法行為の決意が可能であったか否かによって定めるのが妥当である。今日の通説であるが，この期待可能性の理論にどのような体系的地位を与えるかについては見解は一致していない。

〔2〕 期待可能性の不存在を理由として責任が阻却される場合としては，過剰防衛（36条2項），過剰避難（37条1項但書），盗犯等防止法1条2項の場合などのように，法律上規定されるもののほか，「違法拘束命令」（rechtswidriger bindender Befehl）に基づく行為，強制状態のもとにおける行為などが考えられる。違法拘束命令とは，たとえば，軍隊における上官の部下に対する命令のように，その服従が絶対的に義務づけられている場合，その命令自体違法なとき，部下の行為は，違法な命令の実行として違法性を失うものではなく，適法行為の期待可能性が欠けることによって，その責任が阻却されると解すべきである。

また，「抵抗しえない強制の状態」（Nötigungsstand）の下で，やむなく行った行為についても，適法行為の期待可能性を欠くから，責任を阻却されるから不可罰と解すべきである。

わが刑法はこの期待可能性について特別の規定を設けていない。学説・判例にまかされているが，法に明文のない「超法規的責任阻却事由」だと理解する学説が近年多くなってきた。この考え方は，刑法の世界に人情が入ることになるので，日本人には受け入れやすく，法の形式と現実のギャップをうずめる例外として，その意義は今後も高いと思う。わが最高裁判所は正面からこれを認めた判例を示していない。判例として，「ライネンフェンゲル事件」や「第五柏島丸事件」についてはすでに述べたところである[29]。

I．期待可能性の理論

期待可能性の理論は，自己の職を失ってまでも，危険な馬車の運行を拒否することはできないとする1つの流れと緊急避難の場合に期待可能性がない場合との2つの流れがこの理論を形成した。

(I) 責任能力および故意・過失とは別個の第3の責任要素である。
(II) 期待可能性を責任の第3の要素ではなく，過失や故意に共通する構成要素と考えるべきである。
(III) 期待可能性は消極的な責任要素と考えるべきだ。

さらに、目的行為論からも、期待可能性を主観的違法要素、したがって、主観的構成要件要素と理解する。その結果、責任論では違法性の認識あるいはその可能性だけが独立の責任要素とする。そこから期待不可能性は、そうした責任要素を排除する。

II. 基　準

期待可能性は何を基準として判断すべきなのか。国家基準説（中・中山研一）では、期待可能性の有無も国家の法秩序によって定められるべきとするが、期待が可能か否かは個人の次元の問題である。平均人標準説（藤木・西原・前田雅英）は、平均人がもし、同じ立場におかれたら、やはり同じ行動をとったか否かを考え、それを判断の基準としているが、その結果、もし同じ行為を行ったであろうと認められれば、期待可能性はなかったことになる。

この学説も、平均人とする判断基準自体が不明確であり、本人の具体的行動に別に平均人の期待可能性によって、本人の責任を追及されるのは不合理ではないか。

このように従来の学説では、いずれも合理性に欠ける。そこで、具体的行為者自身において判断するしか基準の設定がないのではないかと思う（同旨、大塚・内藤・奈良俊夫）。

（1）　小野清一郎「刑法概論」120頁以下。福田平・刑法総論（全訂版 1996、172頁以下）。浅田和茂「責任と答責性」（平場先生還暦 272頁以下）。浅田和茂「責任と予防」（刑法基本講座．1994．226頁．）
（2）　Ferri, La Sociologie Criminelle, 1914, p. 317.
（3）　団藤重光「責任の理論」刑事法講座第2巻 253頁以下。大野平吉・「行為責任と人格責任」（刑法基本講座，1994．204頁以下。）
（4）　木村亀二「刑法総論」304頁以下。団藤重光『刑法綱要総論』（1990）創文社 258頁以下。内藤謙『刑法講義・総論（下）I』（1991・有斐閣 747頁以下。）
（5）　佐伯千仭「刑法における期待可能性の思想」（上下）、木村亀二「期待可能性論の再検討」刑法雑筆 126頁以下。中森喜彦・「期待可能性」（刑法基本講座．1994・277頁以下。）
（6）　植松正「責任能力」刑事法講座 2巻 281頁以下，浅田和茂『刑事責任能力の研究』（成文堂）(上)(下) (1999)、Berte, Die Zutechnungsfähigkeit, ÖIZ., 1975, S. 622 ff; Günther Jakobs, Strafrecht, Allg. Teil, 1991, 2. Aufl., S. 517. Claus Roxin,

第 4 章　責任論　139

　　　a.a.O., S. 752 ff. Hettinger, Die „actio libera in Causa", eine unendliche Geschichte?; Geeds FS. 1995. S. 623 f. Trifter, Zum Bedeutung genetischer Vermächtnisse für die Schuldfähigkeit, MedR. 1994. S. 297. Frank-Harrer, Krimialprognose, Alkoholbeeinträchtigung. 192. Acher-Bischof, Hörigkeit und Schuldfähigkeit, MSchr Krim. 1992, S. 136.

(7) 牧野英一「日本刑法」(上) 155 頁，市川秀雄「刑法総論」200 頁。アルトウール・カウフマン（上田健二監訳）『転換期の刑法哲学』(成文堂 1993) 144 頁以下。

(8) Kaufmann, Logik und Rechtswissenschaft, 1922, S. 73.

(9) 加藤久雄「ドイツにおける触法精神障害者の強制入院治療と社会復帰」(法と精神医療 12 号，1998)，秋葉悦子「触法精神障害者の治療と社会復帰―フランスの状況」(法と精神医療 12 号)，五十嵐禎人「イギリスの触法精神障害者の処遇」(同 12)，平野美紀「オランダにおける精神障害者犯罪の処遇」(法と精神医療 12 号，1998)。

(10) 墨谷葵「責任能力基準の研究」(昭和 55 年)，仲宗根玄吉「精神医学と刑事法の交錯」(昭和 56 年・弘文堂)，浅田和茂「刑事責任能力の研究」(上) (昭和 58 年)，浅田和茂・『刑事責任能力の研究』(下) (1999・77 頁以下。)

　　　ドイツでは，K. Schneider（シュナイダー），Klinische Psychopalhologie, 1962, K. Schneider, Die Psychopathischen Persönlichkeiten, 1949, Jeschik, Lehrbuch, 4. Aufl., S. 290 f. イギリスでは，1843 年，Daniel M'Naghten が重症のパラノイア（Paranoie）で殺人事件をおこし，その裁判の際に責任能力を判断する基準として出来たもので，今日では，マックノートン・ルール（M'Naghten Rules）として広く知られている。アメリカでもダラム事件をきっかけに，Durham Rule (1954) が広く基準となっている (Durham v. United States, 214. F. 2 d 862. 864-9, D.C. Cri. 1954)。

(11) Kohlrausch, Irrtum und Schuldbegriff im Strafrecht, 1906, S. 186 ff.

(12) 木村亀二「被害者の承諾と違法性」(刑法の解釈の諸問題(1)) 305 頁以下，林幹人「錯誤に基づく被害者の同意」(松尾古稀論文(上)，233 頁以下，1998。)

(13) 木村亀二「過失犯の構造」現代刑法学の課題（下）) 581 頁以下，平野龍一「過失についての覚書」警察研究 24 巻 3 号 27 頁以下（刑事法研究第 2 巻―Ⅰ所収)，藤木英雄「過失犯の考察」(法協 74 巻) 256 頁以下。篠田公穂「過失犯と違法性」(阿部純二基本問題セミナー刑法Ⅰ総論) (一粒社 1992) 202 頁以下。花井哲也『過失犯の基本構造』(信山社・1992) 53 頁以下。Welzel, a.a.O., S. 113 ff., Ralf Kaminski, Der objektive Masstab im Tatbestand des Fahrlässigkeits delikts, S. 6 ff. 1992.

(14) ドイツ刑法でも，その 15 条に fahrlässigiges Handeln として規定があり，学説・研究も活発である。Binavince, Die viet Momente det Fahrlässigkeitsdelikte, 1969；Jakobs, Das Fahrlässigkeitsdelikt, 1974；Arthur Kaufmann, Die finale Handlungslehre und die Fahrlässigkeit, Jus 67, S. 145f.; Schünemann, Moderne Tendenzen in der Dogmatik der Fahrlässig-Keits-und Gefährdungsdelikte,

JA 75, S. 435 f. Schmidhäuser, Zum Begriff der bewußten Fahrlässigkeit, GA 1957, S. 305f., Craus Roxin, Strafrecht, Allg. Teil. (Band I) 1999, S. 752 ff. 長井長信『故意概念と錯誤論』(1998・7頁以下。)

(15) ドイツでは，Der Tatbestandsirrtum（構成要件錯誤論）として論じられ，その文献も，Martens, Der Irrtum über Strafmilderungsgründe, 1928; Weiz, Die Artendes Irrtums, 1931; Arth. Kaufmann, Das Unsbewußtsein in der Schuldlehre des Strafrechts, 1949; Welzel, Zur Abgrenzung des Tatbestandsirrtumgs von Verbotsirrtum, MDR 1952, 584; Welzel, Irrtumsfragen im Steuerstrafrecht, NJW. 1953, 486; Schröder, Die Irrtumsrechtsprechung des BGH, ZStW 65 (1953), 178; Schlüchter, Zur Irrtumslehre im Steuerstrafrecht, wistra 1985, 43, 94; Steininger, Der Irrtum über normative Tatbestandsmerkmale, JB 1 1987, 205; D. Geerds, Der vorsatzausschließende Irrtum, Jura 1990, 421; Otto, Der vorsatzausschließende Irrtum in der höchstrichterlichen Rechtsprechung, Meyer-GS, 1990, 583; Puppe, Tatirrtum, Rechtsirrtum, Subsumtionsirrtum, GA 1990, 145; Claus Roxin, Strafrecht, Allgemeiner Teil, (Band I) 1999, 404 f.が多数ある。Tiedemann, Zum Stand der Irrtumslehre, Geerds-FS., 1995, S. 95 f.

(16) 中野次雄「方法の錯誤といわゆる故意の個数」団藤古稀2巻201頁，荘子邦雄「法定的符合説」刑法講座3巻112頁以下，大谷實「構成要件的符合説について」同志社法学36巻4号11頁以下，前田雅英『刑法総論講義』(1988) 330頁以下。

(17) 井田良「故意における客体の特定および『個数』の特定に関する一考察（4・完）」法研58巻12号67頁以下。これに対し，故意の成否という犯罪の成立に関わる問題の処理としては疑問とされるのが，福田平「方法の錯誤に関する覚書」井上還暦（上）223頁以下，曾根威彦「方法の錯誤」現代論争Ⅰ, 176頁。

(18) 阿部純二「符合ということ」法学セミナー336号115頁以下，金沢文雄「打撃の錯誤について」広法5巻3・4号44頁以下。これに対して，内田文昭教授は，被害者が特定されないで，刑事裁判を行うことが可能となるが，それが許されるか疑問であるとの批判がある（内田文昭「法定的符合説について」団藤古稀2巻229頁以下）。

(19) 福田平「方法の錯誤に関する覚書」井上還暦（上）225頁。

(20) 大塚仁「犯罪論の基本問題」(1982) 247頁以下，大野直義「具体的事実の錯誤の構造」阪法101号29頁以下。

(21) 下村康正「併発事実と錯誤論」警研48巻2号9頁以下，香川達夫「一故意犯説」学習院23号4頁以下，立石二六「具体的事実の錯誤における方法の錯誤」北九州10巻3・4号14頁以下。

(22) 中義勝「方法の錯誤について」関法35巻3・4・5号4頁以下，町野朔「法定的符合説(1)」刑法判例百選Ⅰ総論〈第2版〉(1984) 111頁，西田典之「共犯の錯誤について」団藤古稀2巻97頁以下。

(23) 阿部純二「構成要件的錯誤(2)」演習刑法総論57頁以下，中義勝「概括的故意事例

についての一考察」団藤古稀2巻199頁以下。
(24) 井田良「故意における客体の特定および『個数』の特定に関する一考察（4・完）」法研58巻12号67頁以下。判例も「被告人T女は，肉体関係のあった先妻の子O男を細麻縄で絞扼したところ，身動きしなくなったので，死亡したものと思い，犯行の発覚を防ぐ目的で麻縄を解かないまま，これを背負って離れた海岸に放置した，海水と砂を吸引して死亡した」事件に，因果関係の錯誤として，故意を阻却しないとした（大審院大正12・4・30刑集2巻378頁）。
(25) 葛原力三「打撃の錯誤と客体の錯誤の区別」(1)（2・完）関法36巻2号（1986）74頁以下（ドイツの最近の動向をふまえて，具体的符合説の再検討をしたものである）。
(26) 朝倉京一「犯罪事実の錯誤に関する理論的問題」専修法学論集46号（1987）18巻19頁以下。
(27) 多くの研究文献がある，Kohlrausch, Irrtum und Schuldbegriffim Strafrecht, 1903；Busch, Über die Abgrenzung Von Tatbestands-und Verbotsirrtum, Mezger-FS, 1954, S. 165；Blei, Unrechtsbewußtsein und Verbotsirrtum, JA 1970, S 665；Nierwetberg, Der strafrechtliche Subsumtionsirrtum-Tatbestands-oder Verbotsirrtum, 1985, S. 94；Otto, Det Verbotsirrtum, Jura. 1990, S 645；Zaczyk, Der Verschldete Verbotsirrtum, JuS. 1990, S. 889f.；Claus Roxin, Der Gültig Reitsirrtum, Strafrecht, (Band I) 1992, 593 f.
(28) Henkel, Zumutbarkeit und Unzumutbarkeit als regulatives Rechtsprinzip, Mezger-Festschrift, S. 249 ff.
(29) この考え方は，もともとドイツでおこったもので，Schönke-Schröder, SGB, kommentar, 21. Aufl., 155；Jescheck, Lehrbuch, 4. Aufl., §59, Ⅷ3f, Maurach-Gössel-Zipf, Strafrecht, Allg. Teil, S. 162 f. 有名な「ライネンフェンゲル（暴れ馬）事件」が契機であることはすでに述べたところである。わが国では，滝川幸辰や佐伯千仭によって研究され日本にも導入された理論である（宮沢浩一「期待可能性」刑法判例百選Ⅰ（4版）124頁，1997）。

第5章 未遂犯

第1節 未遂の概念

I. 未遂犯の概念

「未遂犯」(Versuch)とは,「犯罪の実行に著手し之を遂げざる」場合をいう (43条前段)。実行の着手以前の行為を「予備」(Vorbereitungshandlung)といい,実行行為の結果,犯罪が完成した場合を「既遂」(Vollendung)という。未遂犯は広い意味では,中止犯(同条但書)を含むが,狭義では,これを除いたものを指す。狭義の未遂犯は,障害未遂ともよばれる。

古い刑法では,現実に発生した結果についてのみ責任を問えば足りた。したがって「未遂」(Conatus)概念はそんなに古いものではなく,中世イタリア刑法学において研究されたのに始まる。**実行の着手** (Commencemente d'exècution) によって,未遂をそれ以前の行為の段階から区別することはフランス刑法(1810年2条)に始まる。そこでは,未遂の処罰は無条件ではなく,重罪については,常に未遂を処罰し,軽罪については,法律の定める場合のみを処罰し,違警罪については処罰しないという形で区別していた。フランスのナポレオン刑法では,必ず減軽される「必要減軽主義規定」を採用していた。ドイツ刑法(1871年,43条)に受けつがれ,「実行の開始」(Anfang der Ausführung)を未遂の分界点とした。今日のわが刑法(43条)もこの系譜につらなっている[1]。

したがって,わが国の刑法43条の規定は,「犯罪の実行に着手し,之を遂げざる者は其刑を減軽することを得,但し,自己の意思に因り之を止めたるときは,其刑を減軽又は免除す」となっているのは,その一つの表れです。条文の前段は障害未遂を規定し,任意的減刑規定になっているが,後段の「①自己の意思によって,②これを止めたるとき」は,必要的減軽規定になっているのは,そのためである。

未遂犯が罰せられるのは,犯罪行為がその発展段階に従って,予備から未遂へ,また既遂へと漸次危険性が増大し,可罰的であると評価されるからにほか

ならない。そこで,「陰謀」行為そして「予備」行為があり,予備の中止や予備罪の共犯が問題になるが,すでに述べたとおり,実行行為の存在という点においては,故意行為も過失行為も異なるところがないが,従来は,実行の着手は故意行為についてだけ論ぜられていたが,過失行為にも実行の着手がありうるから,「過失犯の未遂」(Versuch eines Fahrlässigkeitsdeliktes) も可能である(牧野,木村,市川,団藤説,反対,滝川,植松説)。ただ,現行刑法では過失犯の未遂は罰せられない。

II.「実行の着手」の意義

未遂犯は「犯罪の実行に着手したこと」と「これを遂げないこと」の二つが要件である。未遂犯の成立には,客観的要件の1つとして「実行の開始」または「実行の着手」ということが必要である。実際上,どういう状態に実行の着手があるかについて2つの学説が対立していることを実行行為のところで述べたとおりであるが,「実行の着手」が未遂と予備を分界づける重要な役割を果たすことはすでに述べたところであるが,刑法は「犯罪の実行に着手し」と書いてあるだけなので,解釈上どのように確定し特定づけるか学説の多く対立するところである。もう,すでに類書でも,かなり論究されてきているところではあるが,主観的側面としての故意の役割など,いまだに解明されない点もあるので,述べておく。

III. 実行の着手に関する学説

(1) 客観説は,行為の実観的側面を重視して実行の着手の基準点を定めようとするものです。形式的客観説と実質的客観説に分かれています。

形式的客観説は団藤重光博士が中心になって論究されて来たもので,まず,客観的構成要件該当性と実行行為を未遂論にあてはめたもので,犯罪構成要件に属する実行行為が行われたとき,初めて実行の着手だとするものである。定型的な構成要件の内容をなす行為が実行の着手とされるところから「定型説」とよばれている。

構成要件の柔軟な解釈で,あとは具体的な妥当性を図るもので,枠組は形式的客観的に,運用の妥当性は柔軟にとする考え方は,日本の刑法にとっては,

それ自体，大変すぐれている学説だと思うが，解釈で，変化して対応するのは，法的不安定さをみちびきだす危険性が生じてはこないか。せっかく，定型を設定したのに，その「定型」を与えた実体は何かなど問題点が提起された。

そうして生成してきたのが，実質的客観説である。この説は，平野龍一博士が，意識的に研究・主張して来た学説で，発想を変えて，行為のもつ法益侵害の客観的な危険性に着目されたところにきわめて秀れた学説の立脚点がある。構成要件に該当する行為およびこれに密接する行為というように形式的に分解せず，より直截的に「結果発生の具体的危険」を実質的に具体的事態に即して解決しようとされるものである。ただ，「危険概念」は程度概念であり，どの程度の危険があったとき，具体的に未遂と予備が区別されるのかいう点で，不明確にならざるをえない。多くの判例をふまえて，平野博士も，最近では，形式的ないし時間的限定が必要だとされてきている（同旨，内藤謙・大越義久・前田雅英など）。

わたくしは，もともと構成要件と違法性の関係は不可分のものであるから，一方だけを重視して，論ずることは，意味がないように思う。構成要件該当の実行行為の範囲入に入るかどうかは，実質的危険があるかどうかを考察しなければ論定できないし，一方，実質的危険があるかどうかを論定するにも構成要件的行為を念頭におかなければならないからである。構成要件に属する行為事実の一部または，これに密接な関係のある行為が行われたときか，または犯罪を完成するに至るべき危険のある行為に着手するか，あるいは犯罪を完成するために必要欠くことのできない行為に着手することだとする（小野，滝川，団藤，植松説）。

(2) 主観説は，罪を犯そうとする犯罪意思が，行為者の行動によって，外部的に確実に表現されたとみられるべき段階に達したとき，ここに，実行の着手があるとする。要するに，罪となるべき事実形式にあたる行為の一部実行によって，行為者の犯罪実行への意思が確認されるにいたったとき，ここに実行の着手があるというべきである（牧野，木村，市川説）。[2]

IV. 着手未遂と実行未遂

「これを遂げないこと」とは，犯罪の完成にいたらないことである。この点に

おいて，未遂犯は，「既遂犯」(Vollendung)と区別される。犯罪の完成にいたらないことについては，行為者の着手した実行行為が終了しなかった場合と，実行行為は終了したが，予期した構成要件的結果を生ずるにいたらなかった場合とがある。前者を「**着手未遂**」(unbeedigter Versuch) 後者を「**実行未遂**」(beendigter Versuch) とよぶ。

「着手未遂」は，人を殺そうとしてピストルの引き金に手を掛けたが，いまだピストルを「発射しないうちに」第三者からピストルを叩き落とされたという場合である。すなわち，「人を殺す」犯罪の実行には着手したが，まだ為すべきことを為し終わらないうちに中絶して終わった場合である。

「実行未遂」は，人を殺そうとしてピストルの引き金に手を掛け，「発射した」が，その弾丸が狙った人に当たらなかったか，あるいは当たったけれども死ななかったという場合，すなわち行為者の実行行為は終了したけれども結果が不発生に終わったという場合である。

ここからも明らかなように，着手未遂と実行未遂とを分かつ分岐点は，実行の終了の有無に求められる。したがって，実行行為終了の時点が問題である。実行の着手と実行の終了との間に時間の幅がある隔離犯の場合に困難な課題を提出する。

すなわち，人を毒殺するために毒を塗った菓子を小包にして郵送するような場合，郵便局の窓口から局員に小包を渡す行為は，行為者によって，客観的に結果発生の可能性が設定された時点であり，すでに行為者の手を離れて自然の成り行きに委ねられた時点であると考えられるとともに，他方，毒物を塗るとか，包装するとかの行為の段階を経て，明らかに「人を殺す」意思を客観的に認める段階に到達したものと見ることができる。すなわち，着手未遂と実行未遂との段階を同時に認めることができる。したがってこのような場合は着手未遂と実行未遂を区別することは不可能である。

なお未遂犯の成立を認めることが可能なのは議論のあるところであるが，過失犯，結果的加重犯，真正不作為犯についてである。

未遂犯は刑法44条によって各本条に従って処罰される。主観主義的思想を入れて，未遂罪を罰する場合においても，「其刑減軽することを得る」(43条)として既遂と同じく罰するのが原則であるが，刑を減軽してもよいのである。盗犯

等防止法はこの点を徹底して常習的強・窃盗犯について，既遂と未遂とを問わず，同じ重い法定刑を規定している(盗犯防止法2条—4条)。当該行為がたまたま未遂に終わってもそれが行為者の常習性のあらわれであることに少しも変わりがないからである。

第2節　中　止　犯

I．中止犯とは

「中止犯」(中止未遂・任意未遂) (Rücktritt vom Versuch) とは[3]，行為者が「自己の意思に因り」，犯罪を完成させることを「止めた」場合をいう (43条但書)。広義の未遂犯で，自己の意思に因ったか，客観的外部の事情に因ったかによって「**中止未遂**」と「**障害未遂**」に概念的区別している。

英米法においては障害未遂と中止未遂の区別はない。中止犯に対する外国の学説・立法は寛大な傾向が認められる。フランス刑法では「中止」(désistement volontaire) は初めから未遂罪にならない。ドイツ刑法は「自己の意思により実行を中止し，または結果発生を妨げた者は未遂犯としては罰しない。中止行為者の行為とかかわりなく既遂に達しなかったときは，行為者が自己の意思により且つ直撃に犯罪が既遂に至るのを妨げたときは，これを罰しない」(24条)と定め，スイス刑法は「未遂による処罰をしないことができる」(21条2項)と規定している。最近(1965年)施行されたスウェーデン刑法も「犯罪の未遂に対する刑罰は，自己の意思により犯罪の実行を中止し，またはその他の方法で犯罪の完了を妨げた者には科せられない」(未遂3条)と規定している。

アメリカ模範刑法典第5・01条4項は，「行為者が犯罪目的の完全で自発的な放棄を確認することの出来る状況の下で，犯罪を遂行するための努力を放棄し，その他犯罪の完成を防止したときは，これを犯罪阻却事由とする」として，中止未遂を処罰していない。

わが刑法は，単に「自己の意思に因り」止めた場合を中止未遂と規定して刑の必要的減軽事由としている。このように，中止犯を特別に取り扱う理論的根拠は，リストの行為者に「後戻りのための黄金の橋」(goldene Brúcke zum Rúckzuge)を架することによって，なるべく犯罪の完成を未然に防止しようという刑

事政策的考慮によるものというのが定説である[4]（刑事政策説：牧野，小野，木村，市川説）。

これに対して，中止によって行為者に対する責任非難が減少，消滅するとする説がある（法律説：宮本，佐伯，団藤，植田説）。これは，さらに内部で，三説に分かれるに至った。①違法性の事後的消滅説。②責任の事後的消滅説。③違法・責任の事後消滅説，その他に，犯罪意思微弱説というのもあるにはあるが，なぜ，中止犯を処罰しないかの原点にたちかえって考えると，刑事政策的考慮が背景にあると思う。しかし，通説は，刑の減免が一般予防・特別予防を併せ考慮して行為者自身の中止に基づいて，違法性および責任の減少する場合を類型的に規定したものと解すべきであるとしている。

II. 障害未遂

中止未遂と障害未遂について，刑法は法的効果上，重要な区別を設けている。中止未遂については「其刑を減軽又は免除す」として，必要的減軽・免除を規定しているが，障害未遂に対しては単に裁量的減軽にとどめている。

中止未遂をもって，刑法は「自己の意思により」止めたときとしているから，「意思」と関係のない事実，たとえば，忍びこもうとして逮捕されたとか，放火したが雨が降ってきて消えたとか，生きていると思った者がすでに死んでいたとかいう事実によって犯罪が不完成に終わった場合は，中止未遂ではなく障害未遂である。判例の「意外の障害」によった場合がこれに該当する。

たとえば，詐欺罪において，被害者が錯誤に陥らなかったために未遂に終わった場合（大審判大11・12・2刑集1巻827頁），強姦罪において，被害者の抵抗によりいまだ陰茎を挿入しないうちに射精したために目的を遂げなかった場合（高裁判昭27・10・16刑集5巻2135頁），窃盗罪において，犯人が目的物発見により結果が発生しなかった場合（大審判昭21・11・27刑集25巻58頁）など行為者の意思に関係のない事情によって，犯罪が不完成に終わった場合はすべて障害未遂である。

III. 中止犯の要件

中止犯の要件を分析すると，(1)「自己の意思による」こと，(2)「これを止め

(1)「自己の意思に因り」の解釈には 3 つの見解が対立している。(1)未遂となるに至った関係が，犯罪の既遂となることに，通常，一般的経験から妨害を与えるべき性質のものでないこととする立場（牧野，草野，木村，江家，市川，斎藤，八木説，同旨最高判昭 24・7・9 刑集 3 巻 1174 頁），(2)後悔に基づくこと——悔改，慚愧，同情，憐愍——であるとする立場（宮本，佐伯，植田説），(3)行為者の「自由な意思決定に基づいて」（小野説）とか「中止にむかっての行為者の積極的な人格態度」（団藤説）とかフランクの主張した「フランクの公式」(Franksche Formel)—(「行為者がたとい自分がなしとげ得たとしても，なしとげることを欲しない」(Ich will zum Ziele Kommen, selbst wenn ich es Konnte) と考えた場合は「中止未遂であり，「たとえ自身なしとげようと欲しても，なしとげるとこができない」(Ich kann nicht znm Ziele kommen, selbst wenn ich es wollte) と考えた場合障害未遂であるとする）を採用する立場（滝川，植松説）があるが，第一の見解が通説であり，判例もこれに従っている。

　最高裁昭和 24 年 7 月 9 日（刑集 3 巻 8 号 1174 頁）では，強姦の犯行に着手後，電車の前照灯に照射され，かつ，被害者の出血を見て驚愕のあまり，姦淫を中止した事例について，「驚愕が犯行中止の動機であることは，弁護人所論のとおりであるけれども，その驚愕の原因となった諸般の事情を考慮するときは，それが被告人の強姦の遂行に障礙となるべき客観的な事実であることは前述のとおりである以上，本件被告人の所為を以て，原判決が障礙未遂に該当するものとし，これを中止未遂にあらずと判定したのは相当である」として中止未遂を否定した。第二，第三説は自由意思論の破綻を示す，基準のあいまいさを表わしているので採用することはできない。第一説をもって妥当とする。

　「発覚の虞」(Furcht von Entdeckung) による場合には，これを障害未遂と理解する説，中止未遂と理解する説，障害未遂になる場合と中止未遂になる場合があり得るとする説と分かれている[5]。具体的場合において，発覚によって早晩告発・逮捕・処罰を免れないと考えた場合と，発覚の暁は社会的不名誉を蒙ることを虞れた場合を区別し，前者を障害未遂と理解し，後者を中止未遂と理解すべきである（木村，市川説，大審判昭 12・9・21 刑集 16 巻 1303 頁）。

　したがって，中止犯が認められるためには，行為者が積極的に中止行為に出

た以上，中止の動機は問題とならない，道徳的な動機であろうと，功利的であろうと，また，必ずしも犯罪意思を放棄しなくても必要ではない。

(2) 「これを止めた」とは，行為者が犯罪完成するのを阻止したことである。実行の着手後，その終了前に，その後の実行を放棄する場合と，すでに実行を終えた後に，それによる結果の発生を防止する場合と考えられる。前者を着手中止，後者を実行中止という。中止行為は結果の防止のために，真剣な努力を払って行われなければならない。中止犯が成立するためには，中止行為によって結果の発生が防止されなければならない。これがわが刑法の原則であり，通説・判例の立場である（福岡高裁昭和61・3・6，判時1193号152頁）。したがって，行為者が防止を試みたが他人が現実に結果発生を防止したときは障害未遂である（浦和地判平成4・2・27，判タ795号263頁）。

自発による結果発生防止行為はこれによって現実に結果発生が防止されることを原則とするが，行為者の知らない事情によって結果の発生が防止された場合，行為者において，その事情を知らず，結果の発生を防止するため真摯な努力をしたときは中止未遂と理解すべきである(牧野，木村，市川，団藤，江家，大塚説)。この見解をとってデンマーク刑法22条後段が明文をもって中止未遂としている。ドイツ刑法24条も，このような場合は不処罰にしている。

中止犯は，つねに，「其刑を減軽又は免除す」(必要的減軽または必要的免除規定)といって，必ず減軽か免除されることはすでに述べたところであるが，予備・陰謀の中止にも中止犯の規定が準用されるか。これを否定する見解(植松説)もないではないが，多数説は予備・陰謀の中止にも，刑法43条但書の規定を準用することを肯定している。妥当な見解である。この場合，刑を減軽または免除するについての基準を既遂犯の法定刑に求めることはもちろんである。

(1) 牧野英一「未遂と事実の欠缺」刑法研究2巻1頁以下，木村亀二・前掲「刑法の基本概念」245頁以下，Schönke-Schröder, a.a.O., S. 192. 未道康之『フランス刑法における未遂犯論』(成文堂・1998) 15頁以下。
(2) 大塚仁「実行の著手」，市川秀雄「実行の著手」刑事法講座2巻379頁以下。小田直樹「強姦罪における実行の着手」刑法判例百選I（4版）130頁，(1997)
(3) 平野龍一「中止犯」刑事法講座第2巻403頁以下。もともと，ドイツやフランス刑法で政策的に論ぜられてきたもので，リストやフランクの理論が有名である。日

本では，学説が分かれるところである（香川達夫『中止未遂の法的性格』(1963)，木村静子「中止犯」刑法講座4巻22頁，山中敬一「中止犯」現代刑法講座5巻369頁，曽根威彦「中止未遂の法的性格」現代論争Ⅰ302頁，川端博「中止犯の法的性格」現代論争，Ⅰ. 293頁，西田典之「共犯の中止について」法協100巻2号251頁以下。塩見　淳「中止の任意性」判タ702号75頁以下）。清水一成「中止行為の任意性」刑法判例百選Ⅰ（4版）別冊ジュリ142号，140頁以下，1997）。
(4) Maurach, a.a.O., S. 441, 8. Aufl., 1999.
(5) Maurach, a.a.O., S. 451, Sauer, Grundlagen des Strafrechts, 1996, S. 637 ff.

第6章 共犯論

第1節 共　犯

I. 共　犯

　わが国の刑法は，原則として，1人の行為者によって1つの犯罪構成要件を充足すること，すなわち，単独正犯を原則としている。ドイツ刑法でも，**単独正犯**（Alleintäterschaft）と**共同正犯**（Mittäterschaft）の概念がうるさい理論となっている。この共犯論のなかで，今までやってきた，犯罪構成件論や違法性論そして責任論が展開される領域でもある。

　「共犯」（Teilnahme）とは[1]，2人以上の者が，意思の連絡のもとに，共同して犯罪を実現する場合をいう。

　通常，単独犯（構成要件上，1人で犯しうる犯罪）を2人以上の行為者が共同して行うものを「**任意的共犯**」（zufällige Teilnahme）という，普通，共犯とよばれるのはこれである。これには，共同正犯（60条），教唆犯（61条）および幇助犯（61条・63条）がそれである。「**狭義における共犯**」（Teilnahme i. e. S.）とは教唆犯および幇助犯だけを指す。英米法には，2人以上の者の合意を実行行為の有無にかかわらず独立の犯罪とするいわゆるコンスピラシーの法理があり，共謀罪あるいは共同謀議罪（Conspiracy）がある。わが国でも，国家公務員法110条17号のように，特別法犯にそのような規定がある。

　一方構成要件上，必ず2人以上の行為者の意思の連絡があって犯罪が成立する場合の共犯を，「**必要的共犯**」（notwendige Teilnahme）という。これはさらに，「**対向犯**」（Begehgnungsdelikt）と「**集団犯**」（Konvergenzdlikt）に分けられる。

　対向犯（対立的犯罪，会合犯）とは，2人以上の行為者の相互のあいだに「する」「させる」関係の行為が存在することが犯罪の成立要件で，重婚罪（184条），賄賂罪（197条—188条）などがそれである[2]。集団犯とは，同一の目標に向けられた，多数者の共同行為の存在が，行為成立上必要とされるもので，内乱

罪 (77条), 騒擾罪 (106条) などのようにその集団性, 群衆心理の特性によって独立に段階づけられている犯罪である。

II. 正犯と共犯概念

「正犯」(Täterschaft) とは, 基本的構成要件に該当する実行行為を行うものをいう。

実行者の数および実行者間の意思の連絡の有無によって,「**単独正犯**」(Alleintäterschaft),「**同時犯**」(Nebentäterschaft),「**共同正犯**」(Mittäterschaft) に分けられる。直接正犯と間接正犯の区別もあるが, これに関してはすでに述べたとおりである。

「同時犯」について一言すると, 2人以上の行為者が, 意思の連絡なしに時を同じくして, 同一客体に対す同一の犯罪を実行する場合を意味する。行為の場所, 実行の着手, 結果の発生等正確に同時であることは必要でない。同時犯は, その性質上, 単独正犯の併列したものにすぎないから, 各行為者はそれぞれ独立して正犯者の責任を負うのである。

III. 拡張的正犯概念と制限的正犯概念

正犯と共犯の分界点は何か。正犯を正犯たらしめる要素は何かが問題である。最近は「**正犯概念の優位**」(Apriorität des Täterbegriffes) の立場から正犯概念の決定が基本問題とされている[3]。そこで「**制限的正犯概念**」(restriktiver Täterbegriff) と「**拡張的正犯概念**」(extensiver Täterbegriff) が構成要件論をふまえて, あらわれてきた。

制限的正犯概念とは, 他人を介することなく, 自分の手によって, 直接, 構成要件的行為を行った者だけが正犯であると理解する立場であり, 共犯の性格については, 正犯以外の場合にまで処罰の範囲を拡張するものであり, したがって刑罰拡張事由 (Strafausdehnungsgründe) である。一方, 拡張的正犯概念は構成要件的結果の実現に, なんらかの条件を与えたものは, すべて構成要件に該当する実行行為を行うものであって正犯であるとする。共犯規定がなければ, 当然正犯として罰せられるものについて, その処罰の範囲を制限するものであるから, 刑罰制限事由 (Strafeinschränkungründe) であるとみるのである。

この2つの正犯概念は共に誤っている。拡張的正犯概念は刑罰的評価だけを標準として，本来の正犯の中から実定法的正犯概念を決定しようとするのであるが，その刑罰的評価の相違の根拠を説明することができない。さらに，教唆犯・従犯以外は共犯ではないという消極的命題から直ちに間接正犯の正犯性を積極的に導こうとするものであって，積極的な正犯概念の共通的要素を論証することができない点において不十分であるからにほかならない。

制限的正犯概念はその正犯概念を決定するところの構成要件的行為の意義を確実に決定する基準が不明確であること，さらに，正犯と共犯の区別の基準としての構成要件的行為を実行行為と混同し，未遂と予備の区別と正犯と共犯の区別に混同している点からいえる。

最近の目的的行為論の立場においては，正犯概念の標識をいわゆる「目的的行為支配」(finale Tatherschaft)の存在におく。この目的的行為支配それ自体ははなはだ多義的で明確性を欠くから正犯と共犯の区別標準としては不十分である。刑法は，正犯概念の手掛りとして，60条において「犯罪を実行したる者」を正犯とする旨を規定している。実行行為は積極的に正犯概念を決定する要素ではなく，消極的原則と理解し，正犯を正犯たらしめる要素は自己の決意によって構成要件実現にいたる行為をなす者の中に求め正犯と理解すべきで，正犯と共犯とは構成要件実現の態様にほかならない（同旨・木村説）。

IV. 共犯の従属性と独立性

正犯と共犯の関係をいかに理解するかの問題が共犯の従属性または独立性の問題である。

「**共犯の従属性**」(Abhängigkeit der Teilnahme) とは[4]，共犯の犯罪性および可罰性が正犯の犯罪性および可罰性に従属して成立することを意味し，共犯は従属的犯罪であるとする理論を共犯従属性説という。古典学派の立場に立ち，犯罪共同説を採用する（小野，滝川，団藤，植松説）。

「**共犯の独立性**」(Selbständigkeit der Teilnahme) とは[5]，共犯の犯罪性および可罰性は正犯に従属するものではなく，共犯者固有のものと理解することを意味する。その意味で共犯は，「独立犯」(ein selbständiges Verbrechen) であり，共犯独立性の理論は共犯独立性説という。近代学派の採用するもので，行

為共同説を理論的基礎とする（牧野，宮本，木村，佐伯，市川，植田，八木，土本）。

共犯従属性の理論は，共犯の従属性に段階罰的であるためには正犯者の行為が，(1)単に構成要件該当であれば足るとする場合，(2)構成要件該当で違法であることを要する場合，(3)構成要件該当で違法かつ有責たることを要する場合，(4)正犯者の一身的特質とする刑罰の加重又は制限の事由の存在する場合の4つに分け，第1を「最少従属形式」(minimal akzessorische Form)，第2を「制限従属形式」(limitiert akzessorische Form)，第3を「極端従属形式」(extrem akzessorische Form)，第4を「超極端従属形式」(hyper akzessorische Form)に区別して，これらの従属形式のいずれの意味で共犯の従属性が認められるかは，実定法の解釈によって定まるとする（団藤・平野・中山・西原・大野平吉・佐伯仁志の諸学者）。

共犯独立性の理論は，共犯の犯罪および可罰性は，正犯のそれに対して独立に，共犯行為について論ずればよいと理解するから，共犯者の行為についてそれが実行の着手と理解せられる場合には，未遂犯処罰規定の限度において未遂犯の成立を認めることになる。したがって，正犯が未遂である場合および予備にとどまる場合はもちろん，共犯行為すなわち教唆・幇助行為が失敗に終わった場合にも共犯の未遂が成立し，未遂犯処罰の規定に従って罰せられると理解する。その意味において，共犯独立性の理論をとれば，共犯の未遂が従属性説よりも広く理解することになる。この点が重要な相違である。

刑法は従属性説の見解を否定している。すなわち，自殺は刑法上犯罪ではなく不可罰であるから，自殺の教唆・幇助は従属性の見地からは論理的には当然不可罰といわなければならないが，刑法はその202条で自殺の共犯を罰している。このことは少なくとも刑法が従属性説に立っていないことを明らかにしている。

第2節　共同正犯

I．共同正犯概念

「共同正犯」(Mittäterschaft)とは，「2人以上共同して犯罪を実行したる」場

合をいう (60条)。刑法で「**共犯現象**」は，単独で犯罪を犯した場合と違った効果を生みだす。二人以上の者が共同して犯罪を実行した場合は，共同した範囲内で，他人の分担行為についても共同の責任を負うことになる。これを「**一部行為の全体責任の原則**」とよぶ。なぜ，他人の分担行為についてまで，責任を負わなければならないのかが，共同正犯の重要な核心である。

刑法は共同正犯を教唆犯・従犯と並べて規定しているが共同正犯は教唆犯従犯とは全然意義を異にし，正犯の共同であって，狭義の共犯ではなく正犯の一種であることを見落してはならない。共同正犯というのは，他人の行為に対して従属的に責任を負うのではなく，それぞれ独立に正犯者としての責任を負うのである。法文に「皆」といっているのがそれである。

共同正犯が成立するためには，2人以上の行為者に，主観的には共同実行の意思が存するとともに，客観的には，共同実行の事実が認められることを必要とする。

(イ) **共同の意思**　　共同の意思は意思の連絡または共同加功の意思ともいい，共同者各自において相互的に在存すれば足り，これをもって十分とする。共犯の意思は，特殊な社会的心理現象である共同意思主体の活動としてとらえるもので，二人以上の者が一定の犯罪を実現しようとする共同目的の下に合一したとき，共同意思が形成される。共同の意思は，行為の際に存在すればよい。したがって，事前に相談しておくことは必要ない（**事前共謀**）。実行行為の現場で意思を通じあう「**現場共謀**」でもよい。暗黙のうちに意思を通じあう「**黙示の共謀**」でもよい。実行の現場で，暗黙のうちに，意思を通じあう，「**黙示の現場共謀**」でもよい。全員が同一場所で会合して一個の謀議をすることも必要条件ではない。甲と乙が共謀し，ついで，乙と丙が共謀するような「**順次共謀**」でも，全員の間に，共同実行の意思が認められる。

共犯現象は，個人犯罪とは，質的に異なる集団存在構造をもつ。この考え方が，個人責任の原則では解決できない法的実態があり，それが，「一部行為の全体責任」の根拠となっている[6]。したがって，明文または黙示の相互的了解をもって足り，意思の表示または交換を必要としない。相互的に存在するを要するから，共同者の一部だけに共同の意思がある場合は共同正犯とはなり得ない。

したがって，「**片面的共同正犯**」(einseitige Mittäterschaft) 二人以上のもの

が，犯罪の実行行為を分担しながら，一方だけが共同加功の意をもって，他方は一方的諒解をもった片面的な加担者を共同正犯といえるか，という点が問題となる。肯定説と否定説の分かれるところである。肯定説を認める説は妥当ではない(木村，団藤説)。植松正は共同意思主体論に立却して，徹底した否定説を展開している。判例も片面的共同正犯を否定している（大阪高裁判昭和62・7・10 高刑集 40 巻 3 号 720 頁)。

II．犯罪共同説と行為共同説

ところで，共同正犯は二人以上の者が一個の犯罪を共同で実行することを意味すると理解する**犯罪共同説**と犯罪の箇数のいかんを問わず共同の実行行為により犯罪を行うことを意味すると理解する**行為共同説**がある。刑法は，単に「共同して犯罪を実行したる」とするにとどまるところより起こる議論である。

実際上の視点からするときは行為共同説が妥当と思う。なんとなれば，たとえば，甲乙共同で，それぞれ甲は丙を，乙は丁を殺したとか，甲は殺意をもって，乙は殺意なくして，丙を殺した場合，犯罪共同説では共同正犯と理解し得ず不合理である。判例も行為共同説を認めている(大審判大 5 年 11 月 8 日刑録 22 輯 1698 頁)。

共同の意思は行動のいかなる範囲の事実を認識することを必要とするかについても，犯罪共同説にあっては，犯罪を共同にする意思を必要とするから構成要件的結果の認識すなわち故意の共同を必要とする。したがって，共同正犯は故意犯について，故意の範囲内においてだけ成立すると理解されるからその結論として，(1)故意の限度を超えて成立した結果についてもこれを成立させた者だけが責任を負うにすぎない。(2)過失犯には共同正犯がありえないことになる。この「過失の共同正犯」を認めるかどうかは古くから争われてきた。

最近の過失理論の動向が加わって，新しい開かれた状況になりつつある。肯定説（牧野英一・木村亀二・佐伯千仭・平野龍一・中義勝・板倉宏）と否定説（団藤重光・大塚仁・西原春夫・前田雅英・曽根威彦）がそれである。結果についての因果関係が個別的に確定できないような場合が，とくに結論の分かれるところである。私は，過失の共同正犯も成立しうると考える。過失の共働を「過失の同時犯」に分解するのはおかしい。共働者の各過失の競合と結果との間に因果関

係が認められる場合は「過失競合の理論」でも処罰できるが，AとBのいずれかの弾丸が命中したか不明の場合は，この理論であれば，いずれの共働者の過失行為も不可罪になってしまう。過失共同を，個別的過失に分解することの矛盾である。その上，犯罪結果に対する実態にも合致していない(同旨，板倉宏「刑法総論」310頁)。

　行為共同説は行為を共同にする意思があれば足り，結果を共同にする意思すなわち故意の共同を必要としないから，結果的加重犯については行為を共同にするという意思の共同があれば共同者のすべてが結果に対して責任を負うことになり，過失犯の共同正犯を認める(牧野，木村，小川，佐伯説)。判例も最近に至って**過失の共同正犯**を認めている（最高判昭和28・1・23刑集7巻30頁，名古屋高裁判昭和61・9・30，東京地裁判平成4・1・23)。

　㈡　**共同実行の事実が認められること**　　2人以上の行為者は，共同して実行行為を行わなければならない。実行の共同とは，実行行為の分担を意味し，実行の共同は分業の原則に立ち，共同の行為によって現実に結果が発生した場合は，個々の分担行為がそれだけでは結果に発生の原因力がなかったときでも，成立した結果の全体に対してすべての共同の責任者となる。単に現場に立っている行為も心理的原因行為を分担する意味において共同正犯となる（最高判昭和23年6月22日刑集2巻12頁)。その意味において「見張り」行為もそれが共同の意思を実現する意図の下になされた場合は，これを共同正犯と理解する判例の見解は妥当である(最高判昭和23年3月16日刑集2巻222頁，昭和23年7月22日刑集2巻997頁)。

　ある者がすでに実行行為の一部を修了した後，他の者が共同実行の意思をもって実行に参加する場合を「**承継的共同正犯**」(相続的共同正犯，Sukzessive Mittäterschaft) とよぶが，その参加以前の先行者の行為についても共犯としての責任を負担すべきである (木村説，東京高判昭和34・12・7刑集12巻980頁)。

Ⅲ．共謀共同正犯説

　共同の意思は共同者間の相互的な意思の連絡を意味し，共同の意思が行為の以前に成立する場合は共同謀議によって形成され，この場合を「**共謀共同正犯**」概念 (Verabredete Mittäterschaft) といい問題がある[7]。

これは，共謀または共同謀議とは2人以上の者の間において，個々の共同者の意思を超越した団体的な「共同意思」(gemeinsamer Wille) を形成することであって，その共同意思が一個の犯罪を行うことを目的とする場合を「陰謀」(Komplott)といい，不定多数の犯罪を行うことを目的とする場合を「犯罪団体」(Bande) といい，ともに予備に属する。刑法は陰謀自体を罰する場合もあるが (78条，88条，93条)，犯罪団体それ自身は罰していない。

　共謀によって形成せられる共同意思と共同正犯に必要とされる「共同の意思」(Bewusstsein der Gemeinschaftlichkeit) の相違は前者が個人の共同者の意思を超越したところの団体意思であるのに対し，後者は個々の共同者が相互に行為を共同する個人意思である点である。しかし，個々の共同者の共同の意思は当然団体的な共同意思に包含せられているという関係にある。ところが，共同正犯の主観的要件として共同の意思を必要とし，かつこれをもって足れりとする見解においては，共同正犯の要件としての共謀，したがって団体的な共同意思を必要としないのが古典学派と近代学派を問わず，通説となっている。この一致した見解は，共謀共同正犯について重要なのは共謀および団体的な共同意思ではなく，その中に含まれたところの共同者の相互的な共同の意思にあると理解する[8]。

　これに対して，草野豹一郎教授の提唱にかかる「**共同意思主体説**」(共謀共同正犯説) は，共同正犯の共同意思の主観的要素を団体的共同意思にありとする。その特色は，共謀者の中の一部の者の実行行為があれば，その者と他の何ら実行行為に出ることなく単に謀議に参与するにとどまった者との間に共同正犯が成立する点にあり，その意味において，共同正犯は一部のものの実行行為に従属して成立するとして共同正犯の従属性を主張するものである。

　共同意思主体説は過去の主観説の延長線上にあるのではないかと私は考えている。なんとならば，第一に，共同正犯を規定した刑法60条が「共同して犯罪を実行したる」として，共同者すべての間に，客観的に実行の共同の存在を必要とする点を看過しており，第二に，そのいわゆる共同意思主体そのものをなぜに罰しないのか説明することができない。さらに，共謀共同正犯と偶然的または承継的共同正犯に共通の主観的要件の説明が不可能となるからである。しかし，共謀共同正犯理論は，大審院以来一貫して最高裁判所の採る理論である

（大審判大正11・4・18刑集1巻233頁，大審判昭和6・11・9刑集10巻568頁，大審判昭和8・11・13刑集12巻1997頁，大審判昭和11・5・28刑集15巻715頁，最高判昭和23・7・22刑集2巻995頁）。判例が非か学説が是か，刑法学における一つの問題点ではある。

思うに共謀共同正犯の理論が，本来企図するところは，今日の集団犯罪時代において，犯罪の実行にあたるものは原則として地位の低い小物，中心人物ともいうべき大物は背後にかくれて采配をふるっている。実行者を罰するだけでは処罰の目的は達せられない。誰が実行したかという問題は，実はどうでもよい。指導者，大物を処罰することが要求せられる。こうした必要から，共同正犯の範囲を拡大して共謀共同正犯論が発現したと考えられる。その趣旨は大変尊重されるべきであり，しかも現実の集団犯罪の実態にそくしている。ただ，このような背後者を共同正犯者として処罰することは現行刑法のとる「共同して犯罪を実行する」(60条)の解釈としては，共同正犯の原則に反している，わが国の学説から強い非難を浴びているのは理由のあることである。

わが国では，最近，最高裁判所は（最高判昭和57・7・16刑集36巻6号695頁）共同共謀を認め，その中で，団藤重光裁判官は，「わたくしは，もともと共謀共同正犯の判例に対し強い否定的態度をとっていた。しかし社会事象の実態にそくしてみるとき，実務が共謀共同正犯の考え方に固執していることもそれなりの理由がある。共同正犯の刑法60条を改めて考えてみると，一定の限度において共謀共同正犯を認める余地が十分にあるように思われる。むしろ，共謀共同正犯を正当な限度において是認するとともに，その適用が行きすぎにならないよう引き締めて行くことこそ，われわれの採るべき途ではないかと考える」といっていることは，判例（実務）と学説の合一として注目される[9]。

第3節 教 唆 犯

I．教唆の概念

「**教唆犯**」(Anstiftung)とは，「人を教唆して犯罪を実行せしめること」(61条1項)をいう[10]。教唆犯の成立は，人を教唆すること，それに基づいて被教唆者が犯罪を実行したことが必要である。しかし，一定の犯罪行為に際して，なす

べき個々の具体的行為を指示するものではない。

また，教唆の当時において教唆された犯罪行為の客体がいまだに存在しない場合，たとえば，懐胎の婦女または助産婦に対して胎児を分娩した後に生児を殺すべきことを教唆する場合も教唆となる。教唆とは，いまだ犯罪の意思のない他人に対し一定の犯罪行為の決意をさせることである。したがって，教唆者の故意は一定の犯罪行為に認識と，その犯罪行為を他人に決意させるということの認識との両方とも包含することが必要である。

教唆の方法・手段は，それが，一定の犯罪行為の決意させるものであれば足り，何らの制限はなく，利益の提供，約束，恐迫，欺罔，威圧，哀願，甘言による誘導，嘱託，慫慂指示，示唆，指揮命令のいかんを問わず，示唆については明示たると暗示たるとを問わない（最高判昭和26・12・6刑集5巻2486頁）。

教唆行為は単独でなされることも，二人以上の者の共同でなされることもある。前を「**独立教唆**」後の場合を「**共同教唆**」（Mit Anstiffung）という。

不作為の教唆がありうるかについては，単純な不作為は教唆の手段とならないと理解するのが妥当である。たとえば，他人が犯罪行為の決意に至るのを阻止すべき義務のある者が義務に違反して阻止しなかったというだけで教唆とはいい得ない。被教唆者が教唆の事実を知る必要はない。

犯罪行為の認識は未必的認識を必要とする。したがって，あらかじめ結果の発生しないことを認識して教唆行為をした場合を「**未遂の教唆**」（Anstiftung zum Versuch）という。

未遂の教唆において，結果の発生は防止したが，現実に他の犯罪事実が成立した場合，たとえば，殺人の未遂を教唆し，殺人の結果は阻止したが，傷害の事実が成立したときは，教唆者が現実に成立した事実たる傷害罪につき教唆の責任を負うことはもちろんであり，また，予期に反して結果が成立した場合は教唆者に対して過失犯の責任が生じることはいうまでもない。

教唆犯が成立するためには，「犯罪を実行せしめた」ことを必要とする。すなわち，被教唆者が教唆行為の結果，当該犯罪の実行を決意し，これを実行したとき初めて教唆犯の成立が認められる。被教唆の実行行為がなかったとき，または実行行為があっても教唆行為との間に相当因果関係がないときは，教唆犯は成立しない（最高判昭和25・7・11刑集4巻1261頁）。

「教唆犯を教唆したる」場合を，「**間接教唆**」(mittelbare Anstiftung) といい，教唆犯と同様に，正犯に準じて処罰する（61条2項）。たとえば，他人に対して第三者を教唆させて犯罪を実行させた場合，または，他人を教唆して犯罪の実行を決意させたが，被教唆者が自ら実行せず，さらに第三者を教唆して犯罪を実行させた場合の第一の教唆者がそれである。しかし教唆者を教唆する者は必ずしも間接教唆にかぎる理由はなく，間接教唆者をさらに教唆する再間接教唆もありうる。刑法61条2項は「**連鎖的教唆**」(Kettenanstiftung) を規定したものとして，処罰しうると理解する（木村，草野，江家，平野説）。

とくに，平野龍一博士は，その実質的理由として，従属性の原則を援用して，正犯が実行の着手を行い教唆者が処罰される段階に達した以上，教唆者の教唆者も可罰的だとするのが，従属性理論からの帰結だとされ，形式的には61条2項の「教唆者」は第1次的教唆者に限る必要はなく，2項で教唆者とされた者も順次含まれると解釈されているのが注目される。判例もこれを肯定している。さらに従犯の教唆があり，刑法は「従犯を教唆したる者は従犯に準ず」（62条2項）としている。

教唆犯の処罰について，刑法61条は「正犯に準ず」としている。その意味は，正犯の法定刑によって処罰するということである（最高判昭和25年12月19日刑集4巻2586頁）。教唆の未遂の場合は教唆せられたまたは教唆せんと企図せられた犯罪に対する法定刑によって処断するということである。教唆したる者も同様に処罰する（61条2項）。

II．アジャン・プロヴォカトール（わな理論）

「アジャン・プロヴォカトール」(agent Provocateur) は[11]，最近，いわゆる「囮(おとり)」捜査として，麻薬犯罪に関して実務上問題となっている概念である。本来，これはフランスにおいてルイ14世からもちいられた捜査上の「わな」概念で，警察の手先（いぬとよばれている）が，「囮(おとり)」になって，初めから逮捕する目的で人に犯罪を誘発し，誘発された者が実行を始めたところを直ちに逮捕するような場合である。

これについて刑法上，**未遂の教唆**の場合として議論されているが，犯罪を完成させる意図が初めから全然なく，最初から未遂に終わることを意図して，実

際に未遂にとどまらせたというのが、この犯罪行為の特色である。刑法的にはアジャン・プロヴォカトールとは、他人に対して、これを犯人として処罰させるために犯罪を使嗾する者をいう。人を誘発して犯罪を実行させた者は教唆犯として処罰される（61条1項）。教唆犯の成立には故意ある教唆行為が必要である。しかし、教唆の故意は被教唆者に犯罪実行を決意させる意思で十分であるか、決意の上、さらに犯罪を実行することについての意欲または認識を必要とするかについては見解が分かれている。

　教唆行為は実行行為でないから犯罪実行行為を決意させる故意で十分であるとする見解によれば、被教唆者が教唆された犯罪を実行したかどうかは重要ではない。したがって、アジャン・プロヴォカトールのように、初めから未遂に終わらせる目的で教唆した場合にも、この未遂犯を処罰する規定がある以上、教唆犯は成立する。すなわち、未遂の教唆として処罰される。団藤重光博士や滝川幸辰博士が従属犯説をとる学者に多い。

　これに反して、さらに犯罪を実行することについての意欲または認識をも必要とするという見解に立つ者には、単に未遂に終わらせる目的だけでは教唆の故意も欠くこととなり、アジャン・プロヴォカトールは犯罪とならない。木村亀二や中義勝、福田平などが不可罰説をとっている。被教唆者が未遂犯として処罰されても、教唆の未遂は成立しない。わが国では未遂の教唆を処罰すべしとする見解が有力である。平野龍一博士は、正犯に未遂行為を行わせることによって、結果発生の危険性を生ぜせしめたことが「結果」であり、教唆者もその結果の発生を認識していたのであるから、未遂犯の教唆として可罰的だとする。

　わが刑法における教唆犯の成立には相手方に一定の犯意を生じさせ、さらにすすんで実行行為への着手以上の行為に出たことを必要とするものであるから、いわゆる「教唆の未遂」、すなわち、被教唆者が実行の着手以上に入らないときは罪とはならないが、「未遂罪の教唆」であった場合は、教唆に基づいて被教唆者が未遂行為に出たかぎり、その限度における教唆罪は成立する。

　最近、麻薬取締法違反事件について、アジャン・プロヴォカトールに関連した事件がいくつか現われている。本来、麻薬取締法違反のような犯罪は、集団的、組織的に行われるので、その発見や証拠を集めるのが非常にむずかしく、

検挙が不可能な場合さえある。

　そこで，捜査機関が「おとり」を使って「わな」にかけることが用いられる。つまり捜査機関あるいはその依頼をうけた者が，その犯罪をそそのかしたり，手伝いをしたり，容疑者が犯罪の実行にうつるところを逮捕するのである。アメリカでは「わな理論」といって，そのような方法で検挙した犯人を果たして処罰していいかどうか議論があった。ａ）機会提供型とｂ）犯意誘発型があるが，公訴棄却説が有力である。

　わが刑法においては，判例はその可能性を肯定して，犯罪捜査に利用されたアジャン・プロヴォカトールは犯罪を構成しないことを暗黙裡に承認している（最高判昭和28・3・5刑集7巻482頁）。菅生事件の戸高警察官が「おとり」ではなかったかなど，わが国においても学説（中山研一・刑法総論260頁，曽根威彦・刑法の重要問題〔総論〕276頁，大越義久・刑法総論23頁，西田典之・前田雅英・野村稔・井田良などの無罪説と団藤重光，大塚仁，西原春夫，川端博などの有罪説がある），判例ともまだはっきりした結論は出ていない。

第4節　幇　助　犯

Ⅰ．幇助犯（従犯）の概念

　「幇助犯」（従犯，Beihilfe）とは，「正犯を幇助犯したる者」をいう（62条）。
　幇助者は正犯者の実行行為を幇助する意思のもとに，これを幇助する行為を行うことが必要である。刑法が幇助犯をもって「正犯を幇助」することであるとするのは，すでに自己の意思によって犯罪の決意をしている他人を幇助することを意味すると理解すべきである[12]。

Ⅱ．幇　助　行　為

　幇助行為は正犯の実行の着手前になされると着手後になされるとを問わないが，正犯の犯罪が既遂となった後には認められない。したがって，「事後従犯」（nachgefolgte Teilnahme）は存在しない。しかし，既遂後における臓物の故買を事前に約束することは幇助であって事後従犯ではない。また幇助行為は，これを正犯において認識する必要はないから，片面的従犯を認めることができる。

通説・判例の立場である（大審判大正14・1・22刑集3巻921頁，小野，木村，江家，安平，佐伯，団藤説）。

幇助行為は必ずしも行為たることを必要としないから，不作為であってもよい。したがって，不作為による従犯もまた可能である（大審判昭和13・4・7刑集17巻257頁）。

不作為による幇助が従犯となるのは作為義務違反の場合にかぎることはいうまでもないが，幇助行為は心理的・無形的たると物理的・技術的たるとを問わない。前者をたとえば助言，激励，指示等を与える場合であって「**無形的従犯**」(intellektuelle Beihilfe) となり，ドイツでもイエシェック博士 (Jescheck) などは，技術的無形な従犯について詳細に論究されておられる[13]。後者は兇器の供与，見張り，助力等による場合であって「**有形的従犯**」(Physische Beihilfe) となる。しかしこの区別は重要ではない。なんとなれば，兇器の供与は，同時に正犯者の心理に働きかけ，その決意を強化することになりうるからである。

幇助行為は，幇助の意思に基づくものでなければならない。すなわち，幇助者は，正犯者の実行行為を認識し，自己の行為が，正犯者の実行行為の遂行を容易にするものであることを表象して行為することを必要とするる。過失による幇助犯は，行為共同説の見地では認める（宮本，木村，江家，植田説）。犯罪共同説の立場では否定される（滝川，安平，井上説）。幇助者の故意は構成要件的結果の発生について必要である。

この認識のない場合が「**未遂の幇助犯**」(Beihilfe zum Versuch) であり，故意がないから故意の従犯としては不可能である。たとえば，堕胎の幇助として不能の手段たることを知りながら，有効のものと称して供与するような場合がそれであり，「**仮装幇助**」(Scheinbeihilfe) ともいう。このほか，幇助犯を利用する間接正犯の観念が広くドイツでは認められている。「殺人罪について，妹に依頼されて出産直後の嬰児を殺害した姉の行為は，自己のためにしたのでなくもっぱら他人に加担する意思でしたにすぎないから幇助犯であるとしたドイツの判例（RG・74巻84頁），さらに，連邦最高裁の外国の秘密組織から殺人指令を受け殺人を実行した秘密機関の末端者を幇助者にすぎないとした（BGH・18巻・87頁）。

Ⅲ．幇助の未遂と処分

幇助犯の未遂は正犯の未遂の場合にかぎり，「失敗に終わった幇助」または「効果のない幇助」は「企図せられた従犯」（versuchte Beihilfe）として不可罰と理解するのが通説である。

有形的幇助犯と共同正犯の性格が類似しているので，議論の対象とされるのは「見張り行為」の性格である。判例は，賭博の見張り行為を幇助犯としたが（大審判大正7・6・17刑録24輯844頁），騒擾罪，殺人，窃盗，強盗の見張り行為についてはいずれも共同正犯と解釈している（大審判昭和2・12・8刑集6巻476頁，最高判昭和23・3・16刑集2巻220頁）。

従犯の処罰は「従犯の刑は正犯の刑に照して減軽す」る（63条）。この場合の「正犯の刑」は正犯に対する法定刑であることはいうまでもない。従犯を幇助する場合は従犯であり，「**間接従犯**」（mittelbare Beihilfe）として可罰的と理解すべきである（牧野，小野，木村説，同旨大審判大正14・2・20刑集4巻78頁）。

第5節　共犯の諸問題

Ⅰ．共犯と身分[14]

共犯と身分について，刑法は65条に規定している。身分犯とは，特別の身分又は地位（女性であるとか，公務員であるとか）によってしか犯罪が成立しない行為事情がそなわっていなければならないような罪をいう。「犯人の身分に因り構成すべき犯罪行為に加功したるときは，其身分なき者と雖も，仍ほ共犯とす」（65条1項）。

そうして「身分に因り特に刑の軽重あるときは，其身分なき者には，通常の刑を科す」（65条2項）。この規定の意味づけについて種々の学説がある。それは身分犯に身分のないものが加担した場合，どのように取り扱うかどうか，身分のない加担者に対してどのような刑を科すべきかをめぐってその基準となる規定だからである。

刑法65条1項は，**真正身分犯**（構成的身分犯）とされる。身分とは，犯人の一身的な事情ですが，男女の性別，日本人か外国人か，親族関係かどうか，公務員かそうでないかなどの他，特殊な人的関係の地位または状態をいう。これを

構成的身分という学者もいる。2項は**不真正身分犯**(加減的身分犯)とは,尊属殺人罪における卑属や業務上横領罪における業務者,常習賭博罪における常習者など,これらの身分があることによってかえって,刑が加重され身分のないことが刑を減軽されるものをいう。そういう意味で最近,加減的身分などという学者もいる。2項は不真正身分犯について規定したものと解するのが従来の判例・通説の立場である(大審判大正2・3・18刑録19輯353頁,最高判昭和31・5・24刑集10巻734頁)。

団藤博士は,第1項が非身分者に対する共犯の成立を規定し,第2項は共犯の科刑(不真正身分犯)の独立性を規定したものと解釈する。が,木村博士の第1項は身分によって可罰性が基礎づけられる真正身分者が加功した場合についての規定であり,第2項は共犯関係にある者の間において身分により刑の加重・減軽の相違ある場合を規定したものと解釈すべきであるとする説があるが,木村説をもって妥当とする。なお,この本項の「共犯」の範囲については,共同正犯のほか,教唆犯,従犯も含まれると解釈する。今日の通説である(牧野,宮本,草野,木村,斎藤,植松,佐伯説)。判例もその後この立場に移っている(大審判昭和9・11・20刑集13巻1514頁)。

なお,不真正身分犯において,正犯者がその身分を有せず,教唆者,幇助者がこれをそなえている場合も,その教唆者,幇助者に本項を適用し,たとえば,他人を教唆して,父を殺させた者は,これを尊属殺人の教唆犯とする。判例・通説の立場であるが,これは教唆行為,幇助行為自体を実行行為とみる共犯独立性説の論理的帰結である。

共犯者の中にある者に身分による刑の阻却(人的処罰阻却事由)が存在する場合,他の共犯者にどのような影響があるか。刑法は,この点について規定をもうけていないが,刑法65条2項の趣旨から,これを有しない共犯者には影響しないものと理解すべきである(木村,団藤説)。親族間の犯罪における親族の身分がこれにあたり,一身的刑罰阻却事由ともよばれ,親族の身分をもっている者は,刑を免除されるが,共犯者は処罰されるとするのが,立法の旨意である。親族が主犯のときと共犯のときではその処罰の扱いを異にすべきとする考え方が最近あるが,滝川幸辰は,「正犯になりえない者は,共犯にもなりえない」として,どちらの場合も不可罰を主張しておられたが,最近,平野龍一も,この

場合の身分は，責任身分であるから，常に一身的に効果が及ぶから，たとえ親族が第三者を教唆した場合でも不可罰とされるにいたった。

II．共犯の競合

共犯関係においては，同一人が教唆した後に幇助したり，教唆または幇助した後に共同正犯として加功することがある。これを「共犯の競合」(Zusammentreffen mehrerer Beteiligungsformen) という。この場合に，従犯は教唆犯に対して，また，従犯・教唆犯は共同正犯に対して補充的関係にあるとされる。教唆犯と従犯が競合するときは教唆犯だけが成立し，従犯・教唆犯と共同正犯が競合するときは共同正犯だけが成立する。

III．共犯と中止犯

中止犯は一身的刑の減免事由である。しかし，みずから中止した者でなければならない。

共同正犯の中止犯は，他の共犯者の実行を阻止するか，結果の発生を阻止しなければならない。自分だけが途中で翻意して立ち去っても中止犯にはならない（最高判昭和24・12・17刑集3巻2028頁）。その中止の点とは別に，自からの効果が残らないようにした上で，「離脱」したのであれば，他人の共犯者のその後の責任を負わないのではないか？「**共犯者の離脱**」は中止と区別すべきであるとの論点が浮上してきた。(西田典之・斉藤信治・井田良・船山秦範・川端博・野村稔・長井圓など) 判例も，最高裁平成6年12月6日の第3小法廷で「侵害現在時における防衛行為につき，返撃行為と追撃行為とのさいに暴行の共同意思からの離脱したかどうかではなく……」(刑集48巻8号50頁。なお，前田雅英「共犯からの離脱」(3)「刑法判例百選・I」(4版) 194頁以下) [15]。

教唆犯・幇助犯についても同様で，教唆者・幇助者は正犯の完成を阻止したとき，初めて中止未遂となるのである。

IV．共犯の未遂

共同正犯においては，共同者の一部の者の行為が，結果を発生させるにいたらない場合も，すでに他の者の行為によって結果を生じた以上，共同正犯は既

遂である。共同正犯の未遂は，共同者の実行行為が開始され，しかも，そのすべてが結果を生じさせるにいたらなかった場合に認められる。

　教唆犯および従犯について，その未遂の成立範囲を決定するに，共犯従属性説と共犯独立性説との間で，いちじるしい相違がある。従属性説によれば，教唆犯および従犯の未遂は，正犯者が実行を開始し，しかも，未遂に終わった場合のみ成立されると理解し，独立性説に立てば，共犯者自身の教唆行為，幇助行為が開始されたが，それが功を奏するにいたらなかったすべての場合──被教唆者・被幇助者が実行に着手したが未遂に終わった場合とか，被教唆者が犯行の決意をし，被幇助者がその決意を強化されたが，実行行為に出なかった場合など──に共犯の未遂が認められると理解される。

（１）　牧野英一「共犯の基礎概念」刑法研究13巻429頁所収
（２）　わが国でも「対向犯の理論」は犯罪の成立にかかわる重要な理論として，実務ではよく研究されている（神山敏雄「必要的共犯」刑法の判例（2版）160頁以下）。
（３）　Maurach, a.a.O., S. 499. Baumann, Täterschaft und Teilnahme, Jus 63, 85, S 125; Bockelmann, Die moderne Entwicklung der Begriffe Täterschaft und Teilnahme im Strafrecht, VII Intern. StrPKongreß, 1957, 3 ff., Zimmerl, Täterschaft, Teilnahme, Mitwirkung, ZStW 54, S. 575 f.,
（４）　この理論もドイツでさかんに論議されてきた問題である（Roxin, Zur Dogmatik der Teilnahmelehre in Strafrecht, JZ 66, S. 293；Zimmerl, Grundsätzliches zur Teilmahmelehre, ZStW 49, S. 39 f.）。
（５）　植田重正「共犯独立性説と従属性説」刑事法講座3巻所収
（６）　斎藤金作「共謀共同正犯の理論」刑事法講座7巻466頁以下，草野豹一郎の実務上よりの理論が，今日では，木村亀二，下村康正，西原春夫や行為支配説からも平場安治，藤木英雄，そして平野龍一も賛成論者であり，改正刑法草案には，新しく共謀共同正犯の規定が設けられるにいたった。
（７）　Bockelmann, Gallas Festschrift, S. 266 f. Roxin, Täterschaft, S. 555 f., Maurach-Gössel-Zipf, Strafrecht, S. 234.
（８）　下村康正「共謀共同正犯と共犯理論」（昭和50年・学陽書房），斉藤金作「共犯理論の研究」（昭和28年・有斐閣），斉藤金作「共犯判例と共犯立法」（昭和34年・有斐閣），滝川幸辰「共謀共同正犯」刑法の諸問題所収
（９）　なお，改正刑法26条2項は立法的に「共謀共同正犯」を採用した（小暮得雄「共謀共同正犯の意義」刑法判例百選Ⅰ総論（3版）154頁以下）。
（10）　木村亀二「教唆の未遂」（刑法の基本概念所収），滝川春雄「教唆と間接正犯」（刑事法講座3巻所収）。ドイツでは古くから，正犯との相違，そして従犯との相違が研

究されてきている (Jescheck, Anstifung, Gehilfenschaft und Mittäterschaft in deutschen Strafrecht, SchwZStrR, 56, S. 225.).

(11) 市川秀雄「アジャン・プロヴォカトウール」(刑法演習総論所収) いわゆる「agent provocateur」については，ドイツでも，広く刑法総論の教科書で論じられている。Baumann, Strafrecht, Allg, Teil. §37, S. 586 f.; Stratenwerth, Strafrecht, Allg. Teil. S 890 f.; Schönke-Schröder, Strafgesetzbuch (Kommentar) §26, 16 f. Küper, GA 74, S 321 ff., Küper, Der., agent provocateut" im Strafrecht, Plate, Zur Strafbarkeit des" agent provocateur", ZStW 84, S. 294,

(12) ドイツ刑法学でも多くの文献がある。Class, Die Kausalität der Beihilfe, Stock-Festschrift 1966, 115 f.; P. Merkel, Anstiftung und Beihilfe, Frank-Festgabe II. 1930, S 134 f.; Samson, Die Kausalität der Beihilfe, Peters-Festschrift 1974, 121 ff.; Vogler, Zur Frage der Ursächlichkeit der Beihilfe für die Haupttat, Heinitz-Festschrift, 1972, S. 295 f.; Maurach-Gössel-Zipf, Strafrecht, AT. Teilband 2, 1978, S. 251 f.

(13) Jescheck, Lehrbuch das Strafrechts, Allgemeiner Teil, 5. Auf., 1996, S. 691 f.

(14) 佐伯千仭「共犯と身分」法学論叢33巻2・3号，植田重正「共犯と身分」総合判例研究叢書・刑法(2)所収，斉藤信治『刑法総論』(3版) 269頁以下, 1998)，下村康正「強姦罪と身分のない者の加功」(判例時報416号・83)，泉健子「共犯と身分(I)」刑法判例百選I総論 (4版) 184頁以下 (1997)。曾根威彦,「共犯と身分(3)」刑法判例百選I総論 (4版) 188頁以下 (1997)。

(15) 共犯からの離脱については，鈴木義男「実行着手前における共謀からの離脱」刑法判例II (昭43) 126頁。西田典之「共犯の中止について」法学協会雑誌100巻2号 (昭58) 221頁。長井圓「共犯からの離脱(I)」刑法判例百選 (4版) 190頁 (1997)。

第7章 罪 数 論

第1節 罪数の概念

I. 罪数の概念

　刑法で，一個の行為で一つの犯罪を実現したとき一罪といいます。数個の犯罪行為で独立した数個の犯罪を実現すれば数罪という。しごくあたりまえのことである。ところが，一つの行為で，数個の罪名にふれたり，数個の行為が1つの罪名でくくられる場合がある。その際の行為の個数や結果の個数，犯罪意思の個数などの要因が，いくつかに組み合わさって判断される。その際の基準を決めるのが「**罪数**」である。刑法はこのような関係を規定して「数罪」(45条)としている。

　このように犯罪が一罪か数罪か，単一か複数かを論じて決定するのを罪数論といっている。罪数論は，いかなる基準によって犯罪の単複を決定するかが中心課題である。このような罪数論は併合罪の関係で刑罰論との連関において実益があり，公訴不可分の原則や既判力の範囲で刑事訴訟法にも重要な意味をもつ。すなわち，罪数論が犯罪論のしめくくりとして，その体系論的位置を占めている理由がそこにある。

II. 犯罪の個数

　一人の人間の行った犯罪行為が，一罪であるか数罪になるかの標準については，従来から学説は，**犯意標準説，目的説，行為標準説，法益標準説，構成要件標準説，結果説**に分かれている。

　犯意標準説とは，行為者の犯罪意思の個数によって，罪数を決しようとする立場で，近代学派の当然の帰結である(牧野，木村，市川，江家説)。行為標準説とは，犯罪行為の数によって罪数を論ずる立場であり(山岡，岡田説)，法益標準説とは，犯罪の結果，すなわち，法益の侵害の個数によって，罪数を定めようとする立場であり(宮本，滝川，久礼田説)，構成要件標準説は，構成要件的評価

の回数によって罪数を決定しようとする立場である（小野，団藤，佐伯，宮崎，植松，井上説）。

それぞれの説に体系的苦心の跡がしのばれるが，行為説は，自然行為の個数をもってただちに刑法的評価を経たものとみる点において不十分であり，法益説は，単に法益侵害の結果だけを着目して，侵害の態様を考慮しない点において妥当でなく，構成要件説は，構成要件該当性をもって基準としているが，該当性は単なる刑法的重要性の基準にしかすぎず，犯罪を構成する一つの要素をもって決定することは妥当ではない。

これに対して，犯意標準説をとるわれわれの立場がもっとも犯罪の現実に即している。すなわち，「犯罪意思」は構成要件該当の行為として実現され，違法・有責の評価の対象となる行為の基礎として，犯罪を構成する要素をすべて内含しているからである。したがって，一つの意思によってなされた犯罪が一罪であり，併合罪は一罪の複数であるから数罪ということになる（木村，市川説）。

上の規準に従って，現実に成立した犯罪は一罪か数罪かが判断される。数罪とは，いわゆる「犯罪の競合」（Konkurrenz）の場合であり，併合犯（45条以下）である。一罪は単純一罪と想像的競合および牽連犯がある。その他法条競合および包括一罪がある。

(1) 法条競合

「法条競合」（Gesetzeskonkurrenz）とは，1個の行為に対して，2個以上の刑法の条文が重複している場合で，そのいずれを適用すべきかがそれである。4つの場合が区別される。

(イ) **特別関係**（Spezialität）　一個の行為が一般規定と特別規定に該当する場合である。親を殺したときは普通殺人罪（199条）と尊属殺人罪（200条）が重複するが，特別法が優先するから尊属殺人罪が適用される。

(ロ) **吸収関係**（Konsumtion）　一個の行為に適用されるようにみえる数個の構成要件の中，あるものが他のものに比して完全性を備えている場合，他方を吸収する。吸収犯という。たとえば，殺人罪（199条）が認められるときは，その過程で生ずる傷害罪（204条）は吸収される。

(ハ) **補充関係**(Subsidiarität)　一個の行為が，同時に基本的構成要件と補充的

構成要件とに該当するようにみえるときは，基本的構成要件が優先する。たとえば，傷害罪（204条）が適用されるときは，暴行罪（208条）は適用されない。

(ニ) 択一関係(Alternativität)　一個の行為に，同時に適用されるようにみえる数個の構成要件が，相互に，両立しがたい関係に立つときは，そのいずれか一方のみが適用され，他のものは排除される。たとえば，横領罪（252条）と背任罪（247条）とについては，前者でなければ後者，後者でなければ前者が適用される。

(2)　想像的競合と牽連犯

「想像的競合」(Idealkonkurrenz)は観念的競合ともいい，「一個の行為にして数個の罪名に触れ」る場合（54条1項前段）をいう[1]。

「同種類の想像的競合」(gleichartige Idealkonkurrenz)（たとえば，一発の弾丸で2人を殺した場合）と「異種類の想像的競合」(ungleichartige Idealkonkurrenz)（たとえば，一個の石を投げて甲を傷け，さらに，背後の窓ガラスを破壊した場合）に区別されている。

「牽連犯」とは「犯罪の手段若くは結果たる行為にして他の罪名に触るる」場合（54条1項後段）をいう。たとえば偽造文書を行使して詐欺をする場合をいう。想像的競合と牽連犯にあっては，「其最も重き刑を以って処断す」る（54条1項後段）。判例は最近，さらに，同時に他の法条の最下限の刑よりも軽く処断することはできないとした（最高判昭和28・4・14刑集7巻850頁）。

牽連犯の手段，結果の関係をめぐって主観説と客観説との対立がある。判例は客観説の見解に立って「牽連犯たるには或る犯罪と，手段若くは結果たる犯罪との間に密接な因果関係のある場合でなければならない。従って犯人が現実に犯した二罪がたまたま手段結果の関係にあるだけでは牽連犯とはいい得ない」と説いている（最高判昭和24年7月12日刑集3巻1237頁）。

主観説は，行為者の主観面を重視して，行為者が主観的に犯罪の手段とし，また，結果と解釈するかぎり，牽連犯を認めるべきであって，行為者の意思において総合・統一せられているかぎり一罪と理解せられる（牧野，木村，市川説）。主観説を妥当と考える。

判例によって牽連犯と認められた主な例は，住居侵入と放火（大審判明治43年

2月28刑録16輯349頁），住居侵入と殺人（大審判明治43・6・17刑録16輯1220頁），住居侵入と強盗（最高判昭和23・12・24刑集2巻1916頁），不法監禁と恐喝（大審判大正15・10・14刑集5巻456頁）などがある。最高裁判所は，最近昭和51年の判例で，自動車のひき逃げ行為が，道交法の救護義務違反罪と報告義務違反罪の両者にあたるとして，観念的競合であると判示した。同一人の1回の行動から派生した法益侵害から判断すると，ひき逃げという行動から2つの不作為犯として，これを観念的競合としたのは，しごく妥当であり，市民の常識にもかなうものであると思われる。

(3) 包括一罪[(2)]

ある一つの刑罰規定に触れる数個の行為を全体として1つのものとみて一罪とされる場合をいう。しかし，包括一罪という明確な概念規定は罪数論上ない。従来，「連続犯」（fortgesetzen Verbrechen）として一罪の取り扱いを受けたものと区別するために包括一罪の概念が用いられたのであるが，昭和22年の刑法改正により，連続犯に関する刑法55条が削除せられた結果，区別すべき類似概念（併合罪の加重）が消滅したので，以来もっぱら判例の見解にゆだねられている。

判例において包括一罪と解しているものを分析すると次の六つとなる。

その一は，構成要件の内容たる行為がその性質上反復せられる可能性を包含する犯罪，たとえば猥褻文書販売罪であり（大審判昭和10・11・11刑集14巻1171頁）。

その二は，構成要件がその内容として同一法益侵害の異なった態様を規定している場合，たとえば公務員収賄罪において同一人に対してまたは同一人から賄賂を要求・約束・収賄する場合であり（大審判昭和10年10月23日刑集14巻1058頁）。

その三は，状態犯における違法状態の継続中に状態犯の目的たる行為を繰り返した場合であり（大審判昭和4年12月24日刑集8巻694頁）。

その四は，犯罪行為を決意し，これを実行するにあたり，犯意を継続し，数回にわたり，その目的遂行に必要な行為をした場合であり（大審判大正11年2月10日刑集1巻43頁）。

その五は，人を欺罔して借用証書を騙取し，ついで，その証明に基づき金銭

を交付させた場合であり（大審判明治44年6月13日刑録17輯159頁）。

その六は，児童福祉法34条1項6号の児童に淫行させる行為においてその淫行が数回にわたる場合である（東京高判昭和27年8月13日刑集5巻1539頁）。わが国では，「包括一罪」の立法化がなされたことがある。刑法準備草案がそれで，「同一の罪名に触れる数個の行為であっても，日時，場所の近接，方法の類似，機会の同一，意思の連続その他，行為の間における密接な関係から，その全体を一個の行為として評価することを相当とするときは，これを包括して，一個の罪として処断する」(71条)。改正刑法草案では，規定化は見送られた。なお，不可罰的事後行為とは窃盗犯が，贓物を処分する行為のように，基本的な窃盗の犯罪構成要件に対し，その結果としての贓物に対して行われる行為は独立してみれば，可罰的のように見えるが，主たる窃盗罪に吸収されて不可罰にされることをいう。

III. 犯罪の競合

一人に数罪が成立する場合を「**犯罪の競合**」(Konkurrenz) という。数罪は一定の要件のもとに併合罪とされる(45条)。一罪とされる想像的競合および牽連犯がこれである (54条)。

IV. 犯罪形態論と刑罰量定論としての罪数論

犯罪形態論としての罪数論は，主として客観主義の見地から犯罪を基礎として刑罰を論ずるものであり，したがって犯罪の量に応じて刑罰を重くしようとするものであるが，刑罰量定論としての罪数論は，もっぱら主観主義の見地から犯人の危険性 (Gefährlichkeit) を基礎として刑罰を論ずるものであり，したがって犯罪の量は単にこの犯人の危険性を判定する情状の一要素にすぎないとするものである。ゆえに，客観主義の見解からは，罪数論は刑罰決定の前提として必然的に重要な意味をもつが，主観主義の立場からは罪量そのものは直接犯人の危険性に関係しないから，相対的な意味にとどまることになる。この両者の見解を徹底していくと，客観主義は，いわゆる「犯罪の数だけの刑罰」すなわち併科主義が要求され，主観主義の理念としては罪数論は無用となり，吸収主義に到達することになる。

欧州における刑罰史をつぶさに分析すれば，罪量による刑罰観はしだいにその意義を失ってきている事実は科刑の対象が漸次客観から主観へと転向する傾向を物語っており，不定期刑，保安処分と刑法は法定刑主義を脱しつつある。犯人の危険性は科学的客観基準の量刑論に基礎をおくことになるから，罪数論それ自体，犯罪形態論から刑罰量定論へと漸次移りつつあることを忘れてはならない。わが刑法改正草案は将来のあるべき罪数論として吸収主義の原則に立っていることを明記しておく。

（1）団藤重光「観念的競合の処断刑」判例タイムズ4号，虫明満「罪数」『基本問題セミナー刑法Ⅰ総論』（1992・一粒社）332頁以下，林幹人「罪数論」『現代的展開Ⅱ』272頁，鈴木茂嗣「罪数論」『現代刑法講座3巻』284頁。最高裁は，昭和49年の大法廷判決で観念的競合を認めた（最高裁(大)判昭和49年5月29日刑集28巻4号114頁）。香川達夫，判例評論303号61頁。宮野彬「牽連犯か併合罪か」刑法判例百選Ⅰ（4版）204頁，1997。山火正則「共犯と罪数」刑法判例百選Ⅰ（4版）212頁，1997。

ドイツにおいても，Günther Jakods, Strafrecht, Allgemeiner Teil, 2. Aufl., 1991, S. 917 f. Klugbardt, Die Gesetzgebung Zur Bekämpfung des Terrorisums aus strafrechtliche-Soziologischer Sicht, 1984; Lenzen, Die besondere Schwere der Schuld,; des § 57 a StGB in der Bewertung durch die Oberlandesgerichte, NStZ 1983, S. 543 ff.; Lippold, Die Konkurrenz bei Dauerdelikten als Prüfstein der Lehre von den Konkurrenzen, 1985, などで，Die Idealkonkurrenz und die Realkonkurrenzを詳細に論究している。

（2）木村亀二「包括一罪」法律学演習講座刑法244頁以下。最高裁は「狭義の包括一罪」を認めた（最高判昭和61・7・17刑集40巻5号397頁参照）。鈴木茂嗣「包括一罪か併合罪か」刑法判例百選Ⅰ（4版）202頁（1997）。香川達夫「包括的一罪」総合判例研究叢書刑法(13)，山火正則「包括的一罪」判例刑法研究(4) 271頁以下。

第3編 刑罰論

第1章 刑罰の基本概念

第1節 刑罰の本質

　犯罪はどのようにして発生し，いかにして克服されるべきか。現代刑罰論の研究はここより出発する。

　「**刑罰**」(Strafe)とは，犯罪に対する法律効果として，国家によって，犯人に科せられる一定の法益の剥奪である。これが通説の見解である。

　「刑罰の本質」(Strafe-Wesen)は，「人間」(Menschen)そのもの，あるいは，なぜに人間が同じ人間を罰するかという人間に課せられた永遠の根本命題である。

　それは，社会の構造とその歴史的位相によって，具体的内容と姿を変えながら，常に流動(flüssig)してやまない。したがって，刑罰は動能的視点より考察しなければならないのはいうまでもない。なお刑罰の本質について，基本的な見解の対立がある[1]。このことについてはすでに述べたが，従来の「刑罰理論」(Straftheorie)においては，刑罰の本質・本質目的と刑罰事実・偶然目的とは明確に区別して論ぜられていたとはいえない。

　刑罰の本質の問題は，刑罰がその本然の姿において何かの問題であり，刑罰がいかにあるべきかの問題であるから，刑罰の当為の問題である。したがって，刑罰の本質の問題はその事実の問題，存在の問題と区別せねばならない。歴史的・心理的等の存在の事実としては刑罰は政治的闘争の手段であったし，加害の道具であったし，財政的収益の源泉であったし，また，そうであることが可能である。しかし，それは刑罰の歴史・心理学・社会学の問題であって，刑罰

の本質の問題ではない。したがって，刑罰の本質はその事実によって論証することも，反駁することも，論理的には許されない。

また，刑罰の本質たる目的についても，本質的な目的と偶然の目的を区別せねばならない。本質的な目的は刑罰そのものに必然的に内在し，刑罰があらねばならない当為としての目的であり，偶然の目的とは，歴史的・心理的・社会学的事実としての目的である。したがって，両者を混同することは許されない。刑罰の本質の問題は刑罰の本質目的の問題であり，その意味において，刑罰の本質の問題は，同時に，その「目的」(Zweck)の問題であることを認識しなければならない。

I. 応報刑論と教育刑論

刑罰の目的は，刑罰それ自身に在るのではなく社会を保全する目的(社会防衛のための目的的処理)とする思想が犯罪者処遇の実践上から起こってきた。これは犯罪者に効果のない応報のみが刑罰の質と量とを決定する思想に対する刑事政策的な要請でもある。これが，刑罰における目的ということを積極的に意識した近代学派，すなわち**「目的刑主義」**(Theorie der Zweckstrafe)の誕生である(リストの刑事政策学派)。

応報刑を否定して目的刑を主張した者は，先にみたリストであった。リストは今を去る60余年前「刑罰という概念は矯正と保安拘禁(保安処分)にとって代わられるだろう。そして，犯罪と精神病とのあいだの概念的な障壁は消え失せるだろう」[2]と将来の刑罰の在るべき姿を予言した。

最近，わが国における実践刑法はもとよりのこと，1948年のイタリア憲法は「刑罰は，人道の感覚に反する取扱であってはならないし，受刑者の再教育を目的とするものでなければならぬ」(27条2項)と規定し，ドイツ憲法も「刑罰の執行は共同的な生産労働により矯正可能者を教育するという思想に基づいてこれを為す」(137条)と明文をもって規定している。このことは，広く諸国で見るところである(世界人権宣言5条，国連「被拘禁者処遇基準最低規程案」1項，チェコスロバアキャ刑法17条2項，ユーゴ刑法51条2項)。

このようにして，最近の目的刑論は，犯人の再教育によって再び社会人に復帰させることを本質とするがゆえに，刑罰は犯罪をなしたからではなく，犯罪

をなさないように科せられるのであり，教育刑をより積極的目的とする**「教育刑論」**(Theorie der Erziehungsstrafe)へと進展している(3)。教育刑は，したがって，犯罪者を対象とする特殊教育すなわち，**「矯正教育」**(Corrective education)を意味するのである。

　従来の応報刑の理論は「悪いことを悪いと知りながら敢えて行為する」ところに道義的な非難が生じるのであり，その「非難」を体現したものが刑罰であった。だから，刑罰と責任は意思の自由を欠くところには生じない。また責任能力のない者には責任非難は生じない。しかし，精神医学の発達は，責任無能力とされるべき精神障害者と正常人との間に広い中間領域の存在することを教えた。非難としての責任という考えを貫くならば，このように能力の劣っている者に対しては，その程度に応じて刑を減軽すべきことになる。

　しかし，犯罪者処遇としては刑罰を軽減しただけでは十分ではない。そこで，犯罪性精神障害者の処遇を論ずるについては，まず精神障害者のうち，どの程度の割合で犯罪的危険性を有するものが存在しているか，また犯罪者のうちにどの程度の割合で精神障害者が含まれているかを的確に把握しなければならない(4)。

　現在，全受刑者の13.0%が犯罪性精神障害者であり，それは通常の自由刑に服することになっているが，犯罪性精神病者の中には，強い犯因性素質により，発病前からすでに窃盗・恐喝等の財産犯罪を反復していたものの少なくないこともまた指摘されている(5)。このようなものは，病気を治療しただけでは犯罪的危険性を除去することができないし，他方矯正施設内での反則事故もこれらの者に多い。そこでこれらの者に対して，純医療的行政上の措置ではなく保安処分が必要になってくる(6)。

　応報刑の理論はさらにまた，危険な常習犯罪者についても，いくども犯罪を重ねることによって規範意思が鈍麻しているはずだから，是非善悪を弁別しその弁別に従って行為に出たかというとそうではなく，そのため，危険な常習者でありながらかえって刑を軽減しなくてはならないという奇妙な結果となる。この場合，「危険」な常習者だから刑を加重すべきだとすれば，それはもはや応報刑の理論ではなく，目的刑であり保安刑だといわなければならない。

　したがって，その処遇は，これを応報刑と違ったディメンションでなんらか

の目的に則して刑事政策的に処遇する以外になくなる。そこで考えられる刑罰以外の別の処遇を保安処分というならば，従来の応報刑の立場からは，刑と保安処分の「二元主義」（二元論，Dualismus, Zweispurigkeit）にならざるをえないが，それでは刑罰の本質からみて，異質の保安処分を導入することは，応報刑としては純粋ではなくなり，一種の妥協を試みたことになるのである[7]。

これに対して，教育刑の理論（目的刑論）は，犯罪者（犯罪的精神障害者・常習犯・非行少年を含む）の「危険」（Gefahr）または「危険性」（Gefährlichkeit）に着眼して[8]，適切な防衛方法を講ずればよいのであって，この反社会的悪性に対する一つの防衛手段が刑罰であって，刑罰という方法が当該犯罪者の矯正・再社会化に適当でなければ，それに代わるもう一つの防衛手段たる「保安処分」（Sichernde Massnahmen）の機能を発揮させるのである。

その意味で，刑罰も保安処分も社会防衛手段としては本質的には同質のものであって，機能的に分化しているにすぎない。したがって，ここに，いわゆる刑罰と保安処分の「一元化」（unification）または「一元主義」（一元論，Monismus, Einspurigkeit）が誕生するのである。

刑罰は，人間の意思のもつ法則性を利用して将来犯罪者および一般人に対して同じような事態が起こった場合，今度は犯罪が行われないような新たな「条件づけ」を行おうとするものにほかならないと最近の学説は教えている[9]。このように刑罰を実践上の問題として展望的に考察することになってきているのである。

さらに最近では，一歩を進めて，グリュック（S. Glueck）は刑罰の基本原理を「社会はその内部における破壊的分子に対して，自己を保全するために，あらゆる科学的方法を利用しなければならない。しかも，そのような社会保全と矛盾しないかぎり，個人の自由な生活に対する干渉をできるだけ少なくしなければならない」として，刑罰の目的は何よりも社会保全であるとしている。そのために，グリュックは経験法学的見地から，刑罰の「抑制」（Deterrent）・「予防」（Preventive）の効果を認め，精神医学，心理学，社会調査等の科学的方法によってその合理的調節と効果の増幅を図ることによって，「刑事・矯正処遇の科学的個別化」を力説している[10]。

II. 刑 罰 権

(1) 「刑罰権」(科刑権, subjektives Strafrecht) とは, 犯罪に対して, その犯人を処罰することができる国家の権能をいう。概念上は抽象的な一般的刑罰権と具体的な個別的刑罰権がある。個別的刑罰権は,「刑罰請求権」(Strfanspruch) ともよばれる。この個別的刑罰権に対応して, 犯人は「刑罰受忍義務」(Strafduldungspflicht) を負担する。そこに特別権力関係が生じる。個別的刑罰権それ自体は概念的な存在にすぎない。

実際には, 刑罰を執行するためには裁判所によって, 犯人に対する有罪の判決が下されそれが確定することが前提である。この意味において, 刑罰権は, さらに未確定の段階における観念的刑罰権と確定した段階における現実的刑罰権とに区別される。前者の段階は裁判による刑罰の適用の段階であり, 後者は確定した刑罰の執行の段階である。

(2) 「処罰条件」(客観的可罰条件, Strafbarkeitsbedingungen) とは刑罰権発生の例外である。すなわち, 犯罪の成立があれば, ただちに刑罰権が発生するのが原則であるが, 例外として犯罪の成立があるにもかかわらず, これに対する刑罰権の発生が他の事由に条件づけられる場合である。たとえば, 事前収賄罪において, 公務員または仲裁人となったことなどがそれである (197条2項)。処罰条件の概念を認めるのが通説であるが, これは一定の政策的理由から設けられたものであって, 犯罪成立要件とは無関係である。

次に,「処罰阻却事由」(Strafausschliessungsgründe) に移ろう。処罰阻却事由は, 犯罪は成立しているが, 一定の事由の存在によって, 刑罰権の発生が妨げられる事由で, とくに, 行為者の一定の身分関係が存在することなので, とくに「人的処罰阻却事由」(Persönliche Strafausschliessungsgründe) ともいう。たとえば, 親族による犯人蔵匿および証憑湮滅罪 (105条) などである。

なお, 処罰条件と区別されるものとして「訴訟条件」(Prozessvoraussetzungen) の概念がある。これは, 親告罪における告訴のように, 訴訟法上, 訴訟を追行するための実体裁判条件であって, 実体法上の刑罰権とは異なる。

III. 刑罰の主体

刑罰は「一身専属性」(Personnalité des peines) の原則といって, 犯罪行為を

行った者自身に対して法的効果としての刑罰を科すのが原則である。

しかし，例外として，他人の行為によって罰せられる (Haftung dritter Personen) 場合がある。「行政刑法」(Verwaltungsstrafrecht) に多い。第1に，家族，雇人，同居人その他の従業者の行為について，その営業者を処罰し，またはその営業者の法定代理人を処罰する場合である（東京高判昭和26年9月12日刑集4巻1169頁）[11]。第2は，法人に刑事責任を求める場合，すなわち両罰規定のある場である（所得税法72条）。ドイツにおける多数の判例も少年の就業に関する規定，営業に関する規定に法人の責任を認めている[12]。これらについてはすでに述べたとおりである。

IV. 刑罰の機能

刑罰の機能は次の3つに対して考えられる。(1) 犯人に対する機能，(2) 社会に対する機能，(3) 被害者に対する機能である。

(1) 犯人に対する機能としては，「社会離隔」(Ausscheidung) と「社会的適合」(Anpassung) である。これを犯人に対する「特別予防」(Spezialprävention) という。社会的適合とは，刑罰によって犯罪者の反社会性を矯正して，社会生活に適合するような性格と行状を作りかえることである。単なる威嚇手段としての刑罰から一歩進んで，刑罰が犯人に対する「矯正方法」(Besserung) であり「教育方法」(Erziehung) に発展するところに刑罰あるいは行刑の矯正的意義が高く評価されるにいたっているのである。

「社会離隔」は従来から刑罰が内在する機能であり，社会に対する侵害を不可能にするために，犯罪者を一時的にあるいはまったく社会から隔離する一種の排害作用であるが，その間に矯正の方法を講ずるのを忘れてはならない。

(2) 社会に対する機能としては，刑罰のもつ苦痛による「一般予防」(Generalprävention) によって一般社会人が犯罪に陥らないように予防し，同時にまた犯罪者に対する一般社会人の応報感情を満足させることができる。

(3) 被害者に対する機能は，刑罰によって被害者の法益侵害行為を国家が看過していなかったことを示し，さらに被害者に代わって等価的苦痛としての刑罰を科すことによって応報感情の満足を与えることができるのである。今日ではその被害者についての科学的研究が進み「被害者学」(Victimologie) が体系化

されている(13)。

刑罰の機能はこのように３種の作用を営むものであるが，目ざすところは社会の秩序を維持することであり，刑罰の純化とその調和である。したがって，刑罰は社会保全を全うすると同時に受刑者個人の法益剥奪を最少限度に止めねばならない。刑罰の重かるべき者に軽きは公共の福祉を全とうするゆえんではなく，また，本来，刑罰を軽くすべき者に重きは，不当な残虐な刑罰といわなければならない。

第２節 刑罰の種類

刑罰は「生命刑」(Todesstrafe)，「身体刑」(Körperstrafe)，「自由刑」(Freiheitsstrafe)，「名誉刑」(Ehrenstrafe)，「財産刑」(Vermögensstrafe)などがある。現在，わが刑法は９条に死刑のほか，自由刑として，懲役・禁錮・拘留，財産刑として，罰金・科料・没収を認めるだけである。この７種類のほかに刑罰は存在しない。この条文の序列のとおりに重い。

免職，停職，減給，戒告などの「懲戒罰」(Disziplinarstrafe)としての公法上の処分や，「秩序罰」(Ordnungsstrafe)としての過料，あるいは，行政上の処分である，選挙権，被選挙権の喪失（公職選挙法11条），公職，その他の業務の資格喪失（国家公務員法38条，学校教育法９条，弁護士法６条）など刑罰ではない。

生命刑は，人の生命を剥奪する絶対的刑罰である死刑を指す。身体刑は，人の身体を傷つけ苦痛を与える，笞刑，黥刑などの刑罰である。

自由刑は，人の自由を剥奪する，懲役，禁錮，拘留などの刑罰である。名誉刑は，現行刑法では刑としては認めないが，旧刑法に規定されていた剝奪公権，停止公権など人の権利を剥奪する刑罰である。財産刑は，一定の財産を罰として剥奪するもので，罰金，科料，没収がある。

刑罰史上，かつては，生命刑と身体刑が，刑罰の主役を演じていたが，今日では，自由刑と財産刑がこれにとって代わっている。生命刑すなわち死刑もしだいに制限あるいは廃止され，「残虐な刑罰」といわれる身体刑も地球上からほとんどその姿を消した。ここに刑罰の進化ということを考えねばならない。

俗に「体刑」と今日でもいわれるが，これは自由刑を意味し，身体刑を指す

ものではないことを付言しておく。

I. 死　刑

「死刑」(Todesstrafe) は，人の生命を剝奪する永久的・絶対的排害処分であり，刑罰のうちで最高刑である。

わが国においては，死刑は監獄内で絞首して執行する(11条1項，監獄法71条以下)。死刑の言渡を受けた者は執行まで監獄に拘置される。死刑の執行は，法務大臣の命令により密行主義で行う（刑訴477条）[14]。

死刑は人類の刑罰の歴史とともに，火焙り，生き埋め，八つ裂き，牛裂き，車裂き，磔，毒殺と，その姿を変えながら，今日もなお絞首，斬首，銃殺，電気殺，ガス殺と続いている。

刑法の進化という視点から，はたして死刑は正当な刑罰であるかが問題となり，さらに進んで死刑を廃止すべきかどうかを考察されるにいたった。その歴史は西洋においてはそんなに古いものではなく，ベッカリーヤ (Cesare Beccaria, 1738〜1794) の「犯罪と刑罰」(Dei delitti et Delle pene) による死刑廃止論（Abolition）に表徴されるように啓蒙時代以降のことに属する。

わが国の刑罰史をひもとくと，すでに古くは，奈良時代に死刑が停止されていたことが明らかである。

続日本紀によれば，聖武天皇神亀2年12月庚午の詔に，「死者不可生，刑者不可息，此先典之所重也，豈無恤刑之禁，今所奏在京及天下諸国見禁囚従，死罪宣降従流，流罪宣降従徒，徒以下竝依刑部奏」と見えている。

さらに，また，平安時代初期，弘仁13年の大政官符以来，337年間にわたり，死刑が廃止されていた事実のあることはすでに刑法学説史で述べたところである（「類聚三代格」巻20，弘仁13年2月7日の条）[15]。その後の歴史でも，死刑制度は廃止しなかったが実際上死刑が行われなかった記録もある。

江戸時代中期，尾張徳川藩7代藩主宗春の「温知政要」によると「唯刑罪の者は，一旦誤りて後何程悔いても取返しならぬことなれば，吟味のうえ，何度も念を入れ，大事に致すべきことなり。たとえ千万人の中，一人誤りて刑しても天理に背き，第一国持の大なる恥なり。不孝不義竝びに人を殺せし類は其罪顕然なれども，それさへ随分念を入るべし。」とあり，享保15年から元文4年

の春まで，治政十余年間一人の死刑も行われなかったという(16)。

このようにして，死刑廃止論が世界的に起こってきた。その代表者として，トーマス・ナタレ (Tomas Nattale, 1733—1819)，ペスタロッチ (J. Pestalozzi, 1745—1827)，ジョン・ハワード (John Howard, 1726—1789)，リープマン (M. Liepmann, 1869—1928)，カルバート (R. Calvert, 1758-1828) をあげることができる。わが国でも，小河滋次郎をはじめとして，花井卓蔵，牧野英一，正木亮，木村亀二，市川秀雄，向江璋悦，小川太郎，団藤重光，八木国之，宮沢浩一，菊田幸一，斉藤静敬，辻本義男等の名をあげることができる。死刑廃止論の主要点は次の七点に集約することが可能である。

(1) 人間が人間の生命を絶つということは，それが悪人たる犯罪人の生命であるとしても許されることであろうか。洋の東西を問わず宗教は「汝，人ヲ殺ス勿レ」として，人間の手より自殺と死刑を罪悪として取り上げているとする，宗教的死刑廃止論である。

(2) 国家が犯人の殺人行為を否定して，非難する刑罰として死刑を執行することは自己矛盾であるとすること。

(3) 裁判は三審制度（事実審・控訴審・上告審）を採っているが，人間の審判である限り絶対に「誤判」がないことを期待することは困難である，もし，誤判に基づいて一たび死刑の執行をしてしまえば，後日，誤判であることが発見されても，もはや回復不可能な刑（irrevocable penalty）であるから死刑は廃止されねばならないとする(17)。

(4) 刑の執行段階において，死刑はその他の自由刑のように刑に程度の差をつけることができないということである。

(5) 統計上(18)，死刑は一般人が考えるほど社会に対する威嚇力の効果がないことが実証されたことから，殺人という重い犯罪性を矯正する問題は死刑を科するという法規上の「威嚇」（Abschreckung）によっては何の影響も及ぼさないという結論になるのである。

(6) 死刑のもつ機能が犯罪者の社会からの永久的排害処分（Unschädlichmachung）にあるとするならば，これと同様な効果を期待しうる刑事政策的方法はほかにいくらもあること。

(7) 死刑は受刑者に，はたしてどれだけの苦痛を与えるか疑がわしく，その

上，被害者に対する損害賠償の点については，なんらの用もなさないことである。

わたくしは，死刑執行の方法を残酷にしてはならない現行刑法上(最高判昭和23・3・12 刑集2巻191頁)，むしろ死刑に代えて絶対的不定期刑または無期刑にして，その間の労作金を被害者の家族・肉親に対する損害賠償の一端とさせる終身労作罰金刑（仮称）を提唱するものである。

近年，死刑を実際に廃止した諸国の数も増加しつつある。イタリア，スイス，ドイツ以下21ヶ国に及んでいる[19]。

このように，刑罰制度の歴史的発展および世界の動向を検討すれは，死刑はしだいに制限され，廃止されるべき運命にあることは誰しも否定しえないところであろう。理念としては，まさしく死刑廃止論が肯定されなければならない。

しかし，理念は，ただちに現実ではない。刑罰制度は実際の当該社会の文化的発展段階に立脚して論ぜられるべきもので，わが国では，まだ死刑制度の廃止を肯定するところまでいたっていないと思われる。

最高裁判所の判例は憲法31条の死刑を肯認し，憲法36条の死刑は，まさに，窮極の刑罰であり，また冷厳な刑罰ではあるが，刑罰としての死刑そのものが，一般にただちに同条にいわゆる残虐な刑罰に該当するとは考えられないとして死刑を肯定している(最高判昭和24年8月18日刑集3巻1478頁，同昭和30年4月6日刑集9巻663頁)。

しかし，わが国でも死刑制度の廃止が現実化されつつある。「少年法は，罪を犯すとき十八歳に満たない者に対しては，死刑をもって処断すべきときは，無期刑を科す」（少年法51条前段）として，今日でも死刑が廃止されている。これは，死刑廃止の理念が確実に現実化されつつあることを示唆しているのである。

II. 自由刑

「自由刑」(Freiheitsstrafe) は，犯罪者の身体の自由を拘束する刑罰で[20]，懲役・禁錮・拘留の3種類がある。

自由刑が現代刑罰制度の主流をなしている。懲役(Gefängniss)は監獄(刑務所)に拘置して，定役（定期刑）すなわち刑務作業が科せられる。期間は，無期および有期とされ，有期懲役は1月以上15年以下とされている（12条1項）。ただ

し，有期の懲役を加重する場合には20年にいたることができ，これを軽減する場合には一月以下に降すことができる（14条）。

禁錮（Festungshaft）は監獄に拘禁し定役を科さない，無期と有期があり，有期は15年以下とする（13条1項）。禁錮刑に法定されている犯罪が，内乱罪（77条—79条），公務執行妨害罪（95条），騒擾罪（106条—109条），業務上過失（117条2項），名誉毀損罪（230条）などであるところから，通常の犯罪人と異なった，名誉拘禁の処遇をしようとする趣旨であるが，労働をしないことが名誉であるというような時代錯誤的思想は行刑上検討され，さらに実際上，定役を科せられないで長時間拘禁されるほうが受刑者には非常な苦痛であるところから，このような受刑者の苦痛を取り除く意味で監獄法では請願作業が認められているほどである（監獄法26条）。

もちろん，禁錮刑には累進処遇令の適用もない。さらに，教育刑論の見地から，受刑者をただ監獄内に拘禁することをもって満足していた前近代的自由刑に一歩をすすめる再教育と改善刑の目的から，犯人の処遇に有用な一切の要素を取り入れるために，懲役と禁錮との区別を撤廃して，自由刑を単一化しようとするいわゆる「自由刑単一論」（Einheitsfreiheitsstrafe）が，少数の禁錮囚と懲役囚を別途に処遇することの困難性についの実務上の要請とあいまって主張されている。

ドイツではこの点について，1922年のラートブルフ草案（71条）では「名誉拘禁」（Custodia honesta）としての単一刑である「監禁刑」（Einschliessung）を科そうとする提案である（ドイツ刑法改正17条参照）。

イギリス現行刑法は，1948年の刑事裁判法（Criminal Justice Act, 1条）において単一刑としての「拘禁刑」（imprisonment）を採用し，21歳ないし30歳の青年の常習的犯罪人に「矯正拘禁」（Besserungshaft）としての「矯正訓練」（Corrective training）をもって，単一刑の体系（21条）を採用している（イギリスの単一自由刑主義の原則，Prinzip der Einheitsfrecheitsstrafe）。

わが国でも改正刑法準備草案には，教育刑論の主張を入れて，別案にて懲役と禁錮を統一した拘禁刑が採用されていることを忘れてはならない（改正草案別案32条，35条）。

拘留（Haft）は，禁錮とその性質は全く同じで，ただ期間が一日以上30日未

満で拘留場に拘置される自由刑である（16条）。軽犯罪法違反者等行政処分に近く，刑政上の意義は少ない。警察の留置場を刑務所や拘留所に代用しているのが現状である。代用監獄の問題は，近い将来解決しなければならない問題である。

自由刑の執行は，一般に刑の本質にとっての認識手段なのであり，刑罰体系の枠内で関心がもたれる程度であるが，スイス刑法（37条2項）やオーストリア行刑法（1946年の独居拘禁行刑法）を初めとして大多数の国では，自由刑は「累進制度」（Progressvsystrm）に従って執行される。

たいていの場合，いわゆる「累進的行刑」（Progressivvollzug）は，3つの段階で行われるのが普通であるが（たとえば，フランス，オーストリア，イギリス，アメリカ），四段階の執行国もある。イタリアにおいては，第1段階は，独居拘禁における観察段階，次いで第2段階に移り共同作業が行われ，第3段階で，報酬，接見その他に関する特典を特色とし，さらに第四段階で，甦生を意味する社会再編入のための半自由な「中間施設」（Zwischenanstalt）があり，このような施設は，五年を超過する自由刑の場合のみで，それ以下では問題とならない。

このように段階的行刑は，主として社会復帰（Resozialiserung）の任務をもっている比較的長期の自由刑に適用されるので，短期の軽い自由刑にあっては，強力な教育行刑の実施が困難である。そこで，いわゆる「短期自由刑」（Kurzfristige Feriheitsstrafe）の弊害が問題とされている。

短期自由刑は，刑として意味がなく，かつ有害であるとしてその廃止が主張されており，また刑罰の歴史上も，短期自由刑をなるべく少なくしようとする努力がなされてきた。

(1) 短期自由刑の無効果　自由刑の目的の1つである社会からの犯罪人の隔離という見地からすれば，たとえ犯罪事実は軽微であっても，犯罪性なり，反社会性の濃厚な犯罪者が存在する以上，このようなものを短期間隔離するだけでは社会防衛の目的は達しえない。

また，自由刑の積極的目的である犯罪者の改善という見地からは，犯罪者の改善をわずか数カ月で完成するというのは，それ自体無理である。わが行刑累進処遇令が刑期六ヵ月未満の者に適用されないのは，累進による改善効果が期

待できないとされるためであろう。仮に刑の威嚇目的という見地からしても，累入者に短期拘禁がほとんど無意味に近いことは，容易に肯定できるであろう。

(2) 短期自由刑の悪影響　改善効果が期待できないばかりでなく，自由刑に対する畏怖心を麻痺させ，自由刑の執行そのものから生ずる避けがたい悪風感染の弊にそまる場合が多く，かえって，短期自由刑によって本人および社会にとって有害となるからである。

短期自由刑に代わるべき措置として，起訴猶予，刑の宣告猶予，執行猶予がある。これは，監獄に収容することなく，一般社会に生活させつつ，その自律的改善の効果をあげようとする最も合理的かつ効果的なもので，さらにその実効化を図るために，執行猶予者保護観察法（昭和29年法58号）が制定され，再度の執行猶予および保護観察の附加によって，有効適切な措置が確保されつつある。また，罰金刑の代替（改正準備草案56条，ドイツ刑法27条b）も適切な措置だと思われる。

さらに，われわれは一歩を進めて，「自由刑の純化」を深く考えねばならない。

自由刑の歴史をその純化の視点からみるとき，かの1597年に開かれたアムステルダム監獄の門に掲げられた「怖るるなかれ。われは汝の悪行に対して復讐しようとするものではなく，むしろ，汝を善へ導こうとするものである。わが手は厳しけれど，わが心は慈悲に満つ」という標語に表微される囚人における「人間」の発見と教育・改善の理念の宣言以来，行刑および監獄の改良がなされて，今日の教育刑の実践に及んでいる。

わが現行法についてみても，刑法上に執行猶予，仮釈放および前科抹消の拡大として示され（25条，34条の2），刑事訴訟法上に刑の執行停止（刑訴法480条）としてあらわれている。これらはみな，いかにして弊害をともなう自由刑そのものの適用を回避しようとする刑事政策的将来の方向を示唆するものである[21]。自由刑純化の香り高い思想の発現として，「開放処遇」(Open Treatment)を行刑の頂点として，積極的に「社会内処遇」（施設外処遇, extra mural treatment）へ切り替えつつあるところに，行刑の今日の進化を認めるものである。

III. 財 産 刑

「財産刑」(Vermögensstrafe) は，一定の金額を犯罪者から剥奪することを内容とする刑罰で，「罰金」(Geldstrafe) と「科料」の2種類がある。

わが刑法では，罰金は1万円以上とされている。ただし，これを減軽する場合には，1万円以下に降すことができる(15条)。また，科料は，1万円未満である(17条)。しかしこれらの金額は経済事情の変動にともない，今日では刑罰としてはほとんど意味をもたない。そこで，罰金等臨時措置法（昭和23年法律251号)によって，暫定的に，(1)罰金は1万円以上とする。(2)科料は1万円未満とし，(3)刑法各本条の法定刑の多額も原則として50倍に引き上げられている（罰金臨法3条，4条)。

罰金または科料を完納することができない者は，労役場に留置して労役を賦課する（追徴)。労役場は監獄に附置される（監獄法8条)。その期間は，罰金については1日以上2年以下，科料については1日以上30日以下である。

また，罰金と科料とを併科した場合の留置期間は三年を超えることができず，科料を併科した場合の留置期間は60日を超えることができない(18条1項—3項)。

罰金刑の歴史性をたずねれば，古くローマの十二表法の「賠償」(Poena) やゲルマン古法の「贖罪金」(Busse) として現われている。しかしこの時代の罰金刑は私刑罰的性格をもっていたが，部族を異にする者からの侵害について被害者に対する賠償によって罪を贖うとともに，その一部を「平和金」(Friedensgeld) として公に提供するように改められた。いわゆるゲルマンの平和金がこれである。

漸次公刑罰の性質をもつようになり，贖罪金とならんで犯人が国家に納めるべき平和金の額はしだいに増額され，国家的な罰金制度が確立されるにいたった。しかし，古い歴史性を有しながら，刑罰体系の主流となりえなかったのは，自由刑は，罰金刑と違って，直接に受刑者の人格に教育作用を及ぼすのに対し，罰金は，人格とは無関係な所有権に関するものである点において，刑罰の矯正力に欠けるからであろう。

しかし，罰金刑は最近ようやく刑罰として重要性を帯び主体的地位を占めつつある。

理由は五点に要約される。(1) 罰金刑が短期自由刑に代わって広範に適用されることになった。すなわち，罰金の代替現象がそれである。ドイツ刑法では，「刑の目的が罰金刑をもって達せられるときは，自由刑に代えて罰金刑を言渡さねばならぬ」と規定され（ドイツ刑法27条 b）イタリア，スペイン，アメリカ，オランダ，ベルギーなどの諸国にみるところである。

(2) 資本主義の高度化にともなって，財産犯罪が急増し，これに対応して罰金刑の言渡率が他の刑罰に比較して著しく上昇していること。

(3) 資本主義の高度化と生活の不安定化は，ギャンブル等の「射利心」(Gewinnsucht) に基づく，賭博罪・臓物罪・脱税犯等を多発し，これに対しては罰金刑がその効果を発揮する，なんとなれば，とくに金銭的所有慾の強いもの，性格的貧慾者に対してはその人格に強い影響性を与え自由刑以上の効果をもつからである。ドイツ刑法は射利の目的でした犯罪に対しては罰金額の増加または自由刑への罰金刑の併科を規定している（ドイツ刑法27条 a，改正刑法仮案64条）。

(4) 経済の高度化は，法人の発達をうながし，したがって法人犯罪が激増したが，法人を対象とする刑罰は罰金刑しか主体的適用はありえないところから，罰金刑の重要性が再認識されたこと。最近では，企業犯罪や組織体犯罪が多発し，そしてマフィアなどの多国際犯罪組織による，マネーロンダリング現象もあり，これに対する対応としても有効性をもっている。

(5) インフレーションの進行，急激な経済事情の変動等にともなって，罰金刑の効果に内在的変化をきたすことから，「日掛罰金」(Tagesgeldbusse)，「無定額罰金」(unbebestimmte Geldstrafe)（市川博士の創意にかかる）や，「無制限額の罰金」(Geldstrafe in unceschänkter Höhe) など多種多様化が創造的に進展して罰金刑に十分効果を期待できる種類がきめこまかにできあがったこと（1965年スウェーデン刑法1条，デンマーク刑法51条，フィンランド刑法4条）。

罰金刑に教育刑理論の導入をはかる意味において，さらに経済変動に対応して罰金刑の効果を保持する見地から，不定期刑化が刑罰に進行定着しつつある現状にかんがみても罰金刑の不定期刑ともいうべき，「無定額罰金」制度は卓見といわなければならない[22]。

この「無定額罰金」は日掛け制度と結びついて，言渡しをうけた日から，厳

蔥な生活を守らしめることを日々要求され，日々反省の機会を与えられることになるので，罰金刑に欠けていた刑罰の持続性が発揮され罰金刑そのものの教育的効果が発揮しうるからである。

わが刑法では，罰金または科料の言渡しをするときは，その言渡しとともに罰金または科料を完納することができない場合における留置の期間を定めてこれを言い渡す（18条4項）。

改正刑法準備草案では，罰金の延納または分納の制度が考慮されている（同旨ドイツ刑法28条，改正草案4条）。

現行刑法では，罰金または科料を完納することができない者は労役場に留置して労役を科すから，この労役場留置の性格をめぐって，「罰金は財産のあるものは何の苦痛もなく支払えるが，財産のない者は罰金が支払えない結果労役場に留置される。憲法は法の下の平等を認めていながら，かくの如き差別待遇するのは違憲性をもつのではないか」と争われたが，最高裁判所は労役場留置の性格は換刑処分であるが，違憲性はないとした（最高判昭和25年6月7日刑集4巻956頁）。

しかし，別な視点よりやはり問題性がありはしないか，すなわち，短期自由刑の弊害を避けるために罰金刑をもってしたのに，それが完納不能であるからと再び労役場留置の換刑処分か行われたのはやはり不合理である。

この問題について少年法は，「少年に対しては，労役場留置の言渡をしない」と規定して（少年法54条），その執行による弊害を慮って，少年に対しては換刑処分の禁止をしていることを注意すべきである。「拘置を伴わない刑務作業」(Strafarbeit ohne Einsperrung) が罰金を償却し，もしくは，代替自由刑を防止するのに役立っている制度をとっている国がある（スイス，ノールウェー，ペルー，アルゼンチン，ポーランド）。これも注目すべき制度である。

IV. 名誉刑

「名誉刑」(Ehrenstrafe) は，能力刑または資格刑ともいい，一定の資格・権利を剥奪する刑罰である。

選挙権，被選挙権，公務員となる資格などを喪失せしめるもので，一時的と終身的なものと2種類がある。

わが現行刑法は名誉刑を認めていない。しかし，犯罪者予防更生法（同法8条），私的独占禁止法（同法31条3号，4号）など一定の資格の要件として一定の刑を受けない者であることを規定しているものが多い。

名誉刑に関連して，「譴責」(Verweis) と「判決公示」(Öffentliche Bekanntmachung des Urteils) とがある。

譴責処分は刑の執行猶予が大幅に認められた今日，譴責による実刑の免除は必要がなくなった。したがって刑としての譴責は処分としてのそれに勝るものではない。したがって非行少年のような簡単な叱責で十分であると考えられる軽度の犯罪に効果があるが，戦後の少年犯罪の兇悪化と累犯化は譴責処分の無効果を暴露した。これは，社会道徳の低下と保護関係体制の未整備によるもので，譴責処分は教育的改善処分という意味におても，保護監察官・保護司の直接担当制など密度の高い予後指導に裏うちされなければならない。

名誉刑は犯罪者の社会的地位によって，その応報的効果に雲泥の差がある。いったん曝された汚名の印象は，人間の心から抹殺され難い。アメリカでは「ラベリング理論」として，人種的差別の強い国では，とくに大きな問題となっている。

その意味では刑罰の改善目的に反するが，しかし，名誉刑的「判決公示」は社会の名誉ある地位を占ている大臣・国会議員等の職罪について，厳正な国民的制裁を下すために適用されることが必要である。しかしその他の名誉刑は「前科の抹消」が刑法上認められたごとく，純粋な名誉刑は漸次刑法典よりその姿を消していくであろう。現在，名誉刑を認めているのはドイツで「譴責」と「公民権剥奪」のみである。改正刑法仮案は「資格喪失」「資格停止」の名のもとに刑としての復活を図っている（仮案30条）。

V. 不定期刑

「不定期刑」(unbestimmte Verurteilung) とは，自由刑の刑期を定めず犯人の行刑（処遇）上の成績によって定まる，時間的に不定な刑の言渡しである[23]。

不定期刑の概念は多義的であって，時間的に不定な刑 (Zeitlich unbestimmte Strafe) であるとか，時間的に不定な保安または矯正の処置(Zeitich unbestimmte Massregeln der Sicherung oder Besserung) であるとか，さらに法定不定期刑す

なわち，法定刑の分量を全く不定なものにする場合であるとかいわれている。

宣告不定期刑すなわち，宣告刑としての不定期刑で法定刑においては分量を定めているが，宣告刑において分量を不定にして言渡す場合であるとかいわれるが，不定期刑というときは，ヴュルテンベルガー（T. Würtenberger）も指摘するように，「時間的に不定な刑の言渡し」（Zeitlich unbestimmte Strafurteil）を意味する。

不定期刑には，短期と長期とを定めて言渡す「相対的不定期刑」（relativ unbestimmte Verurteilung）と，刑期をまったく定めない「絶対的不定期刑」（absolut unbestimmte Verurteilung）とがある。

わが刑法はいまだ不定期刑を規定するにいたっていないが，刑法改正仮案は常習累犯者に対して，不定期刑を規定している（仮案91条）。

少年法は，非行少年に対して短期と長期を定めた，**相対的不定期刑**を規定している（少年法52条）。不定期刑の作用は，一方に刑の教育的効果を全うするにあるが，他方には，犯人を社会から隔離することにより排害処分として社会保全を全うしようとするにある。少年法は前者を仮案は後者を目的としている。

不定期刑はその歴史性を訪ねれば，アメリカにおいて，とくに重大な意義をもっている。すなわち，不定期刑はアメリカで初めて発達し，現在，34州で認められている[24]。スコットランドの弁護士コンブ（Combe）が，犯人は有用な市民として生活するにいたるまで刑務所に止め置かるべきであるので，裁判官が刑罰の効果を予見することができないのであれば，有罪・無罪を裁判すれば足り，犯人を収容し，教育・労働させ，改善されたかどうかは刑務所および矯正保護委員会が審議して決定すれば足りるのであると主張した。

これは，われわれが主張している刑法から行刑法への重点の遷移を意味し，最近ではさらに矯正保護に延長し重点が移りつつあることの出発点であった。この思想はその後，ワインズ（E.C. Wines, 1806—1879），やブロックウェー（Z.R. Brockway, 1827—1920）にうけつがれ，実践化され，1876年，実験施設としてエルマイラ少年刑務所（Elmira Reformatory）において不定期刑が実施された。以来90年スペイン，オランダ，ノールウェー，スイス等，成人のための自由刑としての不定期刑が実施されて成果を上げ，少年のためには，ドイツの「少年刑法」（Jugend strafrecht）を初めとして，ほとんどの国が不定期刑を規定し

ている[1]。

　なお，わが国においては，最高裁判所は不定期刑は国民の基本的な権利自由を侵害するものではなく，これを憲法違反ではないと判示（最高判昭和24年6月29日刑集3巻1145頁）した。

　不定期刑の意義は，行刑の経過中における教育処遇の進行に従って刑期を量定する点にあるのはもとより，不定期刑の内に「教育刑」（Erziehungsstrafe）の精神が発見され，刑期を最初から定めることをしないという点に存在する。

　不定期刑の制度は，主として保安・教育処分という特別予防の契機の上に構築されている一元主義体系においては，刑の本質上，一貫性をもつが，刑と保安処分との二元主義体系を認めている国においては，不定期刑の制度は問題となる。したがって，二元主義をとる国（ギリシャ刑法93条，スイス刑法14条，ドイツ刑法42条c，イタリア刑法75条以下，デンマーク刑法71条）では二元主義を純粋に貫徹することができず，刑罰と保安処分の目的を達成しようとして刑が多次元性（Mehrdimensionalität）をもち全体系が混濁せざるをえない。

　不定期刑は自由刑から保安処分一元化へと進行する過程の自由刑内部解体現象である。それは二点においていわれる。一は仮出獄の制度が実際において刑を不定期化せしめており，二は保安処分はその本質は不定期主義を採ることである。

VI. 没　収
(1) 没収の概念

　「没収」（Einziehung）は，物の所有権を剝奪して国庫に帰属させる処分である。

　没収は現行法上，「附加刑」（Nehenstrafe）であり，財産刑の一種である（9条）。附加刑は，「主刑」（Hauptstrafe）に附加してのみ科することができる刑罰であるから，没収は有罪判決においてなんらかの主刑を言渡すとき，それと同時に言渡される。没収のみを独立に科することはできない。

　没収を言渡すかいなかは，原則として，裁判所の任意で自由裁量にまかされる。これを，「任意的没収」という（19条1項）。例外的に「必要的没収」がある（197条の5）。

任意的没収のできるものは，(イ) 犯罪行為を組成した物（たとえば，偽造文書行使罪における偽造文書），「犯罪行為」とは，実行行為をいう。「組成した物」とは，実行行為の不可欠な要素をなす「物」を意味する。犯罪組成物件を没収する意味は，社会的危険性を有するそれらの物を取り上げて保安的目的を達しようとするところにある。そこに，没収の保安処分的意味が看取されよう。

(ロ) 犯罪行為に供し，または供しようとした物（たとえば，殺人に用いられた兇器，文書偽造の用に供した偽造の印章），犯罪の実行に不可欠の要素ではないが，実行行為の用に供した物「犯罪供用物件」(Instrumenta Sceleris) であるか，または供しようとして準備した物である。準備したが，実際には使わなかった場合にも没収の対象となる。これも保安処分的意味である。

(ハ) 犯罪行為から生じた物（たとえば，有価証券偽造罪における偽造有価証券），犯罪行為によって得た物（たとえば，故買によって得た贓物），または，犯罪行為の報酬としてえた物（たとえば，堕胎手術に対する謝礼金），これらの物を没収するのは，「犯罪生成物件」(Producta sceleris) や「犯罪取得物件」さらには犯罪に基づく不当な利益を犯人に保持させないようにする意味であることは言うまでもない。

(ニ) 上の(ハ)に記載した物の対価としてえた物（たとえば，贓物の売得金），その対価として得た物については，それが犯人以外の者に属さないかぎり，没収しうるとするのが判例である（最高判昭和23年11月18日刑集2巻1597頁）。

通常，没収の法的性質は，所有関係 (Eigentumsverhältnisse) が主要なモメントになる。したがって，その性質をめぐって学説上争いがある。所有関係における帰属主体の相違によって，すなわち，没収の対象が，「犯人の所有」(Eigentum des Täters) であるときは刑罰的性格の没収，「犯人以外の者の所有 (第3者没収)」(täterfremdes Eigentum) であるときは保安処分的性格の没収というように分類している。

しかし，犯人の所有にかかる物の没収でも保安処分的性格をもつものがあり，その内容はきわめて流動的であって，ある意味では没収は二重の性格(Doppelekarakter)をもつとされる[25]。ドイツにおいても，没収を刑罰（ドイツ刑法40条）とし，保安処分（ドイツ刑法86条1項，152条，295条）と見るのであるが，イタリア刑法（236条，240条），スイス刑法（58条），ギリシャ刑法（76条）は没収を

保安処分と規定している。

　わが国の判例は，没収をもって刑罰としてよりは保安処分と見ている（広島高判昭和29年10月30日刑集7巻47頁，最高判昭和35年10月19日刑集14巻1579頁）。改正刑法準備草案は，没収を附加刑でない独立の処分としている（草案73条）。

　没収の対象となりうる物は，原則として上にあげた物でなければならない。その物は動産・不動産を問わないが，その当該物が滅失した場合はもちろん，その物との同一性が失われたときも，没収することはできない。

　没収を言い渡した裁判の効力は原則として，被告人だけにおよび，第三者にはおよばない。また，第三者に対しても，一般には，没収の執行をなしえないものと解すべきである。

　この「第三者所有物の没収」について有名な判例がある。現行法はその物を没収しうるのは，当該物が犯人以外の者に属しないときに限る。ただし，犯罪の後，犯人以外の者が情を知ってその物を取得したときは，犯人以外の者に属する場合でも，没収することができるが（19条2項），第三者の所有物を没収する場合には，その没収について，所有者に告知・弁解・防禦の機会を与えることが必要である。

　しかしその点についての具体的手続規定はどこにもない。そこで最高裁判所は，昭和37年11月28日の判決で，被告人以外の第三者の所有物の没収について関税法118条1項について憲法29条，31条に違反する旨を判示した（上記刑集16巻1577頁）。この判例は，財産権の保障に関する憲法の精神に従い妥当な見解であろう。この判例を契機として，刑事事件における第三者所有物の没収手続に関する応急措置法（昭和38年法律138号）が制定されたのは注目しなければならない。

　したがって，従来，刑法19条にいう「犯人」とは共犯者をも含み，しかも，すでに確定判決をうけた共犯者はもちろん，まだ訴追されていない共犯者からも没収しうるとしていたが，当該被告人に限るものと改める必要がある。被告人と被告人以外の者との共有物は没収しえないが，無主物，禁制品などは没収することができる。

　拘留または科料のみにあたる軽微な罪については没収を科することはできな

い (20条)。

(2) 没収の効果

没収によって，その物の所有権は国庫に帰属する。その帰属の時期に関しては，判決確定のときとする説と，没収を執行したときとする説とが対立している。前説によった判例もあり（東京高判昭和32年4月26日判例時報115号19頁），準備草案もこの立場を採用しているが（草案76条），刑事訴訟法491条に，相続財産についての没収の執行を認めている趣旨からみれば，裁判が確定しても，なお，没収物が相続財産に入りうることが前提とされるから，現行法上は，後説が正当だと思う。

没収が不可能な場合に「**追徴**」がある。没収に代わるべき一定の金額を国庫に納入すべきことを命ずる処分である。それは刑罰ではなく，附加刑としての没収に準ずる性質を有するものである。

追徴の額は，金額であるときは，その額を指すこともちろんであるが，物に対する場合には，その物の客観的に適正な価格によるべきである（最高判昭和33年4月17日刑集12巻1058頁）。追徴にも任意的追徴と必要的追徴がある。「任意的追徴」が原則であるが，刑法197条の5のように例外的に，必ず追徴される場合が「必要的追徴」である（公職選挙法224条）。

(1) 小野清一郎「刑罰の本質について」滝川還歴「現代刑法学の課題」(上) 1頁以下，木村亀二「刑罰の本質と目的」刑法の基本概念31頁以下，井上正治「現代における刑罰思想」現代法と刑罰199頁以下，佐藤司「行刑理念と行刑建築」(日本行刑の展開，50頁以下，1994)。

(2) Liszt, F., Die Strafrechtliche Zurechnungsfähigkeit, Strafrechtliche Aufsätze und Vorträge, Bd. 2, 1905, S. 229.

(3) 牧野英一「教育方法としての刑罰と法律関係としての刑罰」刑法における法治国思想の展開 (1931年) 473頁以下，Peter-Alexis Albrecht, Jugendstrafrecht, 2. Aufl., 1993, Frieder Dünkel, Jugend strafe und Jugen dstrafvollzug, Band Ⅰ・Ⅱ, 1986. 参照。

(4) 「犯罪白書」(1998年版) 137頁以下，「犯罪白書」1999年版。なお，本書248頁に説論してあるので参照のこと。

(5) 市場和男「精神医学的見地から見た犯罪性精神病者の保安処分について」犯罪学年報3巻 (1965年) 44頁以下。

(6) 平野龍一「矯正保護法」(1963年) 112頁.
(7) 井上正治「現代における刑罰思想」現代法11「現代法と刑罰」208頁.
(8) 木村亀二「犯罪人の危険性」刑事政策の起訴理論173頁以下。Fingrt, Begriff der Gefahr und Gemeingefahr im Strafrecht, Frank-Festgabe, 1, S. 230 ff. 参照.
(9) 平野龍一「人格責任と行為責任」刑法講座3巻10頁.
(10) Sheldon Glueck, Principles of Rational Penal Code; Crime and Correction, 1952, pp. 72-101.
(11) Walter Ostwald, Der Erfüllungsdiener, 1920, S. 51.
(12) Jescheck, Die strafrechtliche Verantwortlichgeit der Personenverbände in Zstw, Bd. 61, 1953, S. 224 f.
(13) 宮沢浩一「被害者学の基礎理論」(1966年) 120頁以下.
(14) 死刑の執行は現在次の7ヶ所の刑場で行われる (東京拘置所, 宮城刑務所, 大阪拘置所, 名古屋刑務所, 広島拘置所, 福岡刑務所, 札幌刑務所である).
(15) 日本における死刑廃止の文献として引用される大政官符はこう記している.「是日。太政官符。応ﾚ定二罪人配役年限一事。而去弘仁九年旨你。犯盗之人不ﾚ論二軽重一。皆配二役所一者。使等偏執二此旨一。未ﾚ定二年限一。罪無二軽重一。命終二役所一。夫絶者難二更続一。死者不二再生一。望請明定二節文一。依ﾚ限駈使。謹請二処分一者。右大臣宣。奉ﾚ敕。夫配徒之輩。既有二年限一。至於二役使一。豊期二終身一。其犯二死罪一。別敕免ﾚ死。宣下十五年為上ﾚ限。」と見えている.
(16) 「元文秘録」(中央大学所蔵古文書) 13輯一巻5頁以下参照.
(17) 花井卓蔵「人誰か過ちなからん, 裁判官と雖も同じ人間である以上は, 一旦の誤断, 無辜となしとはいへない。而して死刑一度執行せられ, 冤罪如何にして救済せらるべきか。幽明既に所を異にす, 冤人遂に訴ふるに道なし。」寺田四郎共著「刑法俗論」199頁.
(18) ドイツにおける1882年から1914年までの死刑宣告数の減少と死刑に該当する殺人事件との相関関係を示す統計は, むしろ死刑の停止によっていちじるしい減少を証明したのである.
(19) 死刑廃止国は次のような国である。オーストリア (1787—現在), ポルトガル (1867—現在), オランダ (1870—現在), スイス (1874—現在), イタリア (1890—現在), ノールウェー (1905—現在), デンマーク (1930—現在), スペイン (1932—現在), 西ドイツ (1949—現在), ヴェネズエラ (1873—現在), コスタリカ (1880—現在), グァテマラ (1889—1936), ブラジル (1891—現在), ニカラグァ (1893—現在), エクアドル (1895—現在), ウルグアイ (1907—現在), コロンビア (1910—現在), アルゼンチン (1921—現在), ペルー (1924—現在), メキシコ (1929—現在), ニュージーランド (1941—現在), トルコ (1950—現在), アメリカ合衆国の次の州が廃止している。ミシガン, ロード・アイランド, ウィスコンシン, メイン, カンサス, ミネソタ, 南ダコタ。事実上, 死刑の行われていない国は, ベルギー, フィンランド, その他, イギリスは死刑は廃止していないが, 1947年の刑事司法法

(Criminal Justice Act) 69条で死刑の懲役への代替が行われている。ソビエト・ロシヤは，1950年1月13日死刑を復活した。

ロジャー・フッド（辻本義男訳）『世界の死刑』（1990年）135頁以下。なお，1991年12月の資料によると，その後の世界の動向は，死刑を全面的に廃止している国が44ヶ国。通常の犯罪について死刑を廃止している国が16ヶ国，さらに死刑は存置しているが最近10年間以上死刑の執行を行ったことがない国が21ヶ国，死刑存置国は106ヶ国となっている（Amnesty International：Act 50/01/1992）。

国連でも，いわゆる「死刑廃止条約」（「死刑廃止にむけての市民的・政治的権利に関する国際規約の第2選択議定書」）（1991年4月発効）が採択された。なお，団藤重光「死刑廃止論（第5版）」（有斐閣・1997），日本の死刑を紹介したものに，Koichi Miyazawa, Die Todesstrafe in Japan, Arthur Kaufmann Festschrift, 1993, S. 729 f.

(20) 自由刑の権利剥奪の限界につき3説がある。(1)身体的自由権に属する居住，転職，移住，職業および集会の自由だけが制限されるとする見解。(2)そのほかに対社会的行動をともなう自由の実現が停止されるとする見解。(3)絶対的自由権以外のすべての自由とする説がある。「拘置」の文理解釈から，結局は身体的自由の拘束にすぎないから一説をもって妥当とする。

(21) 正木亮「新監獄学」（3版）（昭和30年）141頁以下。

(22) 市川秀雄「罰金刑と教育刑理念」季刊刑政2巻1号63頁。

(23) Maurach, a. a. O., S 741 f. 八木国之「不定期刑を契機とする行刑の基本問題点」（法律のひろば17巻12号）37頁以下。Selge, Die Jugendstrafe von unbestimmter Dauet in der Praxis der Rechtsprechung der Jugendgerichte und des Strafvollzuges, MSchrKrim, 62, S. 129 f.；Perers, Die unbestimmte Verurteilung in Jugendstrafrecht, ZStW. 58, S. 567 f.

(24) Marshall, Clinard Art: Prison Systems, (in Encyclopedia of Criminalogy, New York, 1949), S. 384.

(25) Schönke-Schröder, Strafgesetzbuch kommentar, 25. Aufl., 1997, S. 154. わが国において，没収を刑罰とみる見解は，木村亀二「新刑法読本」（全訂増補版）（昭和38年）328頁，保安処分とみる見解，市川秀雄「刑法総論」（昭和30年）457頁，団藤重光「刑法綱要」（昭和37年）390頁，植松正「没収」刑事法講座3巻618頁，桜木澄和「没収の構造について」法学新報70巻7号4頁。

第2章 刑罰の適用

第1節 刑罰権の発生

Ⅰ. 決定刑・処断刑・宣告刑

　刑罰の適用とは一定の犯罪に対していかなる刑罰が言渡さるべきかということに関する問題である。これには「決定刑」・「処断刑」・「宣告刑」の区別が重要である。

　(1) 決定刑とは，刑罰法規の各本条において規程されている刑をいう。

　刑罰を定める立法形式に，犯罪に対して，刑罰を特定することなく，その適用をまったく裁判官の裁量に委ねる「絶対的専断刑主義」(absolut unbestimmte Strafdrohung) と，個々の犯罪に対する刑罰の種類および程度を厳格に示し，裁判官に裁量の余地を残さない「絶対的法定刑主義」(absolut bestimmte Strafdrohung) と，刑罰の種類・分量について相対的に規定し，一定の範囲内で裁判官に宣告すべき刑を裁量させる「相対的法定刑主義」(relativ bestimmte Strafdrohung) とがある。

　これは刑罰の近世における発展段階に照応している。近世初頭，啓蒙主義思想と罪刑法定主義の台頭により，法定刑主義が唱ばれ，近代刑法の基礎が固まった段階におよんで，絶対的法定刑主義から，裁判官の現実に適した裁量の余地を認める相対的法定刑主義へと移行し，法実証主義 (Gesetzespositivismus) にうらづけられる20世紀の近代学派の目的刑の思想によって，構成要件に拘束されたところから現実に適合するよう裁判官の量刑の裁量行為を広汎に認めようとされるにいたった。

　わが現行刑法は，かような思想的基盤に立って，裁判官の裁量に委ねる範囲を相当広汎なものとしている (199条，204条)。牧野博士は，これを「第二の専断主義時代」とよんでおられる。

　(2) 処断刑とは，裁判の際，特定の犯罪事実に対し法定刑を選択し，法律上または裁判上の加重減軽を加えたものをいう。刑法では「刑の減軽」といって

「減刑」とはいわない。文字の使い分けに注意すべきである。

　法律上の刑の加重事由には、「併合罪加重」と「累犯加重」とがある。法律上の刑の減軽事由には、「必要的減軽事由」と「任意的減軽事由」とがある。前者には、従犯減軽（63条）、心神耗弱による減軽（39条2項）、いん啞による減軽（旧40条後段）、中止犯（43条但書）がある。後者には、未遂（43条本文）、過剰防衛（36条2項）、過剰避難（37条1項但書）、法の不知（38条2項）などがある。

　裁判上の刑の減軽事由とは酌量減軽である。裁判上の刑の加重事由は法概念としてはない。少年法51条及び52条に見る「死刑をもって処断すべきときは無期刑を科し、無期刑をもって処断すべきときは十五年以下の懲役を科す」べきものとしているのは処断刑の典型である。

　(3) 宣告刑とは、特定の犯罪事実に対して裁判所が現実に言渡す刑である。宣告刑は絶対的に決定するのが原則である。

　現行刑法は、宣告刑が絶対的に決定されて宣告されることを予定している。「仮出獄」・「刑の執行猶予」の制度がそれを物語っている。このように、裁判所が刑期を一定して宣告する制度を絶対的決定主義といい、その刑を「確定宣告刑」または「定期刑」という。

　これに対し、刑の失効の実際にあたって、刑期を定める制度を相対的決定主義といい、その刑を「不定期宣告刑」または「不定期刑」という。

　現行刑法は定期刑を原則とし不定期刑はとらない。ただ、少年法においては、すでに相対的不定期刑が規定されている（少年法52条）。なお「絶対的不定期刑」および「相対的不定期刑」についてはすでに述べたところである。

II. 刑の量定

　刑をいかに「量定」（Strafzumessung）して犯罪者に科するかというのは実践刑法上、きわめて重要であるばかりか、刑法理論の近代派と古典派の対立の縮図でもある[1]。

　刑の量定は、裁判官の自由裁量に委ねられている。犯罪の具体的情状は千差万別であって、法律の一般的規定をもって一律に処理しがたいものであり、それぞれの犯罪に適した刑は、結局、裁判官の個別的判断にまつほかはない。しかし、自由裁量とは、もちろん、裁判官の恣意を許す意味ではない。裁判官は、

あくまでも，個々の具体的犯罪に適した合理的な刑の算定に努力すべきであって，科学的客観的な量刑基準を測定し，犯罪者に対して改善に必要にして十分な刑罰を科することが「刑の個別化」についても一貫した科学的探究の道が開けるからである。

わが現行刑法は，刑の量定について規定していない。

したがって，刑の量定の基本的態度について古典学派と近代学派との間に対立がある。

古典学派は，刑罰の程度は犯罪そのものの程度によるべきで，客観的な犯罪結果に対して応報的非難が中核となる刑罰を科そうとする傾向が強いのに対し，近代学派は，犯人の社会的危険性と犯人の改善・教育の目的が達せられる時期は裁判官はあらかじめ計量予測し得ないし，量刑は要するに刑罰の効果に対する単なる見込みにすぎないから不定期刑を採用すべきであるとする傾向が強い。

私は，この点について，量刑は犯罪者の性格を形成した要因(Factor)としての人格や環境の調査をする機関―判決前調査の制度―を設け，「科学的量刑基準」および「量刑予測」を行刑の処遇の視点から決定し，それに基づく科学的量刑をなすべきでり，その量刑は処遇の段階で修正されることが望ましい。

したがって現行のように裁判官が判決を下したときに犯人の社会的非難が終わるのではなくして，裁判官の任務は判決を下したときに始まるのである。そのためには現行の刑事訴訟手続を事実認定の段階と判決前調査の主体となる刑の量定の段階に分けることが立法論的に必要である。そうしてそれは漸時，不定期刑化していく過程の科学的量刑の姿となるであろうし，保安処分の基礎的判定基準となるであろう。

諸外国の刑法について，量刑の一般原則を考察すれば，スイス刑法(63条)はその応報主義による責任刑法に立却しながらも「裁判官は犯人の責任によって刑を量定する。裁判官は，責任者の動機，経歴および個人的事情をしん酌する」と規定しており，オーストラリア刑法 (32条) は「法律が犯罪の性質および犯人の人格に従って規定しているところよりも，重からず，また軽からぬように刑を量定すべし」と規定しており，その刑法中に刑の量定にとって重要な要素――責任・動機・原因・結果・犯人の経歴およびその身許関係――が規定されており，特別な減軽権（ausserordeutliches Milderungsrecht）を設けて限界づけ

られた「刑量」(Strafsätze) を有す刑の枠が流動的 (fliessend) に表示されている。

「刑法の本場」(Patria del diritto penale) であるイタリア刑法 (133条) は，非常に広い刑の量定事由により，犯罪のための刑法の基礎を6分の1，3分の1，2分の1引き上げ，もしくは引き下げるという形式で，刑の量定を計算する算術の体系 (das System einer Strafzumessungsarithmetik) を創造している。

ポーランド刑法 (54条) には，「裁判所は自由な裁量に従って刑を量定する。この場合とりわけ犯人の動機，その行為方法，その被害者に対する関係，その精神的発育の程度，その性格，その経歴ならびにその犯行後における行状をしん酌する」と規定してある。刑の量定に関する理由は，例示的にのみ列挙されている。

イギリスは，刑の量定に関する一般原則を認めず，ただ単に残酷な刑を禁止している「権利章典」(Bill of Rights) が指示されているだけである。

アメリカにも刑の量定に関する一般原則はなく，裁判官は自由な裁量に従って刑量を定める。もっとも多くの州では，陪審が刑量を定めている。

わが改正刑法準備草案 (47条) は，「刑は，犯人の責任に応じて量定しなければならない」として，いわゆる「責任主義」(Schuldprinzip) を標榜しているが，その2項では，「刑の適用においては，犯人の年齢，性格，経歴および環境，犯罪の動機，方法，結果および社会的影響並びに犯罪後における犯人の態度を考慮し，犯罪の抑制及び犯人の改善更生に役立つことを目的としなければならない」と規定して，目的刑論の立場に立っている。将来の刑法の姿を示しているのみならず，現行法のもとでも尊重されてしかるべきものである。

現行の刑の量定については，刑法に直接の規定がない以上，間接的に起訴便宜主義に関する刑事訴訟法248条の起訴猶予の標準を参考にすべきである。

(イ) 犯人の性格，年齢および境遇，(ロ) 犯罪の軽重および情状，(ハ) 犯罪後の情況をあげている。罰金の量刑については，もちろん犯人の資産状態も考えなければならないだろう。

III. 犯罪の予測（早期予測・処遇予測・再犯予測）

〔1〕 予測の必要性

量刑を決定する場合，従来，裁判官は，犯人の過去の境遇・行状とか，犯人の性格，犯罪の軽重や情状，犯罪後の情況に基づいて，将来何年間矯正処遇を科せば，犯人の危険性が除去されるかを，裁判官の個人的経験などによって漠然とした見込み，ないしは刑罰の効果に対する予見で判決を下すのが一般であるが，これは裁判官の自由裁量であるだけに，はたして客観的科学性をもって算定したものといえるか問題の存するところである。これを研究するのが「**判決時予測**」（**量刑予測**，Strafzumessungpräokkupation）である。

判決時において行刑中の受刑者の行状や釈放後の環境など一切不明であるから将来どうなるかの予測は大変むずかしいが，刑の量定をする場合にはどうしても科学的一貫性をもった基礎基準として必要である。なお保安処分の科学的判定基準にとっても，きわめて重要な基礎資料を提供することにもなる。

その必要性は，裁判官が量刑にあたって，犯人の将来的犯罪への危険性を予測し，再犯の予測がつくかぎり，「危険性をもつ矯正されざる犯人」にほかならないから，これに適合した適切な処分をしなければならないのみならず，わが刑法は「保護観察」（Schutzaufsicht, probation and parol supervision）を認め，「刑の執行猶予」を認めているから，その判定にも是非必要である。さらに，少年法ではすでに述べたように不定期刑を認めているから，その長期・短期の決定においても必要である。

〔2〕 犯罪予測の歴史性

犯罪の予測が理論上問題とされたのは，1840年代，ウィーンの医師ガル（Gall）の創始した身体的類型法に基づいて，ベルリンの青少年の窃盗犯の予測調査にその歴史的萌芽がみられる。

ドイツのガウプ（Gaupp），グルーレ（Gruhle），アシャッフェンブルグ（Aschaffenburg），ビルンバウム（Birnbaum）等の精神医学者がこれに続き1920年代には，犯罪者の行動予測を研究目標にした。医学者が多かったので，医学では予測という言葉の代わりに，「診断」（Diagnose）に対応する「予後」（Prognose）という用語を導入して，犯罪者の「社会的予後」（Soziale Prognose）

という観念を確立して犯罪生物学的全体評価法の集大成をみた。世に犯罪生物学派というのはこれである。

この系譜に属する刑法学者として，アドルフ・レンツ（Adolf Lenz），エクスナー（Exner），メツガー（Mezggr）がいる。わが吉益脩夫博士が初めてこれをわが国に紹介され，さらに独自の予測法を創始された。ドイツの予測研究方法は多分に犯罪者および犯罪行動の類型化に注目し，全人格的ダイナミックスを強調することによって可変因子の全大的評価法に特色があり，多分に直観的・思弁的要素が混入している。

ドイツにおいて，科学的犯罪予測が確立したのは，フィールシュタイン（Vierlstein）によってバイエルンのシュトラッビング刑務所の受刑者に犯罪生物学的診査が試みられてからである。行刑累進処遇の実施とともに，他の刑務所でも試みられるにいたり，今日ではこれによって，受刑者が改善可能か否か，予測が疑わしいものであるか否か判定されている。この系譜につらなるものとしてイギリスの1955年，**再犯予測**の独特な予測因子を抽出し，精度の高い予測法を開発したマンハイム（Mannheim）とウィルキンス（Wilkins）がいる。

これに対し，アメリカでは，1915年，ヒーリー（Healy）によって，純粋に経験的・実証的な犯罪者の追跡的研究（Follw up Study）と測定（Measurement）を基礎とした。予測法が唱えられた。アメリカにおける予測理論の先駆者である。その後，1923年，この種のものとしては最も初期のワーナー（Warner）のマサチューセッツ州の少年院の収容者について，そのパロール（Parole）前の記録から60項目を調査し，これらの項目によって，パロールの成功・不成功を判定する有意な因子を発見しようとしたものであった。

1928年，バージェス（Burgess）は，犯罪者のパロール前の生活における因子のうち，パロールの予測に用いることのできる予測表を作製しようと試みた。まず，イリノイ州の3施設（刑務所・少年院）から，パロールとなった3000人の犯罪者について記録を調査し，21の因子について，パロール違反率を計算し，これを他の犯罪者の違反率と比較した。

その因子は，(1)罪質，(2)共犯者数，(3)父の国籍，(4)欠損家庭を含む親の状態，(5)本人の婚姻状態，(6)犯罪人類型（初犯・機会犯・慣習犯・職業犯），(7)社会的類型（浮浪者・ギャング仲間・無頼漢），(8)犯行地，(9)居住社会の大きさ，(10)近隣の

型，⑾逮捕時，その居住地にいたか，一時的な居住であったか，⑿審理のとき判事や検事が情状酌量を主張したか，⒀小犯罪を答えてその結果収容されたか，⒁言渡判決の種類と刑期，⒂仮釈放前に実際に服役した月数，⒃前科の記録，⒄職業歴，⒅施設における懲罰記録，⒆仮釈放時の年齢，⒇精神年齢，㉑精神医学的診断，である。さらにこれらの因子を再分化して違反率を計算した。これと平均違反率と比較して，平均違反率より低い場合には，加重失点（1点，0点で表示）で予測表を作制した[2]。

1930年，グリュック（Glueck）は，犯罪性のある少年を早期に発見するための，犯罪予測因子を点類方式によって数量化し，その重みづけの大小によって，非行におちいる蓋然性を測定しようとする方法で，「早期非行予測」といわれている。

周知のように，その予測表を作制するために，まず，マサチューセッツ州の少年院の犯罪少年500名を実験対象として抽出し，ボストンの公立学校から健全な少年500名を選んで対照群とし，出院後5年間にわたって，その経歴調査と追跡調査（Follow up）を続け，その結果蒐集されたデータを分析し，二群に有意差（Signifl cation difference）を示す因子をもつかどうか統計的に検定した。

その検定の方法は，定量的データについては臨界比（c.r.）により，定性的データについてはX^2テストによったものである[3]。

検定の結果，もっとも有効な家庭関係を反映する社会的五因子を予測因子として，

　(1) 社会的因子
　　　1）父によるしつけ，2）母による監督，3）父の愛情，4）母の愛情，
　　　5）家族の結合
　(2) ロールシャッハ・テストによる性格特徴
　　　1）社会的主張，2）反抗性，3）疑惑性，4）破壊性，
　　　5）情緒変易性
　(3) 精神医学的面接によるパーソナリティ特性
　　　1）冒険性，2）行動の外向性，3）被暗示性，4）頑固性，
　　　5）情緒不安定性

を折出して，各因子の非行性に対する間連性を加重失点方式で数量的に測定す

る予測表を作った。今日，この予測表が種々の問題点を内含しながらも，最も予測の蓋然性の高い予測表とされている。

わが国においては，ドイツ犯罪生物学的全体評価法の系列に属して，独創的予測法として，吉益脩夫博士による量刑予測法がある。

青年犯罪者（20歳以上—23歳）と非行少年（14歳—20歳未満）の二群に分け，釈放後五年以上八年を経過したときの再犯率から，有意性を示す7因子を抽示した。

(1) 精神病質，(2) 早発犯罪，(3) 高反復度，(4) 欠損家庭，(5) 就学不全，(6) 頻回転職，(7) 遺伝負因（その後の研究で，遺伝負因の代わりに2回以上の施設収容を因子としている）

この7因子によって再犯の危険性の兆候として，6から7因子を有するものは全部再犯におちいり，4から5因子を有するものは91.7%の確率で再犯におちいることを示した。これによって，グリュック，バージェスらの点数法の不完全性を指摘して，全体評価法の必要性を唱えている[4]。

その他，樋口幸吉博士による，吉益方式の追試としての220名の非行少年についての多摩少年院退院後の再犯予測による「欠損家庭」・「頻回転職」を除く5項目の有意差の適中結果の研究や，水島恵一教授による横浜少年鑑別所の非行少年についての再犯予測のx^2テストの結果，(1) 早発犯罪，(2) 長い非行経歴，(3) 頻回転職，(4) 就学不全，(5) 少年院・鑑別所の経験，(6) 家出浮浪経歴，(7) 覚醒剤使用，(8) 怠学，学校時代の不良交友，を有効な予測因子として抽出している。

1955年の西村克彦教授・林知己夫氏による予測表は，再犯予測であって，再入調査簿，仮釈放取消申報などの記録を調査するほか，横浜刑務所受刑者をも調査して予測表を作制したもので，(1) 配偶関係，(2) 罪質および犯数，(3) 動機，(4) 保護者の資産状況，(5) 釈放後の保護関係，(6) 再犯素質，(7) 復帰社会，(8) 犯因性，(9) 職業，(10) 居住，(11) 家計，が予測有力因子であることを証明した。

グリュック予測法に系譜をもつものとしては，すぐれて貴重なグリュック予測表によって，社会的5因子による，わが国最初の早期予測識別を確立した館沢徳弘氏による追試と研究がある[5]。その他，心理学・社会学の視点よりする，

遠藤辰雄教授・橋本重三郎氏によるグリュック早期予測の追試が代表的なものとしてあげられる。

〔3〕 量刑予測・処遇予測・再犯予測

量刑および処遇の科学的規制のために予測の必要性があることはすでに述べたところであるが，それには次の三種のものがある。

(1)「**量刑予測**」，(2)「**処遇予測**」，(3)「**再犯予測**」がそれである。

「**量刑予測**」は，裁判時における犯罪性が過去の犯罪的兆候に基づいて，将来どのような経過をたどって，刑罰の効果が期待されるかの科学的見透しをいう。それは，数量化された因子によって蓋然性を測定することである[6]。

最近は，刑の量定（あるいは保護処分決定）の裁判官による非科学的直観主義に基づく自由心証主義の原則を修正するため科学的予測を行う意味で，「判決前調査制度」の導入が強く主張されている。

「**処遇予測**」は，どのような犯罪因子をもった犯罪者（または非行少年）が，どのような改善処分に付されることによって，どのような処遇の効果が上がるかを測定し，より効果的な処遇類型を発見する予測である[7]。

「**再犯予測**」は，仮釈放のときに，刑の執行中に予測される将来の犯罪的危険性を通じて，釈放前にどのような因子をもっていたものが釈放後において，高い再犯率を示すかの予測である[8]。

このように予測理論は，今や，「人類測定方法」(anthropometrics)から，「精神測定方法」(psychometrics)を経て，「社会測定方法」(sociometrics)へと発展し，これを統合した「計量刑事学的方法」(criminometrics)へと発展して刑法の実践的方法論として定着しつつあることに注意すべきである。

第2節 累　　犯

I．累犯と常習犯

「累犯」(Rückfall)は，確定判決を経た犯罪に対してその後の犯罪をいう。法律上の刑の加重事由の1つである。これを実質的意味における累犯という。

刑の執行を終わり，または執行の免除のあった犯罪を前犯というが，前犯と

後犯が罪質を同じくする場合を,「特別累犯」(récidive spéciale) といい,罪質を異にする場合を「一般累犯」(recidive générale) という。

累犯は,また,「普通累犯」と「常習累犯」とに分けることができる。

常習累犯とは,その犯罪については常習性を帯びる場合であり,普通,「常習犯」(Gewohnheitsverbrecher) とよんでいる。

一度刑を科したのにもかかわらず,性懲りもなく,また罪を犯したという点で,刑罰の効果が疑われる。それは行為者の反社会性が依然として矯正されないことを示しているからである。

累犯者の増加が刑の無力化を示したことが19世紀における近代学派の誕生となったのであるが,わが国の最近の刑事統計によっても,犯罪者中に占める累犯者の比率はいちじるしいものがあり,ことに新入受刑者中の累犯者数は,その過半数を超えている[9]。

わが現行法は,常習累犯に対する一般的考慮が払われておらず,個々に刑を加重するにすぎないが,ドイツ刑法(48条)は,「**危険な常習犯人**」(gefährlicher Gewohnheitsverbrecher) に対し,保安処分としての「**保安監置**」(Sicherungsverwahrung) を科している[10]。

わが国においては,立法論としては,累犯・常習累犯者には不定期刑または保安処分を採用すべきである(改正刑法仮案は不定期刑を規定している,62条)。

II. 再犯加重

(1) 要　件

(a) 前に懲役に処せられた者(前科者)であることを要す(56条1項)。しかし,これに準ずる場合がある。

これに準ずる場合として,懲役にあたる罪と同質の罪によって死刑に処せられた者が,その執行を免除され,または,減刑によって懲役に減軽された場合(52条2項)である。

また,併合罪について処断された者が,その併合罪中,懲役に処すべき罪があった場合である(56条3項)。

(b) 前犯の刑の執行を終わった日,または,執行の免除があった日から五年内に後犯が行われたことを要する(56条1項)。受刑者が,監獄内で殺人罪を犯

した場合には執行中であるから累犯とはならない。
　(c)　後犯についても，有期の懲役に処せられる。
　(F)　前犯と後犯とは罪質を同じくすることを必要としない。
　以上の要件を備えたとき，後犯は「再犯」とされる（56条1項）。
　累犯期間の起算日は，懲役執行の最終日であるか，またはその翌日であるかについて問題がある。判例は執行の最終日をもって，起算点としている（大審判大正5年11月8日22輯26巻1707頁）。牧野博士は累犯期間は，刑期最終日の翌日から起算すべきものとされる。
　三犯以上の累計の要件は，刑法は直接明示していない。判例は初犯でも再犯でも三犯でも同一条件を認めている（最高判昭和29年4月2日刑集8巻399頁）。

(2)　処　分
　再犯の刑は，その罪について定めた懲役の長期の2倍以下とする(57条)。三犯以上の者でも同じ（59条）。
　常習犯に対しても累犯加重をなしうるか。判例は，これを肯定している（大審判昭和14年7月14日刑集18巻411頁）。
　盗犯等防止法は，常習累犯窃盗・強盗罪について，次のような特則を定めている（2条）。常習累犯窃盗に3年以上，同強盗に7年以上の有期懲役を科す。
　刑法43条は，未遂罪について主観主義の立場に立つが，盗犯等の防止法の未遂の常習犯についても，主観主義によっている。
　累犯をいかなる程度に重く処分するかについて3つの主義がある。
　(1)　フランス刑法のとる立場で，特種累犯について「流刑」(relégation)のように刑の種類を変更する方法。
　(2)　同一刑の長期をいちじるしく加重する方法。
　(3)　刑を多少加重する方法がこれであるが，わが刑法は第二の主義によっている。

（1）　Roxin, Prävention und Strafzumessung, Festschrift für Brans, 1978, S 183 f. Schäfer, Praxis der Strafzumessung, 1990, Schünemann, Plädoyer für eine neue Theorie der Strafzumessung, 1987, S. 209 ff.

(2) Orfield, Criminal Procedure from Arrest to Appeal, 1947, S. 331 f.
　　　Burgess, Palore and the Indeterminate Sentence, Journal of Criminal Law and Criminology, Vol. 41. No. 2 (1950).
(3) Sheldon and Eleanor Glueck, Predicting Delinquency and Crime 1960. p. 455.
(4) 吉益脩夫「犯罪学概論」(昭和33年) 248頁以下。
(5) 館沢徳弘「非行の予測研究」調査官実務研究報告 (昭和33年) および「少年非行の予測」(昭和34年) 法律のひろば編集部編「犯罪予測の理論と実際」(昭和33年) 26頁。Eisenberg, Prognose der Kriminalität, 1979, 111 ff.; Göppinger, Prognose, in Kriminologie, 1980, 331 ff.; Gottfredson, Diagnosis, Classification, and Predication in the Criminal Justice System, 1983, S. 203 f.; Günther Kaiser, Kriminologie, 1985, S. 141.; Lösel, Prognose und Prävention von Delinquenzproblemen, 1982, 197 f. なお、効果の判定についても、Albrecht, Die legalbewährung bei Zu Geld-und Freiheitsstrafen Verurteilten 1982, S. 383 f; Sonnen, Erfolgsdefinition und Erfolgsmessung behandlungsintensiver ambulanter Maßnehmen, 1980, S. 91 f.
(6) 安倍治夫・山本輝夫「相関表の応用による量刑の科学的研究」ジュリスト No. 248 (1962年) 36頁以下、前田俊郎「量刑予測研究序説」上智法学8巻1号105頁。
(7) グリュックの1925年から1939年までの調査で目指した予測理論は、矯正施設における処遇の効果を測定し、より効果的な処遇を発見するための処遇予測が中心である。日本においては、橋本鍵一他「少年院の処遇効果に関する研究」法務総合研究所紀要1967年89頁以下。
(8) グリュックのマサチューセッツ州の刑務所から釈放された500人の犯罪者の生活歴を五年間ずつ区切って行った一連の再犯予測がある。Glueck, 500 Criminal Careers 1930, Later Criminal Careers, 1937, Criminal Careers in Retrospect, 1943.
(9) 「犯罪白書」(平成4年～平成11年) 124頁以下。
(10) Maurach-Gössel-Zipf, Strafrecht, Teilband 2, S. 491 f.

第3章 刑の執行

第1節 刑の執行

　刑の執行は刑の言渡しの裁判が確定したとき，刑事訴訟法および行刑法の手続に従って執行される(1)。

　執行されたとき，初めて現実的な刑罰となる。とくに自由刑については，刑の執行を介して，受刑者の改善・教育が図られなければならない。これを「行刑」(Strafvollzug) という(2)。

　刑の執行の段階について，刑（処遇）の効果の視点から，受刑者の処遇上の妥当性に従って，監獄法（明治41年法律28号）によって裁量行為が許されている。

Ⅰ．死刑の執行

　死刑は，監獄内の刑場で，絞首して執行する（11条1項，監獄法71条1項）(3)。

　執行するときは，絞首の後死相を検し，なお五分を経なければ絞縄を解くことができない（監獄法72条）。

　執行は，法務大臣の命令による。この命令は，判決確定の日から，原則として，六箇月以内にしなければならない（刑訴法475条）。この命令があったときは，五日以内にその執行をしなければならない（刑訴法476条）。ただし，大祭祝日，1月1日，2日および12月31日には執行しない（監獄法71条2項）。

　執行には，検察官，検察事務官，監獄の長またはその代理人が立ち合う（刑訴法477条1項）。立ち合った検察事務官は，執行始末書を作り，検察官，監獄の長またはその代理者とともに署名・押印する（刑訴法478条）。

　死刑の言渡しをうけた者は，執行にいたるまで監獄に拘置する（11条2項）。

　死刑の言渡しをうけた者が，心神喪失の状態にあるとき，または，女子であって懐胎しているときは，法務大臣の命令によって，その執行を停止し，心神喪

失の状態の回復後、または出産後、原則として六箇月以内に、法務大臣の命令によって執行する（刑訴法479条）。

II. 自由刑の執行

自由刑の執行は[4]、懲役と禁錮とに区別があり、前者には定役が科せられ、後者は定役に服させられない（12条2項）。ともに監獄に拘置する（12条2項）。近代的な自由刑の誕生は、1555年、ロンドン近郊のブライドウェル（Bridewell）にはじまる。

その後、アムステルダムにおいて、1595年にたてられた男子監（Tuchthuis）および女子監（Spinhuis）が模範となった。

イギリスのハワード（John Howard, 1726-1790）、アメリカのフランクリン（Benjamin Franklin, 1706-1790）が監獄改良に貢献した。

1777年、フランクリンは、従来の監獄における無秩序な雑居拘禁の弊害を指摘し、代わって昼夜間とも受刑者に独居をまもらせる「独居制」（ペンシルヴァニヤ制、Pennsylvania system）をとり、さらにこれを改良して、昼間雑居、夜間独居という、「オーバン制」（Auburn system）になった。厳格な沈黙を要求する制度なので、「沈黙制」（silent system）とよばれた。

さらに積極的な受刑者の改善をめざしたものとして、「累進制」（Progressiv system）がある[5]。

受刑者の成績を点数で示し、一定の得点を得ることによって累進的に処遇を変える、オーストラリヤのカマノキー（Machanochi, 1787-1860）の「点数制」（mark system）があり、やがてそれは、1876年、不定期刑の制度と結んで、ニューヨークのエルマイラ少年院にとり入れられた、「エルマイラ制」（Elmira system）となり、ドイツにおいては、1929年、「累進行刑令」（Verordnung über den Strafvollzug in Stufen）が制定され、イギリスでは、施設に収容中、釈放後、一定の期間、完全な個別処遇を与える「ボースタル制」（Borstal system）が行われている[6]。

わが国でも、塩野・正木方式における行刑累進処遇令（昭和8年司法省令35号）によって、累進制が採用されている。これは、刑期六カ月未満の者、65歳以上で立業に堪えない者、妊産婦などを除いて、すべての懲役受刑者に適用される。

第二次大戦以来，受刑者の適切な処遇の基礎をなす「分類制度」(Classification system) がとられ[7]，矯正施設の機能をもっとも科学的に矯正効果を高め，有効性を発揮している（受刑者分類調査要綱，昭和23年訓令矯総甲1178号）。

処遇方法も，最近は農場式の「開放施設」(open institution) など独創的なものが，受刑者の社会復帰を容易ならしめている。なお，大井久氏の創案による豊橋刑務支所で実施された，交通事犯に対する集禁制による開放処遇が，わが国における開放処遇の嚆矢である。

なお，世界的動向として，1955年，国際連合によって，「被収容者処遇最低基準規定」(Standard minimum rules for the treatment of prisoners) が作られたことに注意すべきである。

拘留は拘留場に拘置する(16条)。未決拘留は，刑の執行ではないが，刑法はその全部または一部を本刑に算入することができる（21条）。

心神喪失者に対しては，自由刑の執行を停止し，その他一定の事由あるものに対しても，執行を停止することができる（刑訴法480条，482条）。

III. 財産刑の執行

罰金，科料，没収，追徴の裁判は，検察官の命令によって執行する。民事訴訟法の規定が準用される（刑訴法490条）。

罰金を完納しない者に対して，1日以上2年以下の期間，労役場に留置し(18条1項)，科料を完納し得ない者に対しては，1日以上30日以下の期間，労役場に留置する。

罰金を併科した場合および罰金と科料とを併科した場合には，留置期間は三年をこえることができない。また，科料を併科した場合には，60日を超えることができない（18条3項）。労役場留置の執行についても，刑の執行に関する規定が準用される（刑訴法505条）。

没収物は検察官が処分する（刑訴法496条）。没収を執行した後三カ月以内に，権利者が没収物の交付を請求したときは，検察官はこれを交付すべく，没収物を処分した後にその交付の請求があったときは，検察官は，公売によって得た代金を交付する（刑訴法497条）。

第2節　刑の執行猶予

1)　「**刑の執行猶予**」(bedingte Strafaussetzung) とは，刑を言渡すにあたって，犯人の性質・犯罪事情を考慮して，むしろ刑を執行するよりも，一定の猶予期間を定めて，その執行を猶予してやり，猶予期間を無事に経過したときは，刑罰が消滅する制度をいう。

犯罪者といっても危険性・反社会性の程度も質も異なるのである。かつて，グリスピーニ (Grispigni) が「犯罪人に二種類あり，一は決して監獄に入れてはならぬ者であり，二は決して監獄より出してはならない者である」といったが，まさに，「偶発犯」(Zufallverbrecher) と「常習犯」(Gewhonkeitsverbrecher) を指したものである。偶発犯のようなものに短期自由刑を科することは，本人をして自暴自棄に陥いらしめ，さらに同囚の悪感化をうけやすく，刑を執行することによってかえって反社会性が助長される危険があるので (短期自由刑の弊害現象)，刑を執行しないで刑の目的たる犯人の善行を保持させ，再犯を防止することが達せられるものとして，刑事政策的要請から創設されたのがこの刑の執行猶予制度である。

刑の執行猶予の制度は，アメリカにおいて1849年頃からボストンで慣行的に実施されたのにはじまる。その後，宣告猶予をうけた者を，善行を保持する条件として自由を与え，刑を猶予する処分，すなわち「プロベイション」(保護観察，Probation) に付することが行われ，1878年，マサチューセッツ州で立法化されて以来，宣告猶予とを結びつける制度——プロベイション制度 (Probation-system) が確立した。

イギリスにおいても，1907年の犯罪者保護観察法 (Probation of Offenders Act) によってうけつがれ，現在，刑事裁判法 (Criminal Justice Act, 1961)（3条以下）がこれに代わっている[8]。

そこで，刑の執行猶予の制度は保護観察と結びついて，ますます拡大されることになった。

執行猶予制度は2種に大別される。

(1)　「**宣告猶予主義**」(System of the conditional release)，イギリス・アメリ

カの採用する立場で、一定の犯人に対して一定の期間、刑の宣告それ自体を猶予する制度である。その猶予期間中に特別な事故の発生しないかぎり、犯人はその行為に対して刑の宣告をうけることなしで済ませるのである。

(2) 「**執行猶予主義**」(bedingte Straferlass) は、フランス、ベルギーの採用する立場で、刑が裁判上宣告されるのであるが、その執行が猶予されるのであり、もしその猶予期間中に、特別な事故の発生しないときは、その刑の執行をしないのである（フランスの刑の減軽および加重に関する法律1891年ベルギー仮釈放および条件付有罪判決に関する法律1888年）。

執行猶予主義はさらに二分される。

(1) 「**条件附有罪判決主義**」(System der bedingten Verurteilung) で、わが刑法の採用する立場であり、もしその猶予期間内に事故を起こさないときは、有罪判決の効力を失なわせ、法律上有罪判決のなかったと同一の状態に置くものである。

(2) 「**条件附特赦主義**」(System der bedingten Begnadigung) は、ドイツの採用する方法で、その刑の執行を免除するもので、今日、保護観察が用いられても、猶予期間の経過によって刑が免除されるだけである（ドイツ刑法23条）。

現行刑法は前に一言したように「条件附有罪判決主義」を採用している。これは、第二次大戦後、新しい刑事政策的要請であり、

 (1) 3年以下の刑について執行猶予が付くことになった。
 (2) また、罰金刑にも執行猶予が認められた。
 (3) 再度の執行猶予を認めた（25条2項）。
 (4) 保護観察の制度が導入された（25条の2）。
 (5) 初回の執行猶予にも保護観察が付くことになった。

〔A〕 刑の執行猶予の一般的要件

(a) 刑の執行猶予がなされるのは、㈠前に禁錮以上の刑に処せられたことのない者であること。㈡または、前に禁錮以上の刑に処せられたことがあるが、その執行を終わり、または、その執行の免除をえた日から5年以内に、禁錮以上の刑に処せられたことのない者でなければならない（25条1項2号）。

「刑に処せられ」とは実刑に処せられるの意味で、余罪についても執行を猶予することができるとするのが判例の立場である（最高判昭和28・6・10刑集7巻

1404頁)。牧野博士・木村博士・団藤博士もこの立場に立たれる。

(b) 執行猶予は，上の者が，3年以下の懲役もしくは禁錮，または5,000円以下(罰金法によって50,000円以下とよみかえる)の罰金の言渡しをうけた場合にかぎって，情状によって許される。

裁判官が刑の執行を猶予すべき情状と認めた量刑実務(Sentencing Practice)の基準因子は次のようなものである[9]。

(A) 犯罪自体の情状に関するもの
  1 発生結果につき
$$\left\{\begin{array}{l}実害なし（40）\\被害軽微（60）\\犯情が軽い（14）\end{array}\right\} 114例$$

  2 責任能力または素質的原因につき
$$\left\{\begin{array}{l}心神耗弱者　　（2）\\知能低級　　　（2）\\吃音者のひがみ（1）\end{array}\right\} 5例$$

  3 環境的原因によるもの
$$\left\{\begin{array}{l}生活苦からの偶発的犯行（42）\\誘われた犯行　　　　　（18）\\環境的な犯罪　　　　　（4）\\同情し得る動機　　　　（27）\\一時のでき心　　　　　（2）\\飲酒の上での犯行　　　（17）\\私欲のためでない犯行　（4）\end{array}\right\} 114例$$

(B) 犯罪後の情状に関するもの
  1 改悛の情が顕著なもの　　155例

2　被害賠償

$$\left\{\begin{array}{l}\text{弁償済のもの}\qquad（76）\\\text{示談成立しているもの}（21）\\\text{弁償の見通しあるもの}（9）\end{array}\right\}106例$$

(C)　将来の予測に関するもの

1　単に再犯の虞が少ないとするもの

$$\left\{\begin{array}{l}\text{更生の見込あり}（136）\\\text{再犯の虞が稀薄}\quad（31）\end{array}\right\}167例$$

2　本人の特性により再犯の虞が少ないとするもの

$$\left\{\begin{array}{l}\text{勤労意欲あり}\qquad（26）\\\text{技術をもっている}（8）\\\text{性格が善良である}（6）\\\text{高等教育あり}\qquad（2）\end{array}\right\}42例$$

3　環境から見て再犯の虞が少ないとするもの

$$\left\{\begin{array}{l}\text{保護者あり}\qquad\qquad（137）\\\text{確かな身元引受人あり}\quad（79）\end{array}\right\}216例$$

(D)　刑の執行によって本人または家族等に不釣合に大きな被害を蒙らせる場合と見るべきもの

1　健康が保てなくなる虞あり

$$\left\{\begin{array}{l}\text{病　弱}\qquad（4）\\\text{老　齢}\qquad（3）\\\text{医療を要する者}（1）\end{array}\right\}8例$$

2　人生の前途を永く損う虞あり

$$\left\{\begin{array}{l}\text{若年者}\qquad（72）\\\text{妻帯の機を失う}（3）\end{array}\right\}75例$$

3 家族が回復し難い損害を受ける

$\left.\begin{array}{ll}\text{一家が支柱を失う} & (23)\\ \text{扶養家族多数} & (2)\\ \text{妻が妊娠中} & (1)\\ \text{妹の縁談が破れる} & (1)\\ \text{母が窮地に立つ} & (1)\end{array}\right\}$ 28例

〔B〕 再度の執行猶予の要件

　前に禁錮以上の刑に処せられたが，その執行を猶予されたものが，一年以下の懲役または禁錮の言渡しをうけ，情状がとくに憫諒する場合にも，執行猶予を認めることができる。ただし，25条の2第1項の規定によって保護観察に付せられる。その期間内にさらに罪を犯した者については，執行猶予は許されない（25条2項）。

　〔C〕 執行猶予の期間は，裁判確定の日から1年以上5年以下である。刑の執行猶予は，刑の言渡しと同時に，判決または略式命令で言い渡される（刑訴法333条2項，461条）。

　〔D〕 刑の執行猶予によって，犯人の改善・教育の効果を期待するためには保護観察制度がとくに必要である。一般の執行猶予には任意的に，再度の執行猶予の場合には，必要的にそれぞれ保護観察に付するのである（25条の2－1項）保護観察を刑の言渡しと同時に，判決で言渡すことになっている（刑訴法332条2項）。

　保護観察の方法については，「執行猶予者保護観察法」（昭和29年法律58条）に規定がある。

　保護観察（Probation）は[10]，第2次大戦以後の普及とその強化によって世界的動向となり，今日の刑罰改良のなかでも特記すべきことで，刑務所の塀の外側において犯罪者に対する積極的建設的な処遇を導入することに主たる目的があった。

　保護観察は，(1)本人の自助の責任があることを認めて，(2)これを補導援護するのである（保護観察法1条）。

　その実施については，本人の年齢，経歴，職業，心身の状況，家庭，交友そ

の他の環境等を十分考慮して，そのものにもっともふさわしい方法を採らなければならないと規定している（保護観察法2条）。

保護観察は自助の精神と個別化の原則に立っているといえよう。

保護観察は，地方更生保護委員会の権限で仮解除の処分ができる（保護観察法8条）。

2） 刑の執行猶予の取消

必要的取消と任意的取消がある。必要的取消には，

(1) 猶予の期間中に，さらに罪を犯した禁錮以上の刑に処せられ，その刑について執行猶予の言渡しがないとき。

(2) 猶予の言渡し前に犯した他の罪につき禁錮以上の刑に処せられ，その刑について執行猶予の言渡しがないとき。

「猶予の言渡し前」とは，猶予の言渡しの確定前の意味に解すべきである（名古屋高判昭和31年9月10日刑集9巻919頁）。

(3) 猶予の言渡し前に，他の罪について禁錮以上の刑に処せられたことが発覚したとき。ただし，21条1項2号に記載した者および26条の2第3号にあたる者を除く。

任意的取消として次の場合には，刑の執行猶予の言渡しを取り消すことができる（26条の2）。

(1) 猶予の期間内に，さらに罪を犯して罰金に処せられたとき。

(2) 25条の二第一項によって，保護観察に付された者が，遵守せず，その情状が重いとき。

(3) 猶予の言渡前に，他の罪について禁錮以上の刑に処せられ，その執行を猶予されたことが発覚したとき。

禁錮以上の刑の執行猶予が2つ以上競合している場合に，前二条の規定によって，禁錮以上の刑の執行猶予の言渡しを取消したときは，執行猶予中の他の禁錮以上の刑についてもその猶予の言渡しを取消さなければならない（26条の3）。

刑の執行猶予の取消は，検察官の請求により，裁判官の決定によって行われる（刑訴法349条，349条の2）。

保護観察に付された者が，その遵守事項に違反したことを理由とする取消(26条の2第2号)については，保護観察所の長の申出によって，検察官がこの請求を行わなければならない（刑訴法349条2項）。

　刑の執行猶予の効果として2つのものがある。(1)刑の執行が猶予されることである。(2)刑の執行猶予の言渡しを取り消されることなく，猶予の期間を経過したときは，刑の言渡しは，その効力を失う(27条)。このようにして，刑の言渡しの効果が将来的に消滅するという意味である[11]。

第3節　仮　釈　放

Ⅰ．仮釈放の概念

　「仮釈放」(bedingte Entlassung)とは，「仮出獄」(Voläufige Entlassung)と「仮出場」との総称である。

　言い渡された自由刑の執行がまだ完全に終了していないが，これまでの良好な執行状況に基づいて，さらに執行を続ける必要がないと認められる場合に，仮りに，受刑者を釈放し，その後，残余の期間を無事に経過したときは，その執行を免除する制度である。この制度によって自由刑は，事実上，不定期刑化することになる。

　刑の教育的効果に基づき，累進処遇の最後的段階に設けたところの刑期満了前の釈放であるところから受刑者に将来に対する希望を与える。

　仮釈放の制度はそんなに古いものではなく，1822年，オーストラリアにおいて，イギリス流刑者に試みられたのが最初である。アメリカ・イギリスにおいて，今日，「パロール制度」(Parole)といわれるのがこれである。パロールは，自由刑の一部を服役した者が，その成績が良好であるときは，刑期を満了しなくても，善行を保持し，かつ，一定の機関の監督，指導に服することを条件として，仮りに釈放するのである。この制度はもとより近代学派の刑事政策的意図に出たものである。

Ⅱ．仮　出　獄

　(1)　懲役または禁錮に処せられた者が改悛の情があるときは，有期刑につい

ては，その刑期の3分の1，無期刑については10年を経過した後，地方更生保護委員会（犯予法12条1項1号）の処分をもって，仮りに出獄を許すことができる（28条）。

「改悛の情があるとき」とは，再犯の虞れがない状態を指す。

実際には，行刑累進処遇令に基づいて，第一級の受刑者中仮釈放に適する者，または，第二級以下でも，改悛の情が顕著で社会生活に適応しうると認められた者が仮釈放の対象となりうる（累進令89条，90条）。仮出獄を許すときは，一般遵守事項，特別遵守事項を定める（犯罪予更法31条，監獄法64条，66条）。

仮出獄を許されている者は，保護観察に付される（犯罪予更法33条1項3号）。

仮出獄の制度は，犯人を社会に復帰させるための教育が刑務所内だけでは十分でない場合が多いので，定期刑をとる現行法上では，仮出獄によって，社会において教育と適応性を与えることになる。この見地に立てば，仮出獄は，釈放（Release）と指導（Supervision）の結びついたものとして理解すべきことになる。

アメリカのパロール制度はこのような基本的観念に立っており，わが国の制度の現実も，仮釈放はパロール，仮出獄，仮退院（少年院の在院者）は「リリース」（釈放，release）に，保護観察はプロベーションに当たるものとしている。

仮出獄の制度は，保護観察があって，初めてその目的を果たしうる。

保護観察の目的は，保護観察に付されるものが，犯罪者予防更生法34条2項に定める遵守事項または地方委員会の定める特別の遵守事項を守るよう指導監督し，その者に本来自助の責任があることを認めて，これを補導援護することによって，その改善及び更生を図るにある（犯罪予更法34条1項）。

保護観察において行う指導監督は，

㈠　保護観察に付されているものと適当に接触を保ち，つねにその行状を見守ること。

㈡　保護観察に付されている者に対し，遵守事項を守らせるために必要かつ適切と思われる指示を与えること。

㈢　その他，本人が社会の善良な一員となるように必要な措置をとることによって行われる（犯罪予更法35条）。

補導援護は、㈠教養訓練の手段を助けること、㈡医療及び保養を得ることを助けること、㈢宿所を得ることを助けること、㈣職業を補導し就職を助けること、㈤環境を改善し調整すること、㈥更生を遂げるため適切と思われる所への帰住を助けること、㈦その他、本人の更生を完成させるために必要な措置をとることによって行われている（犯罪予更法36条）。

保護観察は、保護観察官と保護司とによって行われるが、流動する社会において、対象者の社会適応性を形成助長することがきわめて困難な仕事であることはいうまでもない。

この保護観察の期間は、仮出獄者については、原則として刑期の残余の期間、少年院の仮退院者については、本人が満20歳に達するまでである（犯罪予更法33条）。

仮出獄の取消は次の場合である（29条1項）。

(1) 仮出獄中、さらに罪を犯して、罰金以上の刑に処せられたとき。
(2) 仮出獄前に犯した他の罪について、罰金以上の刑に処せられたとき。
(3) 仮出獄前他の罪について罰金以上の刑に処せられた者であって、その刑の執行をなすべきとき。
(4) 仮出獄中遵守すべき事項を遵守しなかったとき。

仮出獄の取消は、本人の保護観察をつかさどる保護観察所の所在地を管轄する地方更生保護委員会が、決定をもって行う（犯罪予更法44条1項、12条1項1号）。

仮出獄の処分を取り消したときは、出獄中の日数は刑期に算入しない（29条2項）。

犯罪・非行少年について、この取消については、特別の規定はないが、「戻し収容の制度」がある（犯罪予更法43条）。

少年院の仮退院者については、その者が23歳に満たない場合に、遵守すべき事項を遵守しなかったとき、またはその虞があるときは、保護観察所の長の申出により、地方更生保護委員会は、その者を送致した裁判所に対し、本人が23歳に達するまで、一定の期間、これを少年院に戻して収容すべき旨の決定の申請をすることができる。

残余刑期経過の効果は、仮出獄処分を取り消されることなく残余の刑期を経

過したときに，刑の執行を終わったものとして，その執行を免除される。刑法上，この点については直接明文の規定はないが，29条2項の反対解釈から当然そういえる（小野説，刑準草案92条）[12]。

なお，少年については仮出獄期間の終了について，次の特例がある（少年法59条）。

(イ) 少年のとき，無期刑の言渡しをうけた者が，仮出獄を許された後，その処分を取り消されないで10年を経過したとき。

(ロ) 少年法51条または52条1項，2項の規定によって有期刑の言渡しをうけた者が，仮出獄を許された後，その処分を取り消されないで，仮出獄前に刑の執行をうけた期間と同一の期間，または，51条の刑期もしくは，52条1項および2項の不定期刑の長期を経過したときは，そのいずれか早い時期において，それぞれ刑の執行を受け終わったものとする（少年法59条2項）。

ただし，仮出獄中に不定期刑の短期が経過した場合には，地方更生保護委員会は，保護観察中の成績からみて相当と認めるときは，保護観察所の長の申請によって，上記の規定にかかわらず，刑の執行をうけ終わったものとすることができる。不定期刑の短期が仮出獄前に経過した場合にも同様である（犯罪予更法48条1項）。

III. 仮 出 場

拘留に処せられた者および罰金・科料を完納することができないため労役場に留置された者は，情状によって，いつでも地方更生保護委員会（犯罪予更法12条1項1号）の処分をもって，仮に出場を許すことができる（30条）。

仮出場については，取消は許されないと解されている。仮出場者には，保護観察も付されない。

仮出場の手続は，仮出獄に準じ，監獄の長から受刑者または労役場に留置中の者につき仮出場の申請があったときは，地方更生保護委員会は，委員を指名して，審理を行わせ，それに基づいて仮出場の許否を決定する（犯罪予更法29条—31条，監獄法64条，66条）。

仮出場の時期は，必ずしも刑期の三分の一を経過することを必要としない[13]。

（1） 朝倉京一「裁判の執行」法律実務講座刑事編12巻（昭和32年）2825頁以下。
（2） 倉見慶記他「行刑法演習」（昭和33年）161頁、朝倉京一・佐藤司ほか編「日本の矯正と保護」（第1巻）（1980・有斐閣）、大塚仁・平松義郎編「行刑の現代的視点」（1981・有斐閣）、鴨下守考「新行刑法要論」（1991・東京法令）、堀 雄「行刑法の基本構造」（1991・行刑法刊行会）、小野義秀「矯正行政の理論と展開」（1989・刊行会）、森下 忠・佐藤司ほか編「日本行刑の展開」（1993・一粒社）1頁以下。ドイツの最近の文献は、Müller-Dietz, Gurndfrogen des heutigen Strafvollzugs, NStZ. 10(1991), S. 305 f. Günther Kaiser, Strafvollzug, Ein Lehrbuch, 1988, Schwind, Strafvollzugs Gesetz, Kommentar, 3. Aufl. (1998), Walter, Strafvollzug, Lehrbuch, (1999).
（3） 倉見慶記他・前掲書490頁。鴨下守孝「矯正の現状と課題」（龍谷大学・矯正講座21号、2000年、1頁以下。）
（4） 倉見慶記他・前掲書16頁以下、森本益之「行刑の現代的展開」（1985・成文堂）、柳本正春「拘禁処遇の理論と実践」（1987年・成文堂）、宮本恵生「行刑の社会化」（「日本行刑の展開」所収）（1993年・一粒社）292頁以下、鴨下守孝『新行刑法要論』41頁以下（1991）。
（5） 中尾文策「監獄法の改正について」木村博士還暦「刑事法学の基本問題」（下）（昭和33年）1077頁以下。
（6） 小川太郎「イギリスにおける常習犯人の対策」季刊刑政新第4巻2号78頁。Fox, The English Prison and Borstal Systems, 1952, pp. 331-333.
（7） 大津正雄「受刑者の分類」刑事法学辞典（昭和32年）410頁。
（8） 小川太郎訳「英国刑事裁判法」（法務資料第395号）（1961年法）3条1項、80条参照。
（9） 最高裁判所事務局編「執行猶予者保護観察制度の運用について」（昭和41年）460頁以下。
（10） 保護観察の主たる文献をあげれば、小川太郎「保護観察制度」法務研究報告39集8号、同「イギリスのプロベーション」季刊刑政3巻2・3号（昭和30年）、同「西ドイツのプロベーション制度について」季刊刑政5巻3号（昭和32年）、同「保護観察の社会的基礎」更生保護論集（昭和34年）、同「わが国におけるプロベーションの発達」木村博士還暦・刑事法学の基本問題（下）（昭和33年）1039頁以下、同「自由刑の展開」―保護観察を基点とした保安処分（一粒社・昭和39年）、国連関係の出版物として、Probation and Related Measures, 1951, IV. 2.佐藤豁訳「プロベイションとこれに関係ある諸制度」法務省保護資料7号（昭和30年）。Comparative Survey of Juvenile Delinquency, Part IV, Asia and the Far East, 1953, pp. 60-63.
（11） 執行猶予の文献としては、牧野英一「日本刑法」（上）（昭和12年）636頁以下、同「執行猶予の取消」法律時報8巻3号20頁、尾後貫荘太郎「刑罰の本質より観たる不起訴処分と執行猶予」刑政44巻6号、中野次雄「執行猶予制度の改正」法律新

報747号31頁以下，団藤重光「刑法の一部改正について」法律タイムズ10号28頁以下，平場安治「刑の執行猶予と前科の抹消」法律文化3巻1号5頁以下，佐藤昌彦「アメリカにおける有罪判決の宣告猶予」刑事法の理論と現実（昭和26年）155頁以下，木村亀二「執行猶予と保護観察」法律時報25巻11号1118頁，平野龍一「執行猶予と宣告猶予」犯罪者処遇の諸問題（1963年）6頁以下。坂井一郎「矯正行政の現状と課題」（龍谷大学・矯正講座，21号，2000年）45頁以下。

(12) 小野清一郎「新訂刑法総論」（昭和23年）311頁。前川泰彦・「更正保護の最近の動向」（龍谷大学・矯正講座，21号，2000年）27頁以下。

(13) 佐藤昌彦「仮出獄」刑事法講座3巻603頁以下。

第4章　刑罰の消滅

　刑罰の消滅とは，刑の執行権の消滅のことである。
　その事由を「刑罰消滅事由」(Strafaufhebungsgründe) という。刑罰消滅事由の主たるものは次のようなものである。
　(1) 犯人の死亡・法人の消滅，(2) 恩赦，(3) 時効，(4) 刑の執行の終了，(5) 仮釈放期間の満了，(6) 刑の執行猶予期間の満了，(7) 復権である。

第1節　恩　　赦

　「恩赦」(Begnadigung) とは，行政権によって，刑罰権の効力を減殺または消滅させる制度である[1]。
　わが国では，旧憲法のもとでは，天皇の大権に属していたが（旧憲法16条），新憲法はこれを内閣の権限とした（憲法73条7号）。内閣の決定に基づき，天皇の認証を経て行われるのである。
　恩赦には，大赦，特赦，減刑，刑の執行の免除および復権の5種類があり，恩赦法（昭和22年法律20号）に規定されている（恩赦法1条）。

　(1) **大　赦**　一般または特定の犯罪に対して，その法律上の効力を消滅させるものである。政令で罪の種類を定めて行う（恩赦法2条）。
　原則として，(イ)有罪の言渡しをうけた者については，その言渡しの効力を失わせ，(ロ)有罪の言渡しをまだうけていない者については，公訴権を消滅させる（恩赦法2条，3条）。
　ただし，大赦の政命によって特別の定めをすることができる（恩赦法3条）。刑の言渡しを受けた者で，受刑中の者は直ちに釈放されることになり，釈放後の者は刑の言渡しがなかったと同じことになり，喪失した資格を回復するなど，有罪の言渡しから生ずる効果が消滅させられる。有罪の言渡し前の者には免訴の言渡がされることになる（刑訴法5条）。

(2) **特　赦**　有罪の言渡を受けた特定の者に対して行われるものである（恩赦法4条）。有罪の言渡しの効力を失わせる（恩赦法5条）。

大赦が一般的で，政令で行われるのに対し，特赦の方は特定の人に対するものである点が異なる。

(3) **減　刑**　減刑には一般減刑と特別減刑の2種類がある。

(イ) 一般減刑は，刑の言渡しをうけた者に対して，政令で罪もしくは刑の種類を定めて行い，原則として，言い渡された刑を減軽する。(ロ) 特別減刑は，刑の言渡をうけた特定の者に対して行い，刑を減軽し，または刑の執行を減軽する。ただし，刑の執行猶予の言渡しをうけて，まだ猶予期間を経過しない者に対しては，刑を減軽する減刑のみを行い，また，これとともに，猶予期間を短縮することもできる（恩赦法6条，7条）。

(4) **刑の執行の免除**　刑の言渡しをうけた特定の者に対してだけ行われる。刑の執行猶予の言渡しをうけて，まだ猶予期間を経過しないものには，これを行わない（恩赦法8条）。

(5) **復　権**(Rehabilitation)　有罪の言渡しををうけたために政令の定めるところによって資格を喪失しまたは停止された者に対して，政令で要件を定めて行うものである。一般的復権と特別復権とがある。

刑の執行を経らない者，または執行の免除をえない者に対しては，復権は行わない(恩赦法9条)。復権は，喪失した資格を，将来に向かって回復する効力を有する。しかし，特定の資格について行うこともできる（恩赦法10条）

恩赦の効力は将来に向かって発生するので，有罪の言渡しに基づく既成の効果は，大赦，特赦，減刑，刑の執行免除または復権によって変更されることはない（恩赦法11条）。

恩赦はもともとその歴史性をたずねれば，天皇あるいは国家，主権者の恩恵的な寛仁慈愛の念による，国家・天皇の吉凶慶弔の行事に関して行われるのが常例で[2]，まったく偶発性に基づき，恩赦を受ける者に基因しない恩恵行為であったが，今日では，恩赦の適用については，受刑者の素行，成績および将来

性について着目するにいたった（恩赦施行規2条1項3号）。

恩赦の合目的性とその刑事政策的要請によるものといわなければならない。

恩赦の手続は，中央更生保護審査会から，法務大臣に申出があった者に対して行われる（恩赦法12条，犯罪予更法3条1号）。この申出は，監獄・保護観察所の長，または検察官の上申があったものについてなされる（恩赦施行規1条）。上申は職権でも，本人の出願でも可能である（恩赦施行規6条）。

中央更生保護審査会は，申出をするには，あらかじめ，本人の性格，行状，違法の行為のおそれの有無など関係のある事項について調査しなければならない。

第2節　復　権

上述の恩赦による復権の外に，「法律上の復権」（裁判上の復権，rehabilitation de droit）がある。

これは教育刑論の要請として多年主張されてきたところである。

昭和22年の刑法の改正で，永い間の懸案であった前科抹消の措置が刑法典に規定されることになった（刑法34条の2）

刑の消滅の制度として，すでに述べた恩赦法による復権の制度と同一の目的を有するものである。

法律上の復権には3種類がある。

(1) 禁錮以上の刑の執行を終わりまたはその刑の免除をうけたものが，罰金以上の刑に処せられることなく10年を経過したときは，刑の言渡しはその効力を失う。

(2) 罰金以下の刑の執行を終わりまたはその執行の免除を得た者が，罰金以上の刑に処せられることなく5年を経過したときは，同様に刑の言渡しの効力が失なわれる（34条の2-1項）。

(3) 刑の免除の言渡しをうけたものが，その言渡しの確定した後，罰金以上の刑に処せられることなく2年を経過したときは，刑の言渡しの効力が失われる（34条2-2項）。

法律上の効果は，将来に向かって消滅するので，過去に本人が刑の言渡しを

うけた事実まで消えるのではない。

それゆえ裁判所が後の犯罪を審理するにあたって，この前科の事実を審問しても（最高判昭和25年5月30日刑集4巻889頁），また，これを量刑の資料としても（最高判昭和29年3月11日刑集8巻270頁）違法ではない。

もちろん，刑の言渡しが執行する効果として，「犯罪人名簿」（前科者名簿，Sachregister）の抹消が行われる。

裁判上の復権というのは，裁判所が特定の人に対し，一定期間の経過後，そのものに対し言渡された刑の効力を失う旨を言渡す制度である。改正刑法仮案のとる立場である。

(1) 刑の執行を終わり，または刑の執行の免除をうけた者が，善行を保持し禁錮以上の刑に処せられることなく5年を経過したるときは，裁判所は刑の言渡しの効力を失う旨の言渡しをすることができる（刑仮案120条1項）

(2) 譴責または刑の免除の言渡しを受けたものが，その言渡し後善行を保持し禁錮以上の刑に処せられることなく1年を経過したるときは，裁判所は譴責または刑の免除の言渡しの効力を失う旨の言渡しをすることができる（刑仮案120条2項）。

さらに，仮案は，刑の言渡しが効力を失ったときは命令によってその登録を除去することが規定してある（刑仮案125条）。

第3節 時　　効

〔1〕 刑事上の時効には，「**公訴の時効**」（Verjährung der Strafverfolgung）と「**刑の時効**」（Strafvoollstreckungsverjährung）の2種類がある[3]。

前者は公訴権を消滅させるもので，確定判決前の公訴権を消滅させる刑事訴訟法のものである（刑訴法250条）。後者は，刑の執行を免除する効果を生じ，確定判決後の刑罰執行権を消滅させるもので実体法的刑法上のものである（31条）。

両者の本質的性格は同一のものとする見解もないではないが妥当ではない。

時効による刑罰権の消滅理由についても，

(1) 時効期間中に犯人が他に罪を犯さなかった点に犯人の改善が推測される

から，
(2) 時の経過とともに立証が困難になるから，
(3) 長期間にわたる逃避によってすでに十分苛責をうけているから，
(4) 犯罪に対する社会的規範感情が，時間的経過とともに緩和され，必ずしも現実的な処罰を要求しなしくなるから，

などがあげられている[4]。そのいずれか1つにことさらに断定する必要はなく，総合的に考察すべきである。

〔2〕 刑の時効は，刑の言渡しが確定した後，次の期間中その執行をうけないことによって完成する。

(イ) 死刑は30年，(ロ) 無期の懲役・禁錮は20年，(ハ) 有期の懲役・禁錮は，10年以上は15年，3年以上は10年，3年未満は5年，(ニ) 罰金は3年，(ホ) 拘留，科料および没収は1年となっている（30条）。追徴は没収に準ずる。なお，時効の完成する時期は期間の末日の午後12時である。

時効の期間の計算は暦に従う（20条）。初日は，全1日として計算される（24条1項）

刑の時効の停止(Ruhen)は，一定の期間時効が進行しないことで，法令によって執行を猶予し，または，これを停止した期間内は進行しない（33条）。執行停止は，刑事訴訟法479条，480条，482条の場合である。

〔3〕 刑の時効の中断 (Unterbrechung)[5]は，犯人を逮捕したことによって中断する。罰金，科料および没収の時効は，執行行為をしたことによって中断する（34条）。

時効の中断は停止と異なり，すでに経過した時効期間の効果をまったく喪失させるものである。「執行行為」とは，財産の執行をいう。すなわち，任意納付の受領，強制執行および労役場留置の執行などがそれである。強制執行は，現実に効果をあげたことを必要としない。しかし，単なる納入告知または納入催告だけでは未だ執行行為とはいえない。罰金，科料には分納があるので分納も執行行為であり，この場合，分納のたびごとに時効の中断を見ることになる。

時効の効果として，刑の言渡しをうけた者は，時効によって，その執行の免除をうける（31条）。これは当然に時効の完成によって生ずるので別に裁判を必要としない。

(1) 岡田亥之三朗『逐条恩赦法釈義』(1968)，鈴木寿一「恩赦」法律実務講座 (1962)，平田友三「恩赦法制とその運用状況」朝倉・佐藤司ほか編「日本の矯正と保護」（3巻）(1981・有斐閣)，平田友三「恩赦事務」(研修・408号) (1982)，法務省保護局『外国の恩赦制度』(1991)，などの文献が重要である。ドイツでは，Schünemann, Entsprechendes gilt für die Amnestie, ZRP. 1984, S. 137 ff, Schünemann, Steuerliche Vierteljahresschrift, 1989, S. 24 ff.

(2) わが国においては，恩赦はすでに中古にみられる。常赦，大赦，非常赦，曲赦，臨時赦の五種があり，常赦は，八虐，故殺，謀殺，私鋳銭，強窃二盗以外の罪はすべてゆるすもの，大赦は，強窃二盗，私鋳銭以外のものおよびその他の一切の犯罪を赦すもの，非常赦は天皇崩御，天変地異等の非常時等に際し一切の犯罪を赦すもの，曲赦は常赦大赦を地方的に行うもの，臨時赦は左右囚獄の未断（未決のこと）の囚及び軽犯囚を減免するものである（律の「常赦所不免者」の条）。江戸時代には，赦律（将軍の恩赦の先例を集録したもの）が中心となっていた。

(3) Ulrich Bräuel, Die Verjährung der Strafvorfolgung und der Vollstreckung von Straten und Massregeln. (Materialien zur Strafrechtsreform, 2. Band) pp. 251 ff.

(4) Kienapfel, Grundriß, des Österreichischen Strafrechts, 8. Aufl., 2000, S 169.

(5) 時効の中断を，裁判所の行為と裁判所以外の訴追機関によって行われる行為とに区別することができる。前者の立場をとる国として，イタリア（刑法160条11項），オーストリヤ（刑法227条），デンマーク（刑法94条1項）があり，後者の立場をとる国としては，スイス（刑法27条2号），フランス（刑事訴訟法637条）ノルウェー（刑法70条1項）などがある。

第5章　保安処分論

第1節　保安処分の史的発展

〔1〕意　義

「**保安処分**」(sichernde Massnahme; sichernde Massregel) とは，犯罪または社会的危険性に対し，その将来的危険性を防止し，社会秩序の侵害を予防するとともに，本人の改善・治療・教育を目的とする刑事処分である。

「**対物保安処分**」(Vermögensrechtliche Sicherungsmassnahme) と「**対人保安処分**」(Persönliche Sicherungsmassnahme) がある。前者は没収，営業所の閉鎖，法人の解散のように財産に対する保安処分であり，後者は，非行少年，精神障害者，常習犯罪者のように人に対する保安処分である。

この2つを含む場合を広義の保安処分といい，このいずれかのみの場合，特に対人保安処分を狭義の保安処分という。

ドイツにおいては，普通，改善処分と保安処分を合わせて，「改善・保安処分」(Massregeln der Besserung und Sicherung) といっている[1]。

刑罰と保安処分の本質について，道義的責任論および応報刑論を採用する古典学派と目的刑論，社会防衛論，教育刑論を採用する近代学派との間に見解の差異がある。

従来の応報刑論は，刑罰は犯罪人の過去の犯罪行為に対する応報であり，それは，犯人の行為の中に示された責任を基礎として犯罪の分量と比例すべきものである。しかるに保安処分は，犯罪人の危険性という将来のものに対する予防的処分であり，危険性には犯罪行為の存在を必ずしも必要とせず，また危険性の継続は本来将来に属するものであるから，刑と保安処分とは，異質であるから二元主義（二元論，Dualismus, Zweispurigkeit）が採用されるべきであるとする。

これに対し，近代学派は，刑罰は単純に過去の犯罪に対するものではなく，将来の犯罪的危険性の予防という要素も持っている。責任の基礎は，行為者の

反社会性すなわち「危険性」(Gefahrlichkeit) であって,刑罰の分量も単純に犯罪に相当する客観的大小で決定するのではなく,行為者の反社会性すなわち危険性の程度を考慮して決定しなければならない。

さらに,刑罰においても一般予防の外に特別予防の目的を重視しなければならず,刑罰が単に害悪的内容のものではなく,合目的的な社会防衛と犯人の改善・教育を本質としている以上,保安処分との間に差はないのであるし,保安処分も刑罰と同様に,犯罪的危険性に対する処分として,社会倫理的要素を包含する刑事処分であり裁判所によって言い渡され,法務省の刑務所・婦人補導院・少年院で執行される点などから,刑罰と保安処分は機能上の分化であって,本質的には同一である。そこに近代学派の一元主義(一元論, Monismus; Einspurigkeit) が主張され,将来においては保安処分一元論となるであろうというのが,新しい考え方である[2]。

〔2〕 歴 史 性

保安処分の歴史性をたどれば,遠くローマ時代にさかのぼり,精神病者の刑法的処置が公法上規定されているのが認められる[3]。

中世にいたり,カロリナ刑法典 (176条) は排害処分の多彩の強い不定期性の「**保安監置**」(Sicherungsverwahrung) を認め,さらにその後,「善行保証」(Friedensbürgschaft) や「改善拘禁」(korektionelle Nachhaft) が保安的処置として発達し,16世紀におよんで,乞食・淫売婦・精神異常者などを保安目的 (Sicherungszwecken) から監獄に収容しはじめた。しかしいまだに散在的・例外規定として保安処分の萌芽がみられたにすぎなかった。

18世紀末にいたり,ドイツの刑法学者クライン (Ferdinand Klein, 1747-1810) によって初めて保安処分の独自性について理論的展開をみた。

クラインは,「保安処分の理論」において,刑罰と改善・保安処分とを区別し,刑罰は犯罪の分量に応づる確定的内容をもつものに対し,保安処分は行為者の危険性を標準として科せられる不定期的な内容をもつもので,ともに裁判官によって言い渡されるべきものとした。この影響のもとに,1799年11月26日,ドイツのプロシャ法回章 (Zirkularverordnung) は,従来の刑と保安処分の二元的併用から,進んで,危険性ある責任無能力者に対して,「不定期刑」とい

う保安処分一元主義を採用するにいたった。ここに刑と保安処分の罪刑法定主義と特別予防をめぐるグロールマン（Karl Grolmann, 1775-1829）とフォイエルバッハの論争となったが，応報思想の強い当時にあって，保安処分論は沈黙せざるをえなかった。

それより100年後の19世紀末にいたり，犯罪特に累犯の激増，少年犯罪の増加，行刑制度の不備が痛感され，従来の応報刑罰概念では，何ら有効な犯罪対策が講じ得ないことが，応報刑論者も認めざるをえなくなり，従来の刑罰を補充しまたは，これに代わるものとして保安処分が復活をみるにいたった。

今日の保安処分の理論の実質的基礎を与えたのは，ドイツの刑事政策学派のリスト，プリンスとイタリアの実証学派の社会防衛理論に立つフェリーである。

しかし，リスト，フェリー等による社会防衛論は主として従来の応報的刑罰概念に対する変革を求めるものとしてなされたものであり，保安処分を中心として論ずるものではなかった。

刑罰のほかに保安処分の独自性を認め，いわゆる二元主義のもとに刑罰と保安処分についてその体系化を試みたのはスイスの刑法学者カルル・ストース教授（Carl Stoos, 1849-1934）である。

1893年のスイス刑法草案（Vorentwurf zu einem Schweizerischen Strafgezets）は，ストースの立案に係るものであり，保安処分を刑法草案の中に規定したものとして著名であり，保安処分の発展過程において，刑法体系に保安処分を導入定立させたことは画期的意義をもつ。立案者の名にちなんで「ストース案」（Entwurf Stooss）とよばれている。

ストース教授の主眼とするところは，応報刑論と目的刑論を妥協せしめて，社会防衛論に立つ刑法とすることであり，その内容は，罪刑法定主義の原則を維持しつつ，刑罰体系を補充するものとして，刑法典に保安処分を規定して，応報刑のなし得なかった，累犯の防止，精神障害者の監護によって，慣習犯，職業犯，労働嫌忌者，アルコール中毒性犯人等に改善・離隔処分をほどこすにあった。

ストース案は保安処分として次の六つの形態を規定している。

(1)「**累犯者の監置**」（Verwahrung von rückfallingen Verbrechen）（23条，40条），(1)「**労働所**」（Arbeitsanstalt）（24条），(3)「**飲食店出入禁止**」（Wirtshaus verbot)（25条），(4)「酒癖治療所」（Heilanstalt für Trinker）（26条），(5)「責任無能力者の監置」（Verwahrung von Unzurechnungsfähigen）（15条），(6)「責任無能力者の療養」（Uersorgung von Unzurechnungsfähigen）（11条）がそれである。

ストース案の各国の刑罰体系に与えた影響は広く，1909年のドイツ刑法草案，同じくオーストリヤ刑法草案，1922年チェコスロバキア刑法草案，1930年フランス刑法草案，昭和2年の日本の刑法準備草案などが刑法草案の中に継承発展させ，また，1932年のイタリア刑法典（199条以下），1932年のポーランド刑法典（42条以下），1950年のスイス刑法典（42条以下），1950年のチェコスロバキア刑法典（69条以下），1959年のユーゴスラビア刑法典（61条以下），また1908年のイギリスの犯罪予防法（Prevention of Crime Act）やこれを改めた1948年の刑事裁判法や，1930年のベルギーの「精神異常者および常習犯人に対する社会防衛法」（Loide défense sociale）や1965年のスウェーデン刑法典（§3部制裁の章以下）など保安処分に関する規定を含んでいる。

刑と保安処分との関係は，外国の刑法は，併科主義（Kumulationsprinzip）をともなう二元主義の体系，および一元主義の体系，さらに混合体系の三つに区分することができる。

混合体系の国は，原則において二元主義を示しているけれども，例外規定をもつ，スイス，ギリシャのように，「代替主義」（Prinzip des Vikariierens）による体系，キューバのように一元主義を標榜しながら事実上はある程度の二元主義を執っている体系が包含される。

1 併科主義をともなう二元主義体系

イタリア刑法の刑は責任を基礎とし（42条），保安処分は社会的危険性を基礎（204条）としている。矯正作用としての刑と犯罪行為の予防に役立つ保安処分を認め，刑は保安処分と併科されている。

ブラジル刑法は，構成要件の有責の実現に結び付けられている刑（28条以下）と，犯人の危険性を前提とする保安処分（75条以下）との二元主義の原則に立っているが，保安処分の執行は80条により自由刑の執行後に行われている。

フランス刑法典（274条）もこの立場に立っており，常習犯罪人には，1885年5月の法律により，植民地で執行され，補充刑（Ergänzungsstrafe）として「追

放」(relēgation) を宣告するのが特色である。

　ベルギー刑法もこの立場で，1933年4月の法律で，精神病者，浮浪者，乞食，および特定の累犯，常習的犯人に対する保安処分の詳細にわたった体系をもっている。その他，アルゼンチン刑法，ハンガリヤ刑法，オランダ刑法がこれに属す。

2　一元主義の体系

　イギリスは，1948年の刑事裁判法の中で，「矯正拘留」(Corrective Training) に「保安監置」(Preventive Detention) という2つの自由剥奪処分において一元主義の体系を実現している（刑事裁判法21条）。

　アメリカ法においては，保安処分の概念はなく，刑自体の中に保安処分の作用である将来の犯罪に対する予防，社会復帰，社会防衛が，移し込まれている。それは主として不定期刑として35州で採用されており，二元主義体系を持たない独自の法体系である。

　ソビエト刑法も，社会防衛処分のみを認めている。裁判矯正処分と医療教育処分に区別されている（7条）。

　前者は自由剥奪，矯正労働で自由剥奪をともなわないものなどであり，後者は強制治療，特殊治療・教育施設への収容などがある。

　これらは同一目標に到達するための，異なった手段と解されている。

3　混合体系

　スイス刑法のように，二元主義を示しているけれども，例外を設けて原則を破っている混合体系(gemischte Systeme)で，たとえば，限定責任能力者にあっては，刑のほかに保安監置が宣告（スイス刑法14条）されるときは，刑の執行は中止され，まず監置もしくは「看護」(Vorsorgung) が執行される。すなわち，刑を執行されないときは，保安処分が唯一の手段となるのである。

　スウェーデン刑法は刑と保安処分とを規定し，保安処分の方は，特別法に規定されているのであるが，危険で矯正することの不可能な常習犯罪人に対して，特定の条件のもとに科せられる保安監置もしくは「拘禁」(Internierung) は，刑に代わるものとして強調されている。

ギリシャ刑法(1950年制定)は二元主義の体系に独特な方法で運用上の一元化を図っている。

特別予防と保安の任務を広範に刑罰に課し，保安の目的と刑罰を結合させ，また，刑を補充する保安処分を設け，あるいは，刑罰に代わる矯正処分を規定しいてる。たとえば，精神的に異常な危険な犯罪人，犯罪少年にして刑罰による「躾」(Strafzucht)が必要な者には，相対的に不定期な特別刑に服させる（一個の刑における一元主義）。

かつて，1921年，イタリアのフェリー(Ferri)による刑罰を否定し，刑と保安処分を含めた「制裁」(Sanktionen)の一元構想をもつイタリア刑法予備草案（フェリー案という）が試みた「刑罰のない刑法」(Strafgesetzbuch ohne Strafen)は，今日ようやくにして刑法体系に定着しつつある。1953年9月ローマで開かれた第六回国際刑法会議は「刑と保安処分との一元化」というのをその議題の一つとした。この一元化は，さしあたり少年法と精神障害者について実践上の問題を生じており，刑罰が漸次保安処分化してゆくことが理解されるはずである。

第2節　保安処分の構造

わが現行刑法は保安処分の規定をもっていない。

わが国における保安処分は次のものである。(1) 少年に対する保護処分，(2) 保護観察，(3) 更生保護，(4) 売春婦に対する補導処分，(5) 精神障害者に対する措置，(6) 暴力主義的破壊活動を行った団体の規制処分がこれである。改正刑法草案は，治療処分と禁絶処分の2種類を規定している（草案97条）。

〔1〕　保 護 処 分

(1)　保護処分は，非行少年に対して性格の矯正および環境の調整を行う保安処分である（少年法1条）[4]。

保護処分の対象となる非行のある少年とは，㈦犯罪少年，㈠触法少年すなわち，14歳に満たないで，刑罰法令に触れる行為をした少年，㈥虞犯少年すなわち，次の事由から罪を犯すおそれのある少年である。(a) 保護者の正当な監督に

服しない性癖のあること。(b)正当の理由がなく家庭に寄りつかないこと。(c)犯罪性のある人もしくは不道徳な人と交際し、またはいかがわしい場所に出入りすること。(d)自己または他人の徳性を害する行為をする性癖のあること（少年法3条）。これは行為に徴表される危険性に着眼しているのである。

(2) **保護処分の種類**は、(イ) 保護観察所の保護観察、(ロ) 児童自立支援施設または児童養護施設に送致すること、(ハ) 少年院に送致すること、の三種の保護処分がある（少年法24条）。これらの保護処分のうち、保護観察は犯罪者予防更生法33条によって行い、児童自立支援施設および児童養護施設は、児童福祉法44条に規定されている。少年院への送致については、少年院法に規定されているが、少年院は、家庭裁判所から保護処分として送致された者を収容し、これに「矯正教育」を授ける施設であって（少年院法1条、4条）、非行進度および年齢によって、初等少年院・中等少年院・特別少年院・医療少年院の四種がある。それぞれ男女によって区別されている。

少年院の矯正教育は、在院者を社会生活に適応させるため、その自覚に訴え、規律ある生活のもとに、一定の教科、ならびに職業補導、適当な訓練および医療を授けるものとされている（少年院法4条、少年院処遇規則15条）。在院者に対しては、段階処遇（二級の下・上、一級の下・上）によって処遇が累進する（少年院法6条）。少年院の収容期間はおおむね一年間で、原則として在院者が満20歳に達するまでである（少年院法11条）。退院、仮退院は、地方更生保護委員会の決定によって行われる（少年院法12条）。仮退院者は、保護観察に付される（犯罪予更法33条）。

(3) **保護処分の審判手続**は、家庭裁判所が行う。審判に付すべき少年についての通告、報告、送致などをうけたときは家庭裁判所はその事件について家庭裁判所調査官が、少年、保護者、または関係人の行状、経歴、素質、環境、不良化の経過や心身の状況等について調査し、その結果、審判に付することが不適当なときは、審判不開始を決定し、本人が20歳以上であることが判明したとき、および刑事処分を相当と認めるときは、検察官に送致する（いわゆる逆送、少年法19条2項、20条）。

そこでいよいよ審判開始をするわけであるが、決定しなければならない（少年法21条）。審判は非公開で、懇切、なごやかに行わなければならず、審判の結

果，保護処分を適当としない事由があるときは，それぞれ，審判不開始の決定，送致などの処置をとるほかは，必ず保護処分をしなければならない。

〔2〕 保護観察

「**保護観察**」(Probation; Schutzaufsicht) はアメリカ・イギリスにおいて宣告猶予と結びついて発達した制度で[5]，犯罪者および非行少年を家庭，職場などの社会のうちにおいたまま，保護監察官，保護司によって指導監督し，あるいは補導援護して社会に適応させるための自由剥奪をともなわない対人保安処分である（犯罪予更法34条1，保護観察法2条）。

保護観察の方法と対象は次の5種類がある。

(I) 少年法24条1項1号の保護処分を受けた少年（**1号観察**）。
(II) 少年院からの仮退院を許されている少年（**2号観察**）。
(III) 仮出獄を許されたもの（**3号観察**）。
(IV) 刑法25条の2の規定によって保護観察に付された執行猶予（**4号観察**）。
(V) 婦人補導院から仮退院を許された者に対する保護観察（**5号観察**）。

このうち1号観察と4号観察は**プロベーション**(Probation)，2号観察と3号観察は**パロール**(Parole)とよばれている。

1号観察は，原則として本人が20歳に対するまでの期間であるが，本人が20歳に達するまでに2年に満たない場合は2年間（犯罪予更法33条III）である。

2号観察は，原則として本人が20歳に達するまでの期間である（少年院法11条1）が，少年院法11条の規定によって収容継続を決定された者については，定められた収容継続期間の残期間である。

3号観察は，無期刑の者については10年。定期刑の者については契機の残期間。少年法51条の規定によって，10年以上15年以下の刑を科せられた者については，刑の執行を受けた期間と同一の期間または刑期の残期間のいずれか短かい期間。不定期刑の者については，仮出獄に刑の執行を受けた期間と同一の期間または長期終了までの期間のいずれか短い期間である。

4号観察は執行猶予の期間中である。実際に保護観察を実施するのは，本人の住居地を管轄する保護観察官と担当保護司である（犯罪予更法39条）。保護観

察官は医学，心理学，教育学，社会学その他更生保護に関する専門知識をもつ公務員であるが，保護司は，対象者と同一地域に居住し，その地域の事情に精通しているばかりでなく，地域住民の信望も厚く，保護観察に熱意をもつ民間人である（保護司法20条）。この保護司制度は日本独自の制度であり，困難な条件の中で効果を上げつつある。

　保護観察の内容は，**指導監督**と**補導援護**の二つに分けられる（犯罪予更法34条1，観察法2条）。これについてはすでに述べたところである。犯罪者予防更生法にも執行猶予者保護観察法にも，成人と少年の保護観察の方法を区別する規定はない。それだけに保護観察の実施には，本人の年齢，経歴，心身の状況，性格および環境等に応じて，その回数，方法，場所等を考慮するとともに，専ら懇切な態度をもって臨み，本人ならびに保護者等の信頼を得ることに努めなければならない（保護局長通達昭和28年2月20日法務省保護第235号）。

　保護観察に付された者には誰でも，保護観察の期間中守るべき遵守事項が定められている。保護観察において行う指導監督は，本人に遵守事項を守らせるための措置である（犯罪予更法34条1項）。保護観察のためには，本人の呼出・質問・引致，関係人の調査・質問などが認められている（犯罪予更法41条執行保護観察法10条）。

〔3〕　更　生　保　護

　更生保護は，「社会内処遇」(non-institutional treatment)が犯罪者予防更生法によって具現，制度化されたものである[6]。自由刑の執行を終わった者，自由刑の執行の免除をえた者，自由刑について執行猶予の言渡しをうけ，その裁判が確定するまでの者，自由刑について執行猶予の言渡しをうけ，保護観察に付されなかった者，または起訴猶予の処分をうけた者が，刑事上の手続による身体の拘束を解かれた後，さらに罪を犯す危険を防止するために，認められる措置である（更生緊急保護法1条）。

　更生保護の内容は，**一時保護**と**継続保護**がある。前者は，帰住をあっ旋し，金品を給与し，もしくは貸与するものであり，後者は，一定の施設に収容して，宿泊所を給与し，必要な教養，訓練，医療，保養もしくは就職を助け，環境の改善調整を図るなどの保護を与えるものである。

しかし，更生保護の対象となるものは，(1)本人が刑事上の手続により身柄が拘束されており，(2)親族・縁故者などからの援助や公共の施設から医療・宿泊・職業その他の保護を受けることが出来ない場合，(3)本人の意思に反しない場合に限られてる。

したがって，一種のアフター・ケアの要素をもつ保安処分ではあるが，更生緊急保護法により保護された者は，昭和40年度保護統計年報によれば，2,710人であり，同年の起訴猶予者だけについてみても，検察統計年報によれば，232,232人であるから，その約1％にすぎない実情である。これは，釈放後六ケ月内にかぎられる点などからくる制限その他の条件が考えられるが[7]，本人がすすんで法律を守る善良な社会人となることを援護し，そのすみやかな更生を保護するものである(更生緊急保護法2条)。地方公共団体や更生保護会が地方更生保護委員会の監督のもとで行っている。

〔4〕 売春婦に対する補導処分

「売春」とは，対価を受け，または受ける約束で，不特定の相手方と性交することをいうが，売春が人としての尊厳を害し，性道徳に反する社会の善良な風俗を乱すものであるから，これを防止するのが刑法の目的であり，売春防止法(昭和31年5月24日法律118号)の制定されたゆえんであるが，売春の勧誘などの罪を犯した20歳以上の女子に対し，懲役または禁錮の執行を猶予した場合に，保安処分の一種である補導処分に付する。「援助交際」と称する少女売春が多発しているが，これは「少年法」の対象者で，少年院(女子少年院)に収容されることになっている。

補導処分は，**婦人補導院**に収容し，規律ある生活のもとで，社会生活に適応させるために必要な生活指導および職業指導を行い，また，その更生の妨げとなる心身の障害に対する医療を行う (売春防止法17条，婦人補導院法2条1項)。

補導処分の期間は，六カ月間であり，補導処分中は保護観察に付しない(売春防止法19条)。

地方更生保護委員会によって仮退院を許されたときは，補導処分の残期間中，保護観察に付する。この場合も，犯罪者予防更生法によって，保護観察が行われるのである (売春防止法26条)。

未成年女子が売春および公然勧誘すれば，保護処分として少年院に入れられるのに対し，成年女子の補導処分も保安処分であることは述べたとおりであるが，婦人補導院に収容される人々はほとんど公然街頭で客を引いた者に限られ，全体の80％が家出による転落で，家出後売春までの経過は，五年以内に75％がおちており，収容年齢の若い者ほど売春までの経過が短かい。

収容女子の性格を分析してみると，意志欠如型が最も多く見られ，自己顕示性，気分易変性，発揚性がこれに次いでいる。したがって，補導院における補導処分の内容は，職業補導の前に，まず，日常の躾教育や団体訓練に力をそそがなければならない。六ヶ月の収容期間も執行猶予の実刑に見合う期間であって教育訓練に必要な期間とはいいがたい。むしろ，改善に至るまでの不定期の補導処分が必要だと思われる[8]。

〔5〕 **精神障害者に対する措置**
(1) 犯罪性精神障害者または精神障害のある犯罪者に対する刑事政策上の取扱いは，ヨーロッパ大陸の多くの国々では，これを保安処分として扱うのが普通である。

刑事責任なしと認められたが公共の安全を脅かす危険性のある者や，治療・看護を必要とする犯罪性精神障害者は，「治療・看護施設」（Heil-Pflegeanstalt）あるいは司法精神病院に送られ（ドイツ，スイス，スウェーデン，ノルウェー，デンマーク，オランダ，イタリア，ユーゴスラビア，ブラジル等），アルコールその他の薬物中毒または嗜癖者は，飲酒者治療施設，矯正施設（Entziehungsanstalt）に送られる。

アメリカでは，国立または州立の精神病院や医療刑務所などに収容して，司法当局と精神衛生局との緊密な協力のもとで，それぞれの実情に応じた対策がなされている。

ことにニューヨーク州では，早くから犯罪性精神病と精神病犯罪者を分けて，独立の専門施設を持っており，連邦政府では，犯罪性精神病者の特別病棟と医療刑務所の二本立になっている。

なお，危険な累犯性の精神病質者については，ヨーロッパでは保安監置（Sicherungsverwahrung），予防拘禁（Preventive detention）などの制度が多くの

Ⅰ—表　罪名・精神障害名別処分結果

(平成6年～10年の累計)

区　分	総　数	不　起　訴			裁　判		
		計	心神喪失	心神耗弱〔起訴猶予〕	計	心神喪失（無罪）	心神耗弱〔刑の減軽〕
総　数	3,805 (100.0)	3,402 (89.4)	1,914 (50.3)	1,488 (39.1)	403 (10.6)	17 (0.4)	386 (10.1)
①罪　名							
殺　人	755 (100.0)	633 (83.8)	607 (80.4)	26 (3.4)	122 (16.2)	9 (1.2)	113 (15.0)
強　盗	155 (100.0)	132 (85.2)	103 (66.5)	29 (18.7)	23 (14.8)	—	23 (14.8)
傷　害	605 (100.0)	562 (92.9)	264 (43.6)	298 (49.3)	43 (7.1)	1 (0.2)	42 (6.9)
傷障害致死	70 (100.0)	49 (70.0)	45 (64.3)	4 (5.7)	21 (30.0)	—	21 (30.0)
強姦・強制わいせつ	103 (100.0)	80 (77.7)	56 (54.4)	24 (23.3)	23 (22.3)	—	23 (22.3)
放　火	454 (100.0)	402 (88.5)	341 (75.1)	61 (13.4)	52 (11.5)	1 (0.2)	51 (11.2)
その他	1,663 (100.0)	1,544 (92.8)	498 (29.9)	1,046 (62.9)	119 (7.2)	6 (0.4)	113 (6.8)
②精神障害名							
精神分裂病	2,264 (100.0)	2,157 (95.3)	1,323 (58.4)	834 (36.8)	107 (4.7)	9 (0.4)	98 (4.3)
そううつ病	259 (100.0)	216 (83.4)	120 (46.3)	96 (37.1)	43 (16.6)	2 (0.8)	41 (15.8)
てんかん	61 (100.0)	51 (83.6)	30 (49.2)	21 (34.4)	10 (16.4)	1 (1.6)	9 (14.8)
アルコール中毒	309 (100.0)	250 (80.9)	126 (40.8)	124 (40.1)	59 (19.1)	1 (0.3)	58 (18.8)
覚せい剤中毒	194 (100.0)	166 (85.6)	71 (36.6)	95 (49.0)	28 (14.4)	1 (0.5)	27 (13.9)
知的障害	150 (100.0)	88 (58.7)	30 (20.0)	58 (38.7)	62 (41.3)	1 (0.7)	61 (40.7)
精神病質	48 (100.0)	36 (75.0)	8 (16.7)	28 (58.3)	12 (25.0)	—	12 (25.0)
その他の精神障害	520 (100.0)	438 (84.2)	206 (39.6)	232 (44.6)	82 (15.8)	2 (0.4)	80 (15.4)

注　法務省刑事局の資料による。

国（ドイツ，スイス，ベルギー，イギリス，デンマーク，スウェーデン，ノルウェー，フィンランド等）で試みられている。

アメリカでは，とくに性的精神病質に対する特別立法を，治療的不定期処分の試みとして行っている州が多い。

わが国においては，精神障害者に対する刑法上，保安処分の規定はなく，刑事政策上，1995年「**精神保健福祉法**」に改正され，それに基づく措置入院としての保安処置と医療刑務所，医療少年院が設けられているにすぎない。

しかし，前述したように，刑が矯正，教育，治療などをその目的とするようになれば，刑と保安処分は質的に区別することができない接点が多くなり，保安処分を刑法に体系化することが必要である。

刑法準備草案では，刑罰を先に執行し，保安処分を後にする規定を設けてある。

現行の措置入院は，精神保健福祉法29条の「その精神障害のために自身を傷つけ，または他人に害を及ぼすおそれがあると認めたときは，その者を国もしくは都道府県の設置した精神病院または指定病院に入院させることができる」のである。この措置入院は都道府県知事の権限に属する。ここにおいては保安処分的入院措置をとる前に裁判所によって限定責任者として，減軽せられた刑を執行する連続的適用をみるのである[9]。刑と精神保健法の二元主義をとる欠点といわなければならない。ベルギーの1930年の社会防衛法（Codigo de Defense Social）は，犯罪性精神障害者に保安処分一元主義によっている。イギリスではこの種の処分は保護観察（Probation）の枠で言い渡しうることになっている（刑事裁判法四条）。

スイス刑法は，これらのものに対する処置を「**保安治療処分**」（Sichermde und heilende Mabnahme）として定めている。この種の処置を通院によって受けさせてよいかどうかは論争のあるところである[10]。

(2) 精神障害者のうち，顕著な犯罪傾向をもつ遺伝性精神病者に致しては，保安処分としての「優生手術」（Sterilisierung）が行われる。

特殊な保安処分で，「身体的措置」（Körperliche Eingriffe）の一種で，これに「去勢」（Kastration）がある。去勢を刑法上の保安処分としている国々も多い（デンマーク，スウェーデン，フィンランド，ノルウェー，アメリカの諸州，ドイ

ツ)。世界的に保安処分として刑法上に採り入れようとする傾向が見られる。

わが国においては，1995年の改正で，「精神保健福祉法」と改まり，より一層の「社会復帰施設」への充実と「指定医」制に変った。顕著な犯罪傾向をもつ精神病質者（第5条に，精神分裂病，急性中毒，依存病，知的障害，精神病質，その他の精神疾患を有する者となった）に対して，その疾患の遺伝を防止するために，優生手術を行うことが，公益上必要であるときは，都道府県優生保護審査会の審査の決定に基づき，その指定した医師がこれを行う。ただし，手術に慎重を期するため，審査の決定に対しては，再審査および訴の提起も認められている。

〔6〕　**暴力主義的破壊活動を行なった団体の規制処分**

暴力主義的破壊活動を団体活動として継続または反覆して行い，さらにまた，将来行う明らかなおそれがあると認められる十分な理由があるときは，保安処分の一種として規制処分を科すことができる（破壊活動防止法5条）。

規制処分の内容は，㈦ 六ヶ月を超えない期間，地域を定めて，集団示威運動，集団行進，または公開の集会を行うことの禁止処分，㈪ 六ヶ月を超えない期間を定めて，機関紙の印刷または頒布を禁止，㈨ 六ヶ月を超えない期間を定めて，特定の役職員または構成員に，その団体の行為を禁止する，㈡ 当該暴力主義的破壊活動団体に対し，解散の指定を行うことができる（破壊活動防止法7条）。

規制処分の手続は，公安調査庁長官の請求によって，公安審査委員会が，審査を行ない，処分に付するかどうかを決定する。処分の請求をするについては，公安調査庁長官は，事前に当該団体に通知して，その弁明を聴くことを要する（破壊活動防止法12条）。

公安審査委員会の決定に不服があるときは，裁判所に訴を提起することができる。

第3節　刑と保安処分の一元化

危険な行為者から，社会を防衛するとともにその行為者の治療・改善を目的とするのが保安処分である。行為者の「危険性」(Gefährichkeit) が前提とな

り，これにして，「自由剝奪をともなう保安処分」(Die mit Freiheitsentziehung verbundenen Mabmhmen der Sicherung) と「自由剝奪をともなわない保安処分」(Die Mabnahmen der Sicherung ohne Freiheitsentziehung) を科しているが，とくに自由剝奪をともなう保安処分と自由刑との間には，まったく共通した性格があり，刑と保安処分を分離するなにものもない。そこで実践上，二元主義を採用する場合，どちらを優先させるかの科刑上の「一元化」(unification)が問題となる。

　刑罰と保安処分との「**併科主義**」(重畳主義，Grundsatz der Kumulierung)と「**代替主義**」(代当主義，Grundsatz der Vikafierung) が対立している。

　併科主義は，さらに刑罰の執行を先にするものと，保安処分の執行を先にするものとに分かてれいる。

　併科主義に立つ国々(イタリア，ブラジル，フランス，ベルギー，ドイツ，アルゼンチン)があり，ドイツ刑法もこの立場で，しかも刑罰を優先執行（ドイツ刑法42条b刑訴456条b）している[11]。

　代替主義は，保安処分と刑罰のいずれかを選択執行して，他の執行をまぬかれさせるものであるスイス刑法（スイス刑法42条）初め多くの国（スウェーデン，ペルー，デンマーク，ギリシャ，キューバ）が採用している[12]。

　わが国の刑法改正準備草案は，保安処分として治療処分と禁断処分の2種類を認めたにすぎないが(さきの改正仮案では，監護処分，矯正処分，労作処分，予防処分の4種のものがあった)，刑罰を優先させる併科主義を原則としつつ，事情により刑の執行にさきだち，または，その執行を停止して，保安処分を執行しうるものとし，刑罰または保安処分のいずれかの執行によって他の執行が不要となったときは，裁判所はこれを取り消し，または免除しうるものとして代替主義をも併用している（仮案132条，135条，準案122）。一種の混合体系である。

　二元主義に従うときは，理論的には本来，併科主義を採用すべきである。実践上も理論上も代替主義の方が優れていることを付言しておく[13]。

　(1)　Welzel, Das Deutsche Strafrecht, 10. Aufl., S. 254, Maurach, Deutsches Strafrecht, Allg. Teil., 3. Aufl., 1965, S. 748 ff. Sieverts, Sichernde Massnahmen, HaWB der Kriminologie, 1936, II, S. 589.

(2) 牧野英一「刑法における重点の変遷」(昭和 4 年) 260 頁以下、木村亀二「保安処分の理論」(刑事政策の基礎理論所収) (昭和 17 年) 355 頁以下、市川秀雄「刑法総論」(昭和 30 年) 478 頁、小川太郎「保安処分」(昭和 27 年) 3 頁以下、木村亀二「保安処分」刑事学講座 3 巻 (昭和 29 年) 668 頁、日本刑法学会編「保安処分の研究」(1958 年)、安平政吉「保安処分の理論」(1936 年) 参照、正木亮「刑法と刑事政策」(1963 年) 220 頁以下、西田捷美「保安処分についての考案」刑政 73 巻 4 号 (1962 年) 13 頁以下、小川太郎「自由刑の展開」(1964 年) 348 頁以下、前田信二郎「増訂刑事学原論」(1967 年) 280 頁、八木国之「刑罰及び保安処分制度体系の再検討」中央大学正法会 30 周年論集 355 頁以下、佐藤司「保安処分の種類 (四)」刑事政策講座 3 巻 173 頁以下。Welzel, a. a. O., S. 36 ff, Mezger, Strafrecht I. Allg. Teil, S. 84 ff., Maurach, a. a. O., S. 753.

(3) 安平政吉・前掲書「保安処分の理論」(1936 年)、60 頁、大芝靖郎「保安処分施設における処遇に関する立法例の研究」法務省・法務研究報告書 52 集 1 号 6 頁以下。

(4) 宮沢浩一編「少年法改正」(昭 47)、田宮裕編「少年法一条文解説」(有斐閣・昭 62)、平野龍一「講座少年保護―処遇と予防」松尾浩也編「少年法その理状と課題」(大成出版社・1983)、菊田幸一「少年教護」法理と実際 (成文堂 1975)、副島和穂編「矯正教育概編」(有斐閣・昭 56)、法務省矯正研修所「少年院法」(昭和 53) 朝倉京一・佐藤司ほか編「日本の矯正と保護」(少年編) (有斐閣・1981)、沢登俊雄「刑罰・保安処分・保護処分」犯罪者処遇制度論 (下) (1975)、佐藤司「スイスにおける教育処分」小川太郎博士古稀祝賀論文集 (1977 年) 185 頁以下。岩岡正「矯正教育と内線法」(龍谷大学・矯正講座 21 号．2000 年) 83 頁以下。

(5) 小川太郎・前掲「イギリスのプロベーション」季刊刑政 3 巻 2・3 号 (昭和 30 年)、佐藤昌彦「アメリカにおけるプロベーション制の形成」刑法雑誌 2 巻 1 号 (昭和 26 年)、菊田幸一「プロベーション法制の比較的考察」法律のひろば 16 巻 1・2 号 (昭和 38 年)、平野龍一「プロベーションの諸問題」犯罪者処遇法の諸問題 41 頁以下、鈴木喜重郎「英国少年法と保護観察制度」法学新報 70 巻 6・7 号 (昭和 38 年) 35 頁以下、前沢雅男・藤野隆「保護観察処分少年の成行に関する研究」法務総合研究所記要 (1968) 200 頁以下。

(6) 本位田昇「社会内処遇」罪と罰 5 巻 3 号 (昭和 43 年)、2 頁以下、岩井啓介「社会内処遇論考」(日本更生保護協会・1992)、伊福部舜児「社会内処遇の社会学」(日本更生保護協会・1993) 121 頁以下、井上義隆・杉原紗千子「保護観察の処遇効果に関する文献研究」法務省・法総研紀要 19, 1976。

(7) 斎藤三郎「起訴猶予者に対する更生保護について」刑政 72 巻 8 号 (昭和 36 年)、12 頁以下、片倉千弘「起訴猶予者に対する更生保護措置の運用に関する研究」法務総合研究所研究部紀要 (1967 年) 151 頁以下。

(8) 後藤陸郎「売春婦の補導処分について」犯罪学年報 3 巻 (昭和 40 年) 168 頁以下。

(9) 樋口幸吉「犯罪性精神障害者に対する精神衛生措置の実態と再犯状況」犯罪学年

報3巻（昭和40年），14頁以下，加藤久雄「治療・改善処分の研究」（昭和56年・慶応通信）5頁以下。
(10) Heldmann, Die Massnahmen der Sicherung und Besserung ohne Freiheitsentziehung (Materialien zur Strafrechtsreform 2, Band. I, Allg. Teil.)法務大臣官房司法制調査部訳ドイツ刑法改正資料2巻（中）（法務資料375号）214頁。
(11) 滝川春雄「ドイツにおける保安処分」（前掲・保安処分の研究所収）41頁以下。Bruns, Die Maßregeln der Besserung und Sicherung im StGB-Entwurf 1956, ZStW, 71. S. 210 ff; Herrmann, Die mit Freiheitsentzug Verbundenen Maßnahmen der Sicherung und Besserung, S. 193ff.; Schröder, Die Verinheilichung der Strafe und der Sichernden Maßnahmen, ZStW 66. S. 180 ff. Baur, Besserung und Sicherung, StV. 1982, 36 ff. Kammerier, Maßregelvollzug, 1988, Westf, Maßregelvollzug, NStZ. 1991. S. 64 ff., Bernd Volckart, Maßregelvollzug, 3. Aufl., 1991.
(12) 平野龍一「スイスにおける保安処分」（前掲・保安処分の研究所収）85頁以下。Germann, Massnahmenrecht des schweizerischen Strafgesetzbuches, Schw ZStr., 73, 1958., S. 44 f.; Stooss, Zur Natur der sichetnden Massnahmen, Schw ZStr., 44. 1930, S. 261 ff.
　尾崎純理・丸山輝久「スイスにおける保安処分制度」（泉博編「諸外国の保安処分制度」（1983・日本評論社）195頁以下。
(13) 牧野英一「刑と保安処分の一元化」季刊刑政2巻3号6頁。加藤久雄「刑罰と保安処分」（刑法基本講座，1992・165頁以下。)

第6章 刑法の効力

第1節 時に関する効力

〔1〕 **刑法の時に関する効力**（Zeitlicher Geltungsbereich）とは，刑罰法規が，どの時点からどの時点まで効力をもつかという問題である。「**時際刑法**」(intertemporales Strafrecht) ともいう。

刑法はその施行の時から廃止まで効力を有するのが原則である。したがって施行の時以後の犯罪に対して適用され，施行前の犯罪に対して，遡って適用されることはない。これが「刑罰不遡及の原則」(Prinzip der Nichtrückwirkung von Strafgetzen) である。

問題となるのは，犯罪行為の時と裁判時との間に刑法および刑罰法規に変更があった場合である。すなわち，行為時法（旧法）を適用するのか裁判時法（新法）を適用するのかの問題である。わが憲法は，「何人も，実行の時に適法であった行為については，刑事上の責任を問われない」（憲法39条）と規定して，行為の時に効力を有する刑罰法規が適用される原則をもっている。これに対し，刑法6条に「犯罪後の法律に依り刑の変更ありたるときは其の軽きものを適用す」としてこの原則の例外規定があることに注意しなければならない。

すなわち，犯罪時法（行為時法）と裁判時法とが異なり，裁判時法の刑が犯罪時法の刑よりも軽い場合には，その適用をうける被告人の利益をはかって，裁判時法の遡及を認めようとするのである。

犯罪行為の実行行為と結果とが時を異にするときは，行為時を標準にすべきで，結果時は関係がない。「犯罪後」とは，実行行為終了後という意味である。

犯罪時法と裁判時法との間に「中間法」(Zwischengesetz) が介在していたときは，6条により刑の軽重を比較して，三者の中で最も軽い刑を規定した刑罰を適用する。

「刑の変更」とは，主刑の変更をいい，附加刑の変更を含まないとするのが通説・判例である（小野，安平，井上，宮崎説）が，主刑が同じときは附加刑を加え

て比較すべきであると思う（同旨，市川説）。

　保安処分については，改正刑法仮案が，「保安処分については新法に従う」旨を規定している（仮案6条2項）。

　犯罪後の法令により，刑が廃止された場合にはもはや犯人を処罰することはできない。

　〔2〕「**限時法**」(Zeitgesetz) とは，一定の適用期間をかぎって制定された法律をいう[1]。

　その期間を経過したときは，当然に廃止される。しかしそうすると，犯行時と裁判時との間に一定の時間的間隔が存在することは止むをえないことであるから，有効期間の終了に近づくにしたがって，その実効性を失うという不都合が生じる。そこで，ドイツ刑法2条3項のように「一定期間のみをかぎって発せられた法規は，その効力を失なった後も，有効期間中に犯された可罰的行為に適用される」と規定する立場もある。これらの場合に，限時法は，有効期間中の違反行為に対しては，その廃止された後にも適用しうることはいうまでもない。これを，「限時法の追及効の原則」(Grundsatz der Nachwirkung des Zeitgesetzes) とよぶ。

　このような追求効について明文の規定がない場合，解釈によって同様な結論を導くことはできないかと論議されている。これを限時法の理論とよんでいる。

　しかしこのような理論は，本来，当をえていない。なんとならば，刑法6条の精神は，すでに刑罰法規が廃止された以上，その根底における法律的見解の変更の有無にかかわらず，以前の行為をも不可罰と解せられるからである。

　限時法の問題は，学説と判例の対立するところである。大審院以来，最高裁判所も空白規定を補充する告示が改廃された場合にも，刑の廃止があったとはいえないとするが(最高判昭和25年10月11日刑集4巻1972頁)，告示が具体的禁止規範の内容を示す以上，白地刑法の補充規範と解すべきであろう[2]。

第2節　土地に関する効力

　〔1〕「**土地に関する効力**」(örtlicher Geltungsbereich) とは，刑罰法規が，いかなる地域で犯された犯罪にに対して適用されるかという問題である。

第6章　刑法の効力　257

　すなわち，刑法は国内で生じた犯罪だけに適用されるのか，国外で生じた犯罪にも適用されるのかという問題である。
　これを解決するのが「**国際刑法**」(internationales Strafrecht) とよばれる領域である。最近における国際刑法の発展は，犯罪人の引渡し，刑事判決の国際的効力，国際刑事司法共助，その他国際国家間の刑罰の適用と国際犯罪（国際テロ，国際航空犯罪），とくに Hijacking（ハイジャック），そしてハイテク犯罪，International Business Crime，Computer 犯罪，国際マフィア犯罪（Organisierte Kriminalität)）などの解決に有力な国際協力を発揮しつつある。[3]
　さらに，婦女売買・児童売買や国際通貨偽造，危険薬品不正取引罪，わいせつ刊行物流布取引罪の多発と刑事国際法の発達にうながされて，1948年国連で採択した「集団殺害罪の防止及び処罰に関する条約」（ジェノサイド条約）など，国際法との結び付きが強く多国間条約などにより「国際刑法」の範囲が拡大されてきており包括的名称が肯定されてきている[4]。
　真の国際的刑法は，「世界刑法」（Weltstrafrecht）といわれるが，今日まだ十分に完備されるにはいたっていない。やっと，「国際刑事裁判所」が，2000年より創設されて設置される様になり，その対象犯罪も明示されるに到った。
　土地に関する効力が実益があるのは，国際的犯罪といわれる阿片，麻薬の密取引，婦女・児童の売買，通貨偽造などにとくに重要である。
　土地に関する効力には四つの原則がある。
　(1)　**属地主義**（Territorialprinzip）　自国の領土内で犯された犯罪に対して，犯人の国籍のいかんを問わず，自国の刑罰法規を適用する主義である。
　(2)　**属人主義**（Personalprinzip）　自国の国民によって犯された犯罪について，その犯罪地のいかんにかかわらず，自国の刑罰法規を適用しようとする主義をいう。
　(3)　**保護主義**（Realprinzip）　犯人の国籍および犯罪地のいかんを問わず，自国または自国国民の利益を侵害する犯罪に対しては，自国の刑罰法規を適用しようとする主義である。
　(4)　**世界主義**（Universalprinzip）　いかなる地域で行われた犯罪に対しても，各国がそれぞれ自国の刑罰法規を適用してさしつかえないとする主義である。今日，これら四つの主義が単独で採用されている国はほとんどなく，いずれ

かを原則として他を補充しているのが現状である。

〔2〕 わが刑法のとる立場は，属地主義を原則として，属人主義，保護主義を補充的に採用している。すなわち，刑法は何人を問わず，日本国内において罪を犯した者，および日本国外における日本船舶・航空機内において罪を犯した者に適用され，犯罪人の国籍のいかんを問わない（1条）。行為が国内でなされるかぎり，たとえ結果が国外で発生しても刑法の適用をまぬがれない。

また刑法は，社会的法益および重要な個人法益に関する犯罪については，たとえ日本国民が国外で犯したものでも適用がある（3条）。

さらに，内乱，外患，通貨偽造のような日本の国家的法益を犯すような犯罪に対しては，刑法は何人を問わず，国外たるを問わず適用されるこれが保護主義にほかならない。

国外にある犯罪人に対して自国で裁判権を行使するためには，その犯罪人の所在国から当該犯罪人の引渡（Auslieferung）をうけなければならない。この点に関する立法としては，逃亡犯罪人引渡法（昭和28年法律68号）がある。

日本に復帰する前の奄美群島において琉球政府の裁判所の裁判を受けた者も，外国で裁判を受けた者に準ずる（最高判昭和30年10月18日刑集9巻2263頁）。しかし，外国で受けた裁判の執行は，わが国の執行に斟酌される。

第3節　人に関する効力

〔1〕 「人に関する効力」（Persönlicher Geltungsbereich）とは，刑罰法規が，いかなる人に対して適用されるかの問題である。刑法の人に関する効力というのは，何人を問わずとする原則の例外である刑法の適用を受けない人に関する問題である。

刑法の適用を受けない人については，国内法上と国際法上より区別される。

〔2〕 国内法上，例外とされるのに，天皇には刑法の適用がない。旧憲法すなわち大日本帝国憲法3条には，「天皇は神聖にして侵すべからず」と規定して天皇の刑事上の無答責を明らかにしていたが，新憲法には直接それを規定するところがない。それで学者によっては，天皇に刑法の適用のないことを否定するのがある。しかし，皇室典範21条には「摂政は，その在任中，訴追されない」

とあるので，間接的に，天皇には刑法の適用がないことを示唆していると理解すべきである(5)。

その他，摂政（皇室典範 21 条），衆・参両議員（憲法 51 条），国務大臣（憲法 75 条）など，いずれも刑法の適用を受けないものと解される。

〔3〕 国際法上，慣例として，刑法の適用が除外されるものに，㈤外国の君主，大統領，その家族および日本国民でない従者，㈥信任された外交官（大使，公使），附属員（参事官，書記官，外交官補，武官，書記生）その他家族および日本国民でない雇員，従者はその職にあるあいだ刑事訴追を受けない。

ただし，身分を喪失した後には，その犯罪が公訴時効にかからぬかぎり訴追しうるものとしている（大審判大正 10 年 3 月 25 日刑録 27 輯 187 頁）。なお，日本国とアメリカ合衆国との間の相互協力および安全保証条約第 6 条に基づく施設および日本国における合衆国軍隊の地位に関する協定（昭和 35 年条約 7 号）一七条参照することを付記しておく。

(1) 木村亀二「限時法の効力」法学 7 巻 663 頁以下，定塚道雄「限時法」刑事法講座 1 巻 55 頁以下，八木胖「限時法」法律学演習講座 29 頁以下。

(2) 牧野英一「告示の変更と刑法の効力」警察研究 12 巻 12 号，草野豹一郎「白地刑法と其の内容たる規範の変更」法学新報 49 巻 3 号，平出禾「外国裁判の効力」ジュリスト 38 号（昭和 28）

(3) Oehler, Internationales Strafrecht, S. 127. Wegner, Frank-Festgabe Bd, I. allen Fragen des internationales Strafrechts, S. 102, Jescheck, Lehrbuch des Strafrechts, Allg, Teil, 5. Auf, S. 163 f. (1996) Glaser, Droit international Pènal conventionnel, 1970. Granitza, Die Dogmengeschichte des Internationalen Strafrecht, 1960. 加藤久雄「組織犯罪の研究」マフィア・コーザノストラ，暴力団の比較研究（1992・成文堂）7 頁以下。名和鉄郎「国際刑法」（刑法基本講座・1992）67 頁以下。

(4) 森下忠「国際刑法の新動向」(1979 年・成文堂) 1 頁以下。Dietrich Oehler, Internationales Strafrecht, 1973, S. 1 ff., Ferner de Schutten. Bibliography of International Criminal Law, 1972. Uhlig/Schombung/Lagodny, Gesetz über die internationale Rechtshilfe in Strofsachen, 2 neubearbeite Auf. 1992. John Dugard, International Criminal Law and Procedure, 1996. p. 3. Robert Roth, Territorialité et extraterritorialité en droit Pénal international, (RPS.) 1994. 森下忠「刑事司法の国際化」（1990・成文堂）81 頁以下，山本草二『国際刑事法』（1992）芝原邦爾「刑事司法と国際準則」（1985・東京大学出版会）5 頁以下，佐藤司「税務

犯罪と国際刑法」(『変動期の刑事政策』(森下忠古稀論文577頁以下，1995)。
（5） 市川秀雄「刑法総論」(昭和30年)551頁，平野龍一「国際刑法における属人主義」(警察研究37巻8号17頁以下。(1966)）斉藤信治『刑法総論』(3版) 308頁以下で，国際刑法として，場所的適用法の原則をのべておられる。香川達夫博士は，「ふたたび場所的適用範囲の法的性格」(学習院大学・法学会雑誌34巻1号) (1998年)で，ドイツ刑法の新しい改正をふまえて条件説（訴訟条件説と処罰条件説）を詳細に研究して，処罰条件説のみが唯一の基準ではないことを示している。

〈主 要 文 献〉
(主要な教科書・註釈書のみ)

〔日 本〕 (五十音順)
市川 秀雄・刑法総論 (1955)
朝倉 京一・刑法総論 (1993)
阿部 純二・刑法総論 (1997)
板倉 宏・刑法総論 (1994)
植田 重正・刑法要説 (総論) (改訂版・1952)
植松 正・刑法概論総論 (1956), 刑法総論 (1948)
内田 文昭・改訂刑法Ⅰ (総論) (1986)
大越 義久・刑法総論 (2版) (1996)
大場 茂馬・刑法総論上巻 (1912), 下巻 (1917)
大塚 仁・刑法概説 (総論)〔3版〕(1997)
大野 平吉・概説犯罪総論 (上巻) (下巻)〔補訂版〕(1994)
大谷 實・刑法講義総論 (第4版) (1994)
尾後貫荘太郎・刑法 (1957)
小野清一郎・新訂刑法講義総論 (増補版・1950), 刑法概論 (増訂版・1960)
香川 達夫・刑法講義〔総論〕(3版・1995)
川端 宏・刑法総論講義 (1995)
吉川 経夫・刑法総論 (補訂版・1996)
木村 亀二・刑法総論 (法律学全集) (1959), 新刑法読本 (全訂新版・1959)
草野豹一郎・刑法要論 (1951)
久礼田益喜・刑法学概説 (増訂版・1943)
小泉 英一・刑法総論 (1957)
江家 義男・刑法 (総論) (1952)
斎藤 信治・刑法総論〔3版〕(1998)
斎藤 金作・刑法総論 (改訂版・1955)
下村 康正・刑法総論の現代的諸問題 (1979)
佐伯 千仭・刑法総論 (1944), 刑法総論 (1953)
佐久間 修・刑法講義〔総論〕(1997)
佐瀬 昌三・刑法大意第一分冊 (1937), 第二分冊 (1940)

荘子　邦雄・刑法総論（3版・1996）
曽根　威彦・刑法総論（新補正版・1996）
高窪貞人・佐藤芳男ほか・刑法総論（全訂版・1997）
島田　武夫・刑法概論（1934）
定塚　道雄・刑法略説（1950）
滝川　春雄・刑法総論講義（新訂版・1960）
滝川　幸辰・刑法講義（改訂版・1930），犯罪論序説（改訂版・1947），刑法講話（1951）
団藤　重光・刑法（法律学講座）（改訂版・1955），刑法綱要総論（改訂3版）（1990）
内藤　謙・刑法講義総論(上)(中)(下)（1991）
中　義勝・講述犯罪総論（1980）
中山　研一・刑法総論（補正版・1996）
奈良　俊夫・概説刑法総論（新版・1993）
西原　春夫・刑法総論（1977）
西原春夫ら・刑法マテリアルズ（1995）
野村　稔・刑法総論（1990）
平野　龍一・刑法総論（1975）
平場　安治・刑法総論講義（1952）
船山　泰範・刑法（1999）
不破武夫=井上正治・刑法総論（1955）
福田　平・刑法総論講義（全訂版）（3版・1996）
藤木　英雄・刑法講義総論（1975）
前田　雅英・刑法総論講義（3版・1998）
森下　忠・刑法総論（1993）
町野　朔・刑法総論〔講義案Ⅰ〕（2版・1995）
牧野　英一・重訂日本刑法上巻（1937），刑法総論上巻（全訂版・1958），下巻（全訂版・1959）
宮崎　澄夫・刑法総論（1950）
宮本　英脩・刑法学粋（1931），刑法大綱（1935）
泉二　新熊・刑法大要（増訂版・1942）
八木国之編著・判例刑法要論（2000）
八木　胖・刑法総論（1953）
安平　政吉・改正刑法総論（1956）
吉田常次郎・日本刑法（1959）

〔ド イ ツ〕

Albin Eset-Burkhardt, Strafrecht 1, 4 Aufl., 1992.
Allfelf, Lehrbuch des deutschen Strafrechts, 9. Aufl., Allg. Teil, 1934.
Baumann, -Weber-Mitsch Strafrecht. Allg. Teil, 10. Aufl., 1995.
Beling, Grundzüge des Strafrechts, 11. Aufl., 1930.
Blei Hermann, Strafrecht, I Allgemeiner Teil, 1983.
Bockelmann Paul, Strafrecht, Allgemeiner Teil, 1987.
Dirk, M. Barton, Multimedia-Strafrecht, 1999.
Dreher-Tröndle, Strafgesetzbuch, 47. Aufl., 1995.
Frank, Das Strafgesetzbuch für des Deutsche Reich, 18. Aufl., 1931; Nachtrag von Schäfer und Dohnanyi, 1936.
Graf zu Dohna, Der Aufbau der Verbrechenslehre, 4. Aufl., 1950.
Gössel, Strafrecht, 7. Auf. 1997.
Haft, Strafrecht, Allg. Teil, 7. Auf., 1996.
Haft, Strafrecht, Allg, Teil, 6 Aufl., 1994.
Jescheck-Weigend, Lehrbuch des Strafrechts, Allg. Teil, 5. Aufl., 1996.
Jescheck, Beiträge zum Strafrecht (1980-1998), 1998.
Jagusch, Strafgesetzbuch. Leipziger Kommentar, 11. Aufl., Bd. 1, 1993.
Kohlrausch-Lange, Strafgesetzbuch mit Erläuterungen und Nebengesetzen, 43. Aufl., 1961.
Kühl, Strafrecht, Allg. Teil, 1994
Lackner, Strafgesetzbuch, 28. Aufl., 1999.
Maurach, Deutsches Strafrecht. Allg. Teil, 3. Aufl., 1965.
Mayer, H., Strafrecht, Allg. Teil, 1953.
Mezger, Strafrecht, Allg. Teil. Ein Studienbuch, 9. Aufl., 1960.
Mourach-Zipf, Strafrecht, Allg. Teil, Teilbd. 1, 7. Aufl., 1988.
Mourach-Gössel-Zipf, Strafrecht, Allg. Teil, Teilbd. 2, 7. Aufl., 1989.
Naucke, Strafrecht, 9. Aufl., 2000.
Otto, Grundkurs Strafrecht, Allg. Strafrechtslehre, 5. Aufl., 1998.
Petters-Présendanz, Strafgesetzbuch. mit Erläuterungen und Beispielen, 25. Aufl., 1965.
Roxin, Strafrecht, Allgemeiner Teil, Band 1, 3. Aufl., 1999.
Schönke-Schröder, Strafgesetzbuch. Kommentar, 25. Aufl., 1997.
Schwarz, Strafgesetzbuch, 24. Aufl., 1962.

〈参考文献〉

Tröndle, Strafgesetzbuch, 49. Aufl., 1999.
Wolter, Objekive Zurechnung und modernes Strafrechtssysstem, 1995.
Welzel, Das deutsche Strafrecht, 11. Aufl., 1969.
Wessels, Strafrecht, Allg. Teil, 20. Aufl., 1990.

〔オーストリア〕
kienapfel, Grundriß Das österreichische Strafrecht Allg. Teil, 8 Aufl. 2000.
Rittler, Lehrbuch des österreichischen Strafrechts, 2. Aufl., 1954.
Diethelm Kienapfel, Strafrecht, Allg. Teil, Eine Systematische Darstellung das Österreichischen Sttafrechts, A. Aufl., 1991.
Mayerhofer/Rieder, Das Österreichische Strafrecht, 3. Aufl., 1992.
Triffterer, Otto, Österreichishes Strafrecht, Allg. Teil, 2 Aufl., 1994.
Kienapfel, Grundriß des Österreichischen Strafrechts, Allge. Teil, 8 neu, Aufl., 2000.

〔スイス〕
Jörg Rehberg, Strafrecht I, Verbrechenslehre, 1993.
Schwander, Das Schweizerische Strafgesetzbuch, 2. Aufl., 1964.
Stefan Trechsel, Schweizetisches Strafgesetzbuch, Kutzkommentat, 15 Aufl., 1995.
Noll/Trechsel, Schweizetisches Strafrecht, Allg. Teil, 4. Aufl., 1994.
Schubarth/Albrecht, Kommentar zum Schweizerischen Strafgesetzbuch, 1990.
Das illustrierte Schweizerische, Strafgeretbuch, 2000.
Stratenwerth, Strafrecht, Allg. Teil, I. 4 völlig Aufl., 2000.

〔フランス〕
Conte Philippe et Maistre, Droit Pènal Général. 4th. ed., 1999.
Pierre Bouzat/Jean Pinatel, Traité De Dtoit Pénal et De Criminologie, (Teme I) Droit Pénal général, 1990.
Languiet, Droit Pénal Général. 17th. ed., 1999.
Stefanie/Levasseur/Bouloc, Droit Pénal général, 14. Aufl., 1992.
Pierett Poncela, Noveau Code Pénal, 1995.
Jean Paul Doucet, Le noveau Code Pénal, 1995.
Stefan, Gaston, Droit Pénal géneral, 15. Aufl., 1995.

G. Levasseut B. Bouloc, Droit penal general, 2000.
P. Kolb, Qcmdroit penal general, 2000.

〔スペイン〕
Rodrígues Devesa/Serrano Gómez, Derecho Penalespañol, Parte general, 17. Aufl., 1994.

〔イタリア〕
Alberto Crespi, Giuseppe zuccala, Commentatio Breve Al Codice Penale, 1998.

〔スウェーデン〕
Gerhard Simson, Grundzüge der schwedischen Kriminalrechtsreform, 1966.

〔イギリス・アメリカ・カナダ〕
Ashworth, Principles of Criminal Law, 3rd. ed., 1999.
Alldridge, P., Relocatin Criminal Law, 2000.
Baind, Norman, Criminal Law, 3rd ed., 1998
Clark, The United Nations Crime Prevention, 1994.
Clark-Marshall, A Treatise on the Law of Crimes, 6th ed., by Wingersky, 1958.
Gillies, Peter, Criminal Law, 4 th, ed., 1997.
HMSO, Criminal Law, 1994.
Kenny-Turner, Outlines of Criminal Law, 19th ed., 1966.
Michael, Birch, Criminal Law. 2000.
Smith-Hogan, Criminal Law, 1965.
Smith, J.C. Criminal Law, 5th ed., 1993.
Stuart, Charter justice in Canadion criminal Law, 1996.
Morris-Howard, Studies in Criminal Law, 1964.
Scanlan, Criminal Law, The General Part, 2nd ed., 1999.
Cross-Jones, Introduction to Crimial Law, 5th ed., 1964.
Wharton's, Criminal Law, 15th ed., 1996.
Farmer, Criminal Law, 1997.
Alldridge, Relocation Criminal Law, 2000.

〔日本の記念論文集〕

小川太郎博士古稀祝賀『刑事政策の現代的課題』（有斐閣・1977）
日沖憲郎先生・小川太郎先生喜寿記念号（亜細亜法学17巻1号）
中尾文策先生喜寿祝賀『日本の矯正と保護』(1)(2)(3)巻（有斐閣・1981）
江家義男博士還暦記念論文集（早稲田大学出版部・1959）
斉藤金作博士還暦祝賀『現代の共犯理論』（有斐閣・1964）
佐伯千仭博士還暦祝賀『犯罪と刑罰』（上）（下）（成文堂・1968）
植松 正博士還暦祝賀『刑法と科学・法律編』（有斐閣・1971）
鴨 良弼博士古稀祝賀『刑事裁判の理論』（日本評論社・1979）
井上正治博士還暦祝賀『刑事法学の諸相』（上）（有斐閣・1981）
団藤重光博士古稀祝賀論文集(1)〜(5)巻（有斐閣・1985）
平野龍一博士古稀祝賀論文集（上）（下）（有斐閣・1991）
荘子邦雄先生古稀祝賀『刑事法の思想と理論』(1991)
朝倉京一先生古稀祝賀『日本行刑の展開』（一粒社・1993）
中 義勝先生古稀祝賀『刑法理論の探究』（成文堂・1992）
八木国之先生古稀祝賀『刑事法学の現代的展開』（上）（下）（法学書院・1992）
福田平・平塚仁先生古稀祝賀『刑事法学の総合的検討』（上）（下）（有斐閣・1993）
吉川経夫先生古稀祝賀『刑法学の歴史と課題』（法律文化社・1994）
内藤 謙先生古稀祝賀『刑事法学の現代的状況』(1994)
松尾浩也先生古稀祝賀論文集（上）（下）（有斐閣・1998）
下村康正先生古稀祝賀『刑事法学の新動向』（上）（下）（成文堂・1995）
森下 忠先生古稀祝賀『変動期の刑事法学』『変動期の刑事政策』（成文堂・1995）
香川達夫先生古稀祝賀『刑事法学の課題と展望』（成文堂・1996）
中山研一先生古稀祝賀論文集（1−5巻）（成文堂・1997）
西原春夫先生古稀祝賀論文集（1−5巻）（成文堂・1998）
宮沢浩一先生古稀祝賀論文集（1−3巻）（成文堂・2000）

事項索引
(太字は重要項目を示す)

あ 行

あおる …………………………………94
アジャン・プロヴォカトゥール ………**163**
当てはめの錯誤 ……………………125
暴れ馬事件 …………………110,137
アジール権 …………………………18
安楽死 …………………………………91
違警罪 …………………………………57
意思自由論 ……………………24,107
意思説 ………………………………116
意思決定規範 …………………………4
意思の連絡 …………………………154
イタリア（実証）学派 ………21,22
一元主義 ……………………………238
一厘事件 ………………………………84
一部行為の全体責任 ………………157
一身的刑罰阻却事由 ………………168
一身専属性の原則 ……………………11
一般的正当行為 ………………………86
一般予防 ………………………………26
一故意犯説 …………………………128
医療権説 ………………………………91
違法状態の継続 ……………………176
違法行為 ………………………………85
違法性 …………………………………83
　——の認識 ………………………118
　——の過失 ………………………124
　——の錯誤 ………………………**134**
　——の認識の可能性 ……………119
違法性阻却事由 …………………84,90
　——の錯誤 ………………………**133**
違法性阻却の原則 ……………………86
違法性の限界 …………………………90
違法身分（構成的身分）…………165
いん唖者 ……………………………114
一身専属性の原則 …………**11**,183
因果関係 ………………………………74

　——中断論 …………………………75
因果関係の錯誤 ……………………129
インサイダー犯罪 ……………………**3**
因果的行為論 …………………………51
陰　謀 ………………………………157
ウェーバーの概括的故意 …………116
意識の可能性 ………………………118
応報刑論 …………………………24,28
おとり捜査 …………………………163
恩　赦 ………………………………231

か 行

概括的故意 …………………………117
外国刑事判決の効力 ………………257
蓋然性説 ……………………………119
確信犯 …………………………………57
確定的故意 …………………………117
拡張解釈 ………………………………31
拡張的正犯概念 ……………………154
科刑上一罪 …………………………173
加減的身分犯 ………………………168
仮装幇助 ……………………………166
過　失 ………………………………119
過失責任 ……………………………120
過失推定説 ……………………………49
過失犯の共同正犯 …………………159
過失犯の未遂 ………………………144
加重単一刑主義（加重主義）……173
過剰避難 ……………………………100
過剰防衛 ………………………………97
過剰誤想防衛 …………………………97
可罰的違法性の理論 …………………84
可罰的違法性 …………………………84
可罰的符号説 ………………………131
仮釈放 ………………………………224
仮出獄 ………………………………224
仮出場 ………………………………227
科　料 ………………………………185

アフター・ケア ……………………246
カルネアデスの板 …………………98
カロリナ刑事法典 …………………16
慣習刑法 ………………………………7
間接教唆 ……………………………163
間接従犯 ……………………………167
環境犯罪・環境刑法 ………………94
間接正犯 ……………………………**64**
　——における道具性 ……………65
　——の諸類型 ……………………66
　——の正犯性 ……………………66
　——の未遂 ………………………66
完全単一刑論 ………………………184
完全犯罪共同説 ……………………158
監督過失 ……………………………122
監督義務 ……………………………122
観念的競合説 ………………………158
危惧感説（新・新過失論）………123
危険故意 ……………………………118
危険犯 …………………………………55
危険分配の法理 ………………………94
旗国主義 ………………………………10
客観的構成要件要素 …………………47
危　難 …………………………………94
期待可能性 …………………………**136**
　——に関する錯誤 ………………135
　——の不存在 ……………………137
　——の理論 ………………………137
規範定立機能 …………………………4
規範的構成要件要素 …………………46
　——の錯誤 ………………………127
基本的構成要件 ………………………46
規範的責任論 ………………………109
客観的違法論 …………………………85
客観的処罰条件 ……………………183
客観的注意義務 ……………………121
客観的・部分的犯罪共同説 ………155
客体の錯誤 …………………………127
旧過失論 ……………………………121
吸収関係 ……………………………170
吸収主義 ……………………………170
急　迫 …………………………………94
教育刑主義 ……………………**6**,**180**
教育刑論 …………………………23,28
行　刑 ………………………………215

行刑法 ………………………………2
教　唆 ………………………………**161**
教唆犯 ………………………………161
　——における錯誤 ……………162
　——の従犯 ……………………162
矯　正 …………………………181,217
行政犯 ……………………………1,58
行政刑法 ……………………………3
共同意思主体説 …………………160
共同教唆 …………………………162
共同実行の意思（共同意思主体説）
　…………………………………159,160
共同実行の事実 …………………157
共同正犯 ………………………**154**
　——と錯誤 ……………………158
共　犯 ………………………………**153**
　——の競合 ……………………169
　——の従属形式 ………………155
　——の処罰根拠 ………………153
　——の未遂 ……………………169
共犯者からの離脱 ………………169,171
共犯従属性説 ………………155,**156**
共犯独立性説 ……………………**155**
共　謀 ………………………………160
共謀共同従犯 ……………………163
共謀共同正犯 …………………**159**
業　務 ………………………………123
業務上の過失 …………………1,123
業務上の特別義務者 ……………123
供用物件 …………………………198
極端従属形式 ……………………154
挙動犯 ………………………………55
緊急権 ………………………………94
緊急避難 …………………………**98**
禁　錮 ………………………………185
禁止の錯誤 ………………………134
禁絶処分 …………………………237
企業の秘密 ………………………3
近代学派 ……………………………26
偶然的共同正犯 …………………159
偶然防衛 ……………………………96
具体的危険犯 …………………54,73
具体的事実の錯誤 ………………127
虞犯少年 …………………………242
軽過失 ……………………………122

事項索引　*269*

刑　期 …………………………190	行　為 …………………………51
傾向犯 …………………………43	——の客体 …………………53
軽　罪 …………………………57	——の主体 …………………52
形式的違法論 …………………**84**	故意犯処罰の原則 ……………119
刑事国際法 ……………………257	行為共同説 ……………………158
刑事実体法 ……………………3	行為者刑法 ……………………44
刑事政策説 ……………………147	行為者類型 ……………………43
刑事訴訟法 ……………………2	行為者主義 ……………………43
刑事犯 …………………………58	行為責任論 ………………24, 107
刑事法 …………………………2	行為標準説 ……………………173
継続犯 …………………………54	行為無価値 ……………………41
刑の軽重 ………………………205	口実防衛 ………………………96
刑の時効 ………………………234	更生保護 ………………………245
刑の執行の免除 ………………232	構成的身分犯 …………………168
刑の執行猶予 …………………218	構成要件 ………………………45
刑の消滅 …………………**231**, 232	構成要件該当性 ………………46
刑の変更 ………………………235	構成要件事実の欠缺 …………70
刑の免除 ………………………232	構成要件の理論 ………………45
刑の量定 ………………………204	構成要件的過失 ………………124
刑罰拡張事由 …………………154	構成要件的行為者類型 ………43
刑罰縮小事由 …………………154	構成要件の錯誤 ………………**127**
刑罰適応能力 …………………111	構成要件的事実の錯誤 ………127
刑罰の不遡及の原則 …………11	構成要件の修正形式 …………47
刑罰理論 ………………………26	構成要件標準説 ………………173
刑　法 ……………………1, 2, 3	構成要件の符号説 ……………130
刑法規範 ………………………29	構造過失 ………………………122
刑法学派の争い ……………13, 25	computer 犯罪 ………………3
経済刑法 ………………………**3**	拘　留 …………………189, 215
結果責任 ………………………121	拘留場 …………………………190
結果的加重犯 …………………**56**	公訴の時効 ……………………235
結果犯 …………………………55	国際刑法 ………………………257
結果無価値 ……………………45	国民保護主義 …………………9
刑法規範 ………………………4	個別化説 ………………………66
結合犯 …………………………55	個人責任の原則 ………………11
原因条件区別説 ………………76	誤想過剰防衛 …………………**97**
原因説 …………………………76	誤想避難 ………………………100
原因において自由な行為 ……67	誤想防衛 ………………………97
幻覚犯 …………………………71	国家緊急避難 …………………99
限時法 …………………………255	国家緊急救助 …………………99
喧嘩闘争 ………………………95	国家正当防衛 …………………94
限定責任能力者 …………111, 113	国家標準説 ……………………138
牽連犯 …………………………175	国家保護主義 …………………9
故　意 …………………………**116**	古典学派 ………………………26
——ある道具 ………………65	個別的行為責任論 ……………108
——のある幇助的道具 ……65	

さ行

再間接教唆 …………………………163
罪刑法定主義 ……………**5**,6,7,8,30
　――の派生原則 …………………7
罪形壇断主義 ………………………6
財産刑 ………………………188,192
再犯 …………………………………212
裁判権の免除 ………………………258
裁判上の復権 ………………………233
再犯予測 ……………………207,208
作為 …………………………………62
作為義務 ……………………………62
作為犯 ………………………………61
差別説 ………………………………98
自救行為 ……………………………100
死刑 …………………………………186
　――の執行 ……………………215
私刑（リンチ）……………………13
時効の停止 …………………234,235
時際刑法 ……………………………255
事実共同説 …………………………158
事実の欠缺 …………………**70**,71
事実の錯誤 …………………127,128
自招危難 ……………………………100
自招侵害 ……………………………100
自然的行為基準説 ………………173
自然的行為論 ………………40,51
自然犯 …………………………1,58
自然犯・法定犯区別説 ……………58
神意裁判 ……………………………13
執行刑 ………………………………203
実行行為 ……………………………58
実定刑法 ……………………………30
実行中止 ……………………………147
実行の着手 …………………59,**143**,144
実行未遂 ……………………………145
実在的競合 …………………………174
実質的違法論 ………………………84
実質犯 ……………………………55,56
実証学派 ……………………………22
質の差別説 …………………………99
事務管理 ……………………………62
社会的行為概念 ……………………40
社会的責任 …………………………106

社会的責任論 ………………25,106
社会防衛主義 ………………………28
社会防衛論 …………………25,28,237
酌量軽減 ……………………………232
自由刑 ………………………………185
衆合犯（集団犯）…………………153
重罪 …………………………………57
修正された構成要件 ………………46
重大な過失（重過失）……………122
従犯（幇助犯）……………………**165**
　――における錯誤 ……………168
　――の教唆 ……………………168
　――の故意 ……………………166
　――の幇助 ……………………166
主観的違法要素 ………………85,86
主観的違法性論 ……………………85
主観的構成要件要素 ………………47
主刑 …………………………………185
受刑能力 ……………………………111
制限的正犯概念 ……………………154
シュトース草案 ……………………239
準因果関係説 ………………………78
順次共謀 ……………………………157
障害未遂 ……………………147,148
承継的共同正犯 ……………………159
承継的共犯 …………………………159
消極的属人主義 ……………………9
条件説 ………………………………75
常習犯 ………………………………213
常習累犯 ……………………………212
状態犯 ………………………………54
条理 …………………………………62
職業犯 ………………………………43
職権行為 ……………………………87
触法少年 ……………………………243
処断刑 ………………………………203
侵害 …………………………………95
侵害故意 ……………………………118
侵害犯 ………………………………54
人格責任論 …………………………107
人的処罰阻却事由 ………………183
新過失論・新々過失論 …………124
新刑事政策説 ………………………147
新古典学派 …………………………22
数故意犯説 …………………………128

事項索引　271

心神耗弱者 …………………………113
心神喪失者 …………………………112
真正不作為犯 …………………………61
真正身分犯 …………………………167
　　と共犯 …………………………168
身体刑 ………………………………185
心理強制説 ……………………………6
信頼の原則 …………………………94
心理的責任論 ………………………109
推定的同意 …………………………89
性格責任論 …………………………107
請願作業 ……………………………189
制限故意説（故意説） ……………119
制限従属形式 ………………………156
制限的正犯概念 ……………………154
精神保健福祉法 …………………114,249
政治犯 ……………………………55,57
政治犯人不引渡し …………………58
生成物件 ……………………………198
正当化事由 …………………………86
正当業務行為 ………………………86
正当防衛 ……………………………94
正対正の関係 ………………………98
生命刑 ………………………………185
世界主義 ……………………………257
責　任 ……………………………**105**
責任減軽事由 ………………………113
責任主義 …………………………10,11,206
責任阻却事由 ………………………106
責任能力 ……………………………110
責任身分 ……………………………168
責任無能力者 …………………112,114
絶対的応報刑論 ……………………21
絶対的政治犯 ………………………57
絶対的不定期刑 …………………7,196
絶対的法定刑主義 …………………203
積極的属人主義 ………………………9
積極的錯誤 …………………………125
接続犯 ………………………………54
前科の抹消 …………………………231
先行行為 ……………………………78
宣告刑 ………………………………203
煽動（せん動） ……………………94
相像の競合 …………………………175
相対的応報刑論 ……………………21

相対的政治犯 ………………………57
相対的不定期刑主義 ………………196
相対的法定刑主義 …………………203
相当因果関係説 ……………………75
相当性 ………………………………77
遡及的併合罪 ………………………175
属人主義 …………………………9,257
即成犯（即時犯） …………………54
臓器移植 ………………………90,91,95
属地主義 ………………………9,10,257
組成物件 ……………………………198
そそのかす …………………………94
措置入院 …………………………114,249
尊厳死 ………………………………92

　　　　　た　行

第五柏島丸事件 ……………………110
対価物件 ……………………………198
対向犯 ………………………………153
第三学派（新古典学派） ……………26
第三者没収 …………………………198
大　赦 ………………………………231
代罰規定 ……………………………53
対物防衛 ……………………………95
択一関係 ……………………………175
択一的故意 …………………………118
択一的徴候説 ………………………92
打撃の錯誤 …………………………127
多衆犯（集団犯） …………………153
他人予備 ……………………………167
たぬき・むじな事件 ………………126
タリオ …………………………………13
他行行為説 …………………………78
事実の錯誤 …………………………125
着手未遂 ……………………………145
実効の着手 ………………………143,144
中止犯（中止未遂） ………………147
注意義務 ……………………………119
実行未遂 ……………………………145
抽象的符号説 ………………………131
抽象的事実の錯誤 ………………121,130
懲　役 ………………………………188
挑発防衛 ……………………………96
超法規的違法阻却事由 ……………100
超法規的緊急避難 …………………99

272 事項索引

直接正犯 …………………………59
治療行為 …………………………90
治療処分 ………………………242
追　徴 …………………………200
通常の過失 ……………………123
定期刑 …………………………188
統一的正犯概念 ………………154
道義的責任論 …………………106
特別刑法 …………………………3
道具理論 …………………………65
同時存在の原則 …………………12
同時的併合罪 …………………174
同時犯 …………………………154
盗犯等防止法 …………………96
特　赦 …………………………232
特別関係 ………………………174
特別予防 …………………………26
独立教唆 ………………………162
閉じられた構成要件 ……………47
同時存在の原則 ……………12, 68

な 行

名宛人 ……………………………85
ナチス刑法 ………………………7
二元主義 ………………………237
任意的共犯 ……………………153
認識説 …………………………118
認識のある過失 ………………122
認識のない過失 ………………122
認容説 …………………………117
練馬（菅生）事件判決 ………165
脳　死 ……………………………92
脳死説 ……………………………92
脳幹脳死説 ………………………92

は 行

罰　金 …………………………185
犯罪社会学 ………………………22
犯　罪 ………………………… 1, 2
　──の競合 …………………174
　──の成立要件 ………………37
犯意標準説 ……………………173
犯罪学 ……………………………43
犯罪共同説 ……………………158
犯罪供用物件 …………………198

犯罪行為 …………………………39
犯罪従属性 ……………………155
犯罪取得物件 …………………198
犯罪少年 ………………………242
犯罪飽和の法則 …………………22
犯罪地 …………………………257
犯罪徴表説 ………………………27
犯罪法 ……………………………2
犯罪類型 …………………………37
被害者の同意 ……………………88
被害者学 ………………………184
必要的共犯 ……………………153
人の錯誤 ………………………125
非行少年 ………………………237
非難可能性 ……………………105
避難の意思 ………………………98
評価規範 …………………………4
評価上一罪 ……………………177
評価的機能 ………………………8
表現犯 ……………………………55
表象説 …………………………116
平等条件説 ………………………75
開かれた構成要件 ………………47
病的酩酊 ………………………112
フェリー草案 ……………………22
付加刑 …………………………197
不確定的故意 …………………117
不可罰的事後行為 ……………177
不作為 ……………………………61
　──による作為犯 ……………62
　──の因果関係 …………62, 77
不作為犯 …………………………61
　──の実行行為 …………61, 62
　──の未遂 ……………………62
不真正身分犯 …………………168
　──と共犯 …………………168
不真正不作為犯 …………………61
不正の侵害 ………………………95
普通刑法 …………………………3
復　権 …………………………232
不定期刑 ………………………195
　──の終了 …………………196
不能犯 …………………………**71**
部分的脳死説 ……………………92
部分的単一刑論 ………………189

婦人補導院	246
フランクの公式	149
プロベーション	244
パロール	244
併科主義	240,251
平均人標準説	138
併合罪	177
併合罪加重	176
片面的共同正犯	157
片面的従犯	165
保安刑	238
保安拘禁	238
保安処分	237,238
保安処分一元主義	238,242
防衛の意思	96
法益	98
法益権衡の原則	99
法益衡量原則	99
法益侵害説	173
法益標準説	173
包括一罪	176,177
忘却犯	52,123
法規範	3
幇助	165
幇助犯	165
法条競合	174
法人の犯罪能力	52
法秩序維持機能	26
法秩序標準説	12
法定刑	203
法定的符号説	127
法定犯	1,203
補導処分	246
方法の錯誤	127
法律上の復権	233
法律的応報（法的応報）	20
法律の錯誤	132
暴力	1
暴力の行使	1
法令による行為	87
保護観察	244,245
保護処分	115,242,243,244
保護主義	257
保護法益	87
補充を必要とする構成要件	47
補充関係	174
補充性の原則	100
保証義務説（保証者説）	62
没収	185

ま 行

魔女裁判	16
マネーロンダリング	193
未決勾留	185
水俣病控訴審判決	83
見張り行為	167
未必の故意	118,123
身分	167
——のない故意ある道具	66
身分犯	55
無形的幇助	166
むささび・もま事件	125
名誉刑	185
名誉拘禁	189
命令規範	3,4
命令説	4
未遂の教唆	162,163,164
未遂の幇助犯	166
未遂犯	143
目的刑主義	180
目的説	173
目的的行為論	41
目的のない故意のある道具	65
目的犯	53
明確性の理論	8

や 行

優越支配共同正犯	160
優越的利益保護の原則	86
有形的幇助（従犯）	166
許された危険	94
要素従属性	155
精神保険福祉法	114,249,250
予備	59,143
予備罪の共犯	144
予備の中止	144
予防拘禁	247

ら 行

ラベリング理論	195

利益不存在の原則 ……………86
量的差別説 …………………98
量刑予測 ……………………207
両罰規定 ……………………53
類推解釈 …………………7,31
累進処遇 ……………………190
累　犯 …………………211,239
累犯加重 ……………………212

連鎖的教唆 …………………163
連続犯 ………………………176
労役場 ………………………194
労役場留置 …………………194
労働刑法 …………………3,93
労働争議行為 ………………93
わな理論 ……………………165

〈著者略歴〉

佐 藤　司（さとう・つかさ）

1931年（昭和 6 年）　福島県の郡山市に生まれる
1955年（昭和30年）　中央大学法学部卒業
1958年（昭和33年）　中央大学大学院（刑事法）修了
現　　在　　　　　　亜細亜大学法学部教授

主　著

日本刑法（1968, 学術選書社）
刑法講義（総論・各論）（1971, 全国通信教育協会）
刑事訴訟法要論（1973, 文化書房博文社）
日本の矯正と保護（編著）（第 1 巻　行刑編）（1981・有斐閣）
　　　　　　　　　　　　（第 2 巻　少年編）（1981・有斐閣）
　　　　　　　　　　　　（第 3 巻　保護編）（1981・有斐閣）
日本行刑の展開（編著）（1993, 一粒社）
随想集　光の花紋（1992, 法研出版）
国際刑法（信山社）近刊
少年法（信山社）続刊
保護処分の研究（信山社）続刊

刑法総論講義

2000（平成12年）年 6 月30日　　第 1 版第 1 刷発行

著　者　　佐　藤　　　司
発行者　　今　井　　　貴
発行所　　信山社出版株式会社

〒113 東京都文京区本郷 6—2—9—102
電　話　03（3818）1019
F A X　03（3818）0344

Ⓒ 佐藤司．2000, 印刷・製本/勝美印刷・大三製本
ISBN 4-88261-826-5 C3032 012-060-020
NDC分類326.201

刑事訴訟法制定資料全集Ⅰ～Ⅵ

ISBN4-7972-4211-6　　Ⅰ～Ⅵ　全6部構成　　新刊案内2000.6
NDC分類327.601刑事訴訟法

井上正仁・渡辺咲子・田中開 編著
刑事訴訟法制定資料全集Ⅰ～Ⅵ

編集協力　池田公博・笹倉宏紀　　日本立法資料全集（全約12巻）

- Ⅰ　治罪法〔明治13年〕
- Ⅱ　【旧々】刑事訴訟法〔明治23年〕
- Ⅲ　【旧】刑事訴訟法〔大正11年〕
- Ⅳ　陪審法〔大正12年〕・戦時刑事特別法〔昭和17年〕
- Ⅴ　刑事訴訟法〔昭和23年〕
- Ⅵ　【改正経過】刑事訴訟法〔昭和24年～平成元年〕

菊変判上製箱入 各巻約450～600頁　　予定価：本体38,000円（税別）

1　趣　旨
わが国初の近代的刑事訴訟法典である治罪法制定後120年を迎え、かつ現行刑事訴訟法制定後50年を経るという節目に当たり、治罪法、旧々刑事訴訟法、旧刑事訴訟法および現行刑事法並びに、その関連法令（陪審法、戦時刑事特別法、刑事応急措置法、刑事訴訟規則、検察庁法など）の立案、制定および改正にかかる原史資料を、可能な限り網羅的に収集・整理して公刊し、広く研究者・法律実務家などの利用に供することを目的とする。今後刑事訴訟法研究の底本となる。

2　構　成（案）
- Ⅰ　治罪法〔明治13年〕の制定（近代的諸制度の導入）担当：田中　開先生　　続刊
- Ⅱ　旧々刑事訴訟法〔明治23年〕の制定過程　続刊
- Ⅲ　旧刑事訴訟法〔大正11年〕の制定過程　続刊
- Ⅳ　陪審法〔大正12年〕、戦時刑事特別法〔昭和17年〕等　続刊
- Ⅴ　現行刑事訴訟法〔昭和24年〕の制定過程　担当：渡辺咲子先生　続刊
  V-1　昭和20年～21年初頭〔近刊〕　V-2　第1次案～第6次案、V-n　応急措置法、第7次案～第9次案　V-x　改正協議会　　V-y　国会審議、施行までの整備、刑事訴訟規則等　V-z　GHQ側資料／法務省：（横井大三）資料、團藤重光資料VGHQ側資料：（米国立公文書館）…国立国会図書館占領関係文書？
- Ⅵ　〔改正経過〕刑事訴訟法〔昭和24年～平成元年〕その後の改正等（13次改正までのもの、法務省刑事局参事官室）

3　登載資料の範囲（案）
①法令自体（出来上がったもの、政府案、草案、＊統計資料意味のあるもの。他に意見を聞いているものなど）、②政府案　③審議会等の草案　④その他（例えば立案関係者のメモ）　⑤各巻冒頭にその当時の写真を掲載　⑥現行刑訴立案時のGHQ との協議会の模様、元老院会議、大審院、司法省、ボアソナード、立案関係者（旧法までの人）磯部四郎、鶴田浩など

4　編集方針（案）
① 原典：団藤重光先生文書、横井大三先生文書、法務省文書、穂積文書ほかによる。
② 史資料を網羅的かつ正確に収集整理することを主とする。
③ 解説は、各史資料の性格や位置づけを理解させるために必要最小限のものにとどめる。
④ 原典尊重。正字も使用する。原稿・校正は全て原典からとり、原典に当たる。
⑤ 事項索引他 CD-ROM化（案）検索の便を考える。

〔資料所蔵先メモ〕		〔資料名メモ〕	
法務図書館	国立国会図書館	治罪法及び刑事訴訟法改正経過一覧	治罪法に関する文献目録
内閣文庫	大蔵省文庫	治罪法に関する制定関係資料	旧旧刑事訴訟法に関する文献目録
最高裁判所図書館	日本弁護士会図書館	旧旧刑事訴訟法に関する制定関係資料	旧刑事訴訟法に関する文献目録
早稲田大学図書館	國學院大學図書館	旧刑事訴訟法に関する制定関係資料	制定関係資料等の個別各大学等所蔵
穂積陳重・重縁関係文書		治罪法及び刑事訴訟法に関する法令集	治罪法に関する元老院会議出席者名簿

☆詳細は進行状況に合わせてご案内致します。乞うご期待。★第1巻2000年8月末日刊予定 予約受付中

ご注文は書店へ。FAXまたはEmailでも受付けます。
信山社　FAX 03-3818-0344　Email：order@shinzansha.co.jp
〒113-0033 東京都文京区本郷6-2-9-102　TEL03-3818-1019
信山社のホームページ　http://www.shinzansha.co.jp

刑事訴訟法制定資料全集 I①

ISBN4-7972-4141-1
NDC分類327.601刑事訴訟法

新刊案内2000.6

井上正仁・渡辺咲子・田中開 編著

I 治罪法（明治13年）

明治13年7月17日 太政官布告第37号（施行明治15年1月1日明治14年太政官布告第36号）

―― 日本立法資料全集　巻 ――

菊変判上製箱入 各巻約450〜600頁　　予定価：本体38,000円（税別）

制定・改廃区分	交付年月日	法令の種別・番号	施行年月日	改廃内容
制定	明治13年7月17日	太政官布告第37号	明治15年1月1日 （明治14年太政官布告第36号）	
廃止	明治23年10月7日	法律第36号	明治23年11月1日	

［治罪法に関する元老院会議出席者名簿］

元老院会議筆記　前期　第8巻（自明治13年1月　至同　年5月）より

第182号議案　治罪法審査修正案

○第182号議按治罪法審査修正案第一読会
　議長　細川潤次郎 代理
　［出席議官］
　　一　番　玉乃世履　　十四番　黒田清綱　　廿四番　山口尚芳
　　二　番　齋藤利行　　十七番　秋月種樹　　廿五番　河田景與
　　三　番　大久保一翁　十八番　東久世通禧　廿六番　伊丹重賢
　　四　番　津田眞道　　十九番　津田　出　　廿七番　楠本正隆
　　九　番　神田孝平　　廿一番　河瀬眞孝　　廿八番　安場保和
　　十三番　楠田英世　　廿二番　福羽美靜　　三十番　鶴田　皓
　　内閣委員番外一番　太政官権大書記官　村田　保
　　内閣委員番外二番　太政官権少書記官　清浦奎吾

○第182号議按治罪法審査修正案第二読会
　議長　山口尚芳 代理
　［出席議官］
　　二　番　齋藤利行　　十二番　岩下方平　　廿二番　福羽美靜　　廿九番　柴原　和
　　三　番　大久保一翁　十三番　楠田英世　　廿五番　河田景與　　三十番　鶴田　皓
　　六　番　中村弘毅　　十八番　東久世通禧　廿六番　伊丹重賢　　卅一番　箕作麟祥
　　八　番　細川潤次郎　十九番　津田　出　　廿七番　楠本正隆　　卅二番　渡邊　驤
　　九　番　神田孝平　　廿一番　河瀬眞孝　　廿八番　安場保和　　卅三番　本田親雄
　　内閣委員番外一番　太政官権大書記官　村田　保
　　内閣委員番外二番　太政官権少書記官　清浦奎吾

刑事訴訟法制定資料全集 Ⅰ②

ISBN4-7972-4141-1
NDC分類327.601刑事訴訟法

新刊案内2000.6

井上正仁・渡辺咲子・田中開 編著

Ⅰ 治罪法（明治13年）

明治13年7月17日　太政官布告第37号
（施行明治15年1月1日明治14年太政官布告第36号）

○第182号議按　治罪法審査修正案第三読会

　議長　山口尚芳　代理
　[出席議官]

二番	齋藤利行	十一番	伊集院兼寛	廿一番	河瀬眞孝	廿八番	安場保和
三番	大久保一翁	十二番	岩下方平	廿二番	福羽美靜	廿九番	柴原和
四番	津田眞道	十三番	楠田英世	廿四番	山口尚芳	三十番	鶴田皓
六番	中村弘毅	十七番	秋月種樹	廿五番	河田景與	卅一番	箕作麟祥
八番	細川潤次郎	十八番	東久世通禧	廿六番	伊丹重賢	卅二番	渡邊驥
九番	神田孝平	十九番	津田出	廿七番	楠本正隆		
内閣委員	番外一番	太政官権大書記官	村田保				
内閣委員	番外二番	太政官権少書記官	清浦奎吾				

○第182号議案按　治罪法審査修正案第1読会から第3読会　出席者一覧

一番	玉乃世履	十一番	伊集院兼寛	廿一番	河瀬眞孝	廿九番	柴原和
二番	齋藤利行	十二番	岩下方平	廿二番	福羽美靜	三十番	鶴田皓
三番	大久保一翁	十三番	楠田英世	廿四番	山口尚芳	卅一番	箕作麟祥
四番	津田眞道	十四番	黒田清綱	廿五番	河田景與	卅二番	渡邊驥
六番	中村弘毅	十七番	秋月種樹	廿六番	伊丹重賢	卅三番	本田親雄
八番	細川潤次郎	十八番	東久世通禧	廿七番	楠本正隆		
九番	神田孝平	十九番	津田出	廿八番	安場保和		

全6巻の構成
Ⅰ　近代的諸制度の導入　治罪法の制定
Ⅱ　旧々刑事訴訟法の制定過程
Ⅲ　旧刑事訴訟法の制定過程
Ⅳ　陪審法、戦時刑事特別法等
Ⅴ　現行刑事訴訟法の制定過程
　Ⅴ-1　昭和20年～21年初頭
　Ⅴ-2　第1次案～第6次案　Ⅴ-n　応急措置法、第7次案～第9次案　Ⅴ-x　改正協議会　Ⅴ-y　国会審議、施行までの整備、刑事訴訟法規則等　Ⅴ-z　GHQ側資料／法務省：（横井大三）資料、團藤重光資料ⅤGHQ側資料：（米国立公文書館）…国立国会図書館占領関係文書？
Ⅵ　その後の改正等（13次改正までのもの、法務省）

信山社

〒113-0033 東京都文京区本郷6-2-9-102　TEL 03-3818-1019
ご注文は書店へ。FAXまたはEメールでも受付。FAX 03-3818-0344　Email：order@shinzansha.co.jp
ホームページにて新刊内容紹介中　http://www.shinzansha.co.jp

☆詳細は進行状況に合わせてご案内致します。乞うご期待。予約受付中

刑事訴訟法制定資料全集 II

ISBN4-7972-4151-9
NDC分類327.601刑事訴訟法

新刊案内2000.6

井上正仁・渡辺咲子・田中開 編著

II ［旧々］刑事訴訟法（明治23年）

明治23年10月7日法律第96号（施行明治23年11月1日）

——日本立法資料全集　　巻——

菊変判上製箱入 各巻約450〜600頁　　各予定価：本体38,000円（税別）

制定・改廃区分	交付年月日	法令の種別・番号	施行年月日	改廃内容
制　定	明治23年10月7日	法律第96号	明治23年11月1日	
廃　止	明治32年3月22日	法律第73号		20,21,21の2,77,83〜85,第2節,87〜89,136,158の2,178,179の2,203
一部改正	明治41年3月28日	法律第29号	刑法施行ノ日	8,24,62,63,125,126,138,144,167,168,172,〜174,236,241,264,317,318の2,318の3,319,320
一部改正	明治41年7月1日	法律第61号		273〜283,285
一部改正	明治45年4月15日	法律第19号		136
廃　止	大正11年5月5日	法律第75号	大正13年1月1日（大正12年勅215号）	

全6巻の構成
I　近代的諸制度の導入　治罪法の制定
II　旧々刑事訴訟法の制定過程
III　旧刑事訴訟法の制定過程
IV　陪審法、戦時刑事特別法等
V　現行刑事訴訟法の制定過程
　V-1　昭和20年〜21年初版
　V-2　第1次案〜第6次案　V-n　応急措置法、第7次案〜第9次案　V-x　改正協議会　V-y　国会審議、施行までの整備、刑事訴訟法規則等　V-z　GHQ側資料／法務省：（横井大三）資料、團藤重光資料 V GHQ側資料：（米国立公文書館）…国立国会図書館占領関係文書？
VI　その後の改正等（13次改正までのもの、法務省）

信山社　〒113-0033　東京都文京区本郷6-2-9-102　TEL 03-3818-1019
ご注文は書店へ。FAXまたはEメールでも受付。FAX 03-3818-0344　Email：order@shinzansha.co.jp
ホームページにて新刊内容紹介中　　http://www.shinzansha.co.jp

☆詳細は進行状況に合わせてご案内致します。乞うご期待。予約受付中

刑事訴訟法制定資料全集 Ⅲ

ISBN4-7972-4161-6
NDC分類327.601刑事訴訟法

新刊案内2000.6

井上正仁・渡辺咲子・田中開 編著

Ⅲ [旧] 刑事訴訟法（大正11年）

大正11年5月5日法律第75号（施行大正13年1月1日大正12勅215号）

―― 日本立法資料全集　　　　巻 ――

菊変判上製箱入　各巻約450～600頁　　各予定価：本体38,000円（税別）

制定・改廃区分	交付年月日	法令の種別・番号	施行年月日	改廃内容
制定	大正11年5月5日	法律第75号	大正13年1月1日（大正12勅215号）	
一部改正	大正11年5月5日	法律第72号	昭和4年10月1日（昭和4勅105号）	570, 572
一部改正	昭和10年5月13日	法律第43号		113
一部改正	昭和12年8月14日	法律第71号	昭和12年10月15日	440,443,448の2,453
一部改正	昭和22年4月16日	法律第61号	昭和22年5月3日	名称
一部改正	昭和22年12月17日	法律第195号	公布の後60日を経過した日	名称
全改	昭和23年7月10日	法律第131号	昭和24年1月1日	

全6巻の構成
Ⅰ　近代的諸制度の導入　治罪法の制定
Ⅱ　旧々刑事訴訟法の制定過程
Ⅲ　旧刑事訴訟法の制定過程
Ⅳ　陪審法、戦時刑事特別法等
Ⅴ　現行刑事訴訟法の制定過程
　　Ｖ-1　昭和20年～21年初頭
　　Ｖ-2　第1次案～第6次案　　Ｖ-n　応急措置法、第7次案～第9次案　　Ｖ-x　改正協議会
　　　　　Ｖ-y　国会審議、施行までの整備、刑事訴訟法規則等　　Ｖ-z　GHQ側資料／法務省：（横井大三）資料、團藤重光資料 V GHQ側資料：（米国立公文書館）…国立国会図書館占領関係文書？
Ⅵ　その後の改正等（13次改正までのもの、法務省）

信山社

〒113-0033　東京都文京区本郷6-2-9-102　TEL 03-3818-1019
ご注文は書店へ。FAXまたはEメールでも受付。FAX 03-3818-0344　Email：order@shinzansha.co.jp
ホームページにて新刊内容紹介中　　http://www.shinzansha.co.jp

☆詳細は進行状況に合わせてご案内致します。乞うご期待。予約受付中

刑事訴訟法制定資料全集 Ⅳ

ISBN4-7972-4171-3
NDC分類327.601刑事訴訟法

新刊案内2000.6

井上正仁・渡辺咲子・田中開 編著

Ⅳ 陪審法・戦時刑事特別法
（大正12年）　　　　　（昭和17年）

大正12年 日法律第 号　　　昭和17年 月 日法律第 号
（施行大正 年 月 日　号）　　（施行昭和 年 月 日　号）

——　日本立法資料全集　巻　——

菊変判上製箱入 各巻約450～600頁　　各予定価：本体38,000円（税別）

1　趣　旨
わが国初の近代的刑事訴訟法法典である治罪法制定後120年を迎え、かつ現行刑事訴訟法制定後50年を経るという節目に当たり、治罪法、旧々刑事訴訟法、旧刑事訴訟法および現行刑事法並びに、その関連法令（陪審法、戦時刑事特別法、刑事応急措置法、刑事訴訟規則、検察庁法など）の立案、制定および改正にかかる原史資料を、可能な限り網羅的に収集・整理して公刊し、広く研究者・法律実務家などの利用に供することを目的とする。今後刑事訴訟法研究の底本となる。

2　構　成（案）
Ⅰ　治罪法〔明治13年〕の制定（近代的諸制度の導入）担当：田中 開先生　続刊
Ⅱ　旧々刑事訴訟法〔明治23年〕の制定過程　続刊
Ⅲ　旧刑事訴訟法〔大正11年〕の制定過程　続刊
Ⅳ　陪審法〔大正12年〕、戦時刑事特別法〔昭和17年〕等　続刊
Ⅴ　現行刑事訴訟法〔昭和24年〕の制定過程　担当：渡辺咲子先生　続刊
　　V-1 昭和20年～21年初頭〔近 刊〕　V-2 第1次案～第6次案　　V-n 応急措置法、第7次案～第9次案
　　V-x 改正協議会　　V-y 国会審議、施行までの整備、刑事訴訟法規則等　　V-z GHQ側資料／法務省：（横井大三）資料、團藤重光資料 V GHQ側資料：（米国立公文書館）…国立国会図書館占領関係文書？
Ⅵ〔改正経過〕刑事訴訟法〔昭和24年～平成元年〕その後の改正等（13次改正までのもの、法務省刑事局参事官室）

3　登載資料の範囲（案）
①法令自体（出来上がったもの、政府案、草案、＊統計資料意味のあるもの。他に意見を聞いているものなど）、②政府案　③審議会等の草案　④その他（例えば立案関係者のメモ）　⑤各巻冒頭にその当時の写真を掲載　⑥現行刑訴立案時のGHQ　との協議会の模様、元老院会議、大審院、司法省、ボアソナード、立案関係者（旧法までの人）磯部四郎、鶴田浩などなど

4　編集方針（案）
①　原典：団藤重光先生文書、横井大三先生文書、法務省文書、穂積文書ほかによる。
②　史資料を網羅的かつ正確に収集整理することを主とする。
③　解説は、各史資料の性格や位置づけを理解させるために必要最小限のものにとどめる。
④　原典尊重。正字も使用する。原稿・校正は全て原典からとり、原典に当たる。
⑤　事項索引他　CD-ROM化（案）検索の便を考える。

```
［全6巻の構成］
  Ⅰ　治罪法〔明治13年〕
  Ⅱ【旧々】刑事訴訟法〔明治23年〕
  Ⅲ【旧】刑事訴訟法〔大正11年〕
  Ⅳ　陪審法〔大正12年〕・戦時刑事特別法〔昭和17年〕
  Ⅴ　刑事訴訟法〔昭和23年〕
  Ⅵ【改正経過】刑事訴訟法〔昭和24年～平成元年〕
```

信山社　〒113-0033 東京都文京区本郷6-2-9-102　TEL 03-3818-1019
ご注文は書店へ。FAXまたはEメールでも受付。FAX 03-3818-0344　Email：order@shinzansha.co.jp
ホームページにて新刊内容紹介中　http://www.shinzansha.co.jp

☆詳細は進行状況に合わせてご案内致します。乞うご期待。　予約受付中

刑事訴訟法制定資料全集 V

ISBN4-7972-4181-0 新刊案内2000.6
NDC分類327.601刑事訴訟法

井上正仁・渡辺咲子・田中開 編著

V 刑事訴訟法（昭和23年）

昭和23年7月10日法律第131号（施行昭和　年　月　日　号）

―― 日本立法資料全集　　巻 ――

菊変判上製箱入　各巻約450～600頁　　各予定価：本体38,000円（税別）

1　趣　旨
　わが国初の近代的刑事訴訟法法典である治罪法制定後120年を迎え、かつ現行刑事訴訟法制定後50年を経るという節目に当たり、治罪法、旧々刑事訴訟法、旧刑事訴訟法および現行刑事法並びに、その関連法令（陪審法、戦時刑事特別法、刑事応急措置法、刑事訴訟規則、検察庁法など）の立案、制定および改正にかかる原史資料を、可能な限り網羅的に収集・整理して公刊し、広く研究者・法律実務家などの利用に供することを目的とする。今後刑事訴訟法研究の底本となる。

2　構　成（案）
　Ⅰ　治罪法〔明治13年〕の制定（近代的諸制度の導入）担当：田中 開先生　　続刊
　Ⅱ　旧々刑事訴訟法〔明治23年〕の制定過程　続刊
　Ⅲ　旧刑事訴訟法〔大正11年〕の制定過程　続刊
　Ⅳ　陪審法〔大正12年〕、戦時刑事特別法〔昭和17年〕等　続刊
　Ⅴ　現行刑事訴訟法〔昭和24年〕の制定過程　　担当：渡辺咲子先生　続刊
　　　Ⅴ-1　昭和20年～21年初頭〔近 刊〕V-2　第1次案～第6次案　　V-n　応急措置法、第7次案～第9次案
　　　V-x　改正審議会　　V-y　国会審議、施行までの整備、刑事訴訟法規則等　　V-z　GHQ側資料／法務省：（横井大三）資料、團藤重光資料VGHQ側資料：（米国公文書館）…国立国会図書館占領関係文書）
　Ⅵ〔改正経過〕刑事訴訟法〔昭和24年～平成元年〕その後の改正等（13次改正までのもの、法務省刑事局参事官室）

3　登載資料の範囲（案）
　①法令自体（出来上がったもの、政府案、草案、＊統計資料意味のあるもの。他に意見を聞いているものなど。）②政府案　③審議会等の草案　　④その他（例えば立案関係者のメモ）　⑤各巻冒頭にその当時の写真を掲載　　⑥現行刑訴立案時のGHQ　　との協議会の模様、元老院会議、大審院、司法省、ボアソナード、立案関係者（旧法までの人）磯部四郎、鶴田浩など

4　編集方針（案）
　①　原典：団藤重光先生文書、横井大三先生文書、法務省文書、穂積文書ほかによる。
　②　史資料を網羅的かつ正確に収集整理することを主とする。
　③　解説は、各史資料の性格や位置づけを理解させるために必要最小限のものにとどめる。
　④　原典尊重。正字も使用する。原稿・校正は全て原典からとり、原典に当たる。
　⑤　事項索引他　CD-ROM化（案）検索の便を考える。

```
［全6巻の構成］
　Ⅰ　治罪法〔明治13年〕
　Ⅱ【旧々】刑事訴訟法〔明治23年〕
　Ⅲ【旧】刑事訴訟法〔大正11年〕
　Ⅳ　陪審法〔大正12年〕・戦時刑事特別法〔昭和17年〕
　Ⅴ　刑事訴訟法〔昭和23年〕
　Ⅵ【改正経過】刑事訴訟法〔昭和24年～平成元年〕
```

信山社　　〒113-0033　東京都文京区本郷6-2-9-102　TEL 03-3818-1019
ご注文は書店へ。FAXかEメールでも受付。FAX 03-3818-0344　Email：order@shinzansha.co.jp
ホームページにて新刊内容紹介中　　http://www.shinzansha.co.jp

☆詳細は進行状況に合わせてご案内致します。乞うご期待　予約受付中

刑事訴訟法制定資料全集 Ⅵ

ISBN4-7972-4201-9
NDC分類327.601刑事訴訟法

新刊案内2000.6

井上正仁・渡辺咲子・田中開 編著

Ⅵ 【改正経過】刑事訴訟法
（昭和24年〜平成元年）

昭和　年　月　日　号
（施行昭和　年　月　日　号）

── 日本立法資料全集　　巻 ──

菊変判上製箱入　各巻約450〜600頁　各予定価：予本体38,000円（税別）

1　趣　　旨
　わが国初の近代的刑事訴訟法法典である治罪法制定後120年を迎え、かつ現行刑事訴訟法制定後50年を経るという節目に当たり、治罪法、旧々刑事訴訟法、旧刑事訴訟法および現行刑事訴訟並びに、その関連法令（陪審法、戦時刑事特別法、刑事応急措置法、刑事訴訟規則、検察庁法など）の立案、制定および改正にかかる原史資料を、可能な限り網羅的に収集・整理して公刊し、広く研究者・法律実務家などの利用に供することを目的とする。今後刑事訴訟法研究の底本となる。

2　構　　成（案）
　Ⅰ　治罪法〔明治13年〕の制定（近代的諸制度の導入）担当：田中 開先生　続刊
　Ⅱ　旧々刑事訴訟法〔明治23年〕の制定過程　続刊
　Ⅲ　旧刑事訴訟法〔大正11年〕の制定過程　続刊
　Ⅳ　陪審法〔大正12年〕、戦時刑事特別法〔昭和17年〕等　続刊
　Ⅴ　現行刑事訴訟法〔昭和24年〕の制定過程　担当：渡辺咲子先生　続刊
　　V-1 昭和20年〜21年初頭〔近〕V-2 第1次案〜第6次案　V-n 応急措置法、第7次案〜第9次案
　　V-x 改正協議会　　V-y 国会審議、施行までの整備、刑事訴訟法規則等　V-z GHQ側資料／法務省：（横井大三）資料、團藤重光資料VGHQ側資料：（米国立公文書館）…国立国会図書館,占領関係文書？）
　Ⅵ〔改正経過〕刑事訴訟法〔昭和24年〜平成元年〕その後の改正等（13次改正までのもの、法務省刑事局参事官室）

3　登載資料の範囲（案）
　①法令自体（出来上がったもの、政府案、草案、＊統計資料意味のあるもの。他に意見を聞いているものなど。）②政府案　③審議会等の草案　④その他（例えば立案関係者のメモ）　⑤各巻冒頭にその当時の写真を掲載　⑥現行刑訴立案時のGHQとの協議などの模様、元老院会議、大審院、司法省、ボアソナード、立案関係者（旧法までの人）磯部四郎、鶴田浩らの像

4　編集方針（案）
　①　原典：團藤重光先生文書、横井大三先生文書、法務省文書、穂積文書ほかによる。
　②　史資料を網羅的かつ正確に収集整理することを主とする。
　③　解説は、各史資料の性格や位置づけを理解させるために必要最小限のものにとどめる。
　④　原典尊重。正字も使用する。原稿・校正は全て原典からとり、原典に当たる。
　⑤　事項索引他　CD-ROM化（案）検索の便を考える。

```
  ［全6巻の構成］
     Ⅰ　治罪法〔明治13年〕
     Ⅱ【旧々】刑事訴訟法〔明治23年〕
     Ⅲ【旧】刑事訴訟法〔大正11年〕
     Ⅳ　陪審法〔大正12年〕・戦時刑事特別法〔昭和17年〕
     Ⅴ　刑事訴訟法〔昭和23年〕
     Ⅵ【改正経過】刑事訴訟法〔昭和24年〜平成元年〕
```

信山社　〒113-0033 東京都文京区本郷6-2-9-102　TEL 03-3818-1019
ご注文は書店へ。FAXまたはEメールでも受付。FAX 03-3818-0344　Email：order@shinzansha.co.jp
ホームページにて新刊内容紹介中　　http://www.shinzansha.co.jp

☆詳細は進行状況に合わせてご案内致します。乞うご期待。　予約受付中

ISBN4-7972-1651-4
NDC分類 326.201 刑法各論

能勢 弘之 編
北海道大学法学部教授

新刊案内 1999.7

1651 刑法の重要問題50選 II
（各　論）

司法試験　　　　　　　　　　各種受験生のために
——法律学の重要問題50選シリーズ 1——

A5判並製リングファイル　総 416 頁　　定価：本体 2,980 円（税別）

☆ 本書は、従来にない司法試験対策書ないし刑事法を専攻する学生および大学院生の自習書を作成したく、北海道大学出身の刑事法研究者が総力を結集したものである。

☆ 刑法各論の試験に出題されそうな50項目の問題を選び出し事例式で出題し、①当該問題の重要性、出題の狙い等を端的に ⌜1 出題の背景⌟ で論じ、②当該問題における争点を問題文から解き起こすように ⌜2 問題の所在⌟ で論じ、③その争点につき判例を中心にした議論の展開を ⌜3 争点をめぐる判例・学説⌟ で行った。その際、学説の羅列を避けつつも決して理論的な水準は落とさずに、各見解の相違点と理由付けを明らかにした。そのまま答案などに利用できるような論述にするとともに、学説の直接引用は避け、その要点を可能な限り理解しやすい言葉で表現するようにつとめた。④最後に ⌜4 解法の手引き⌟ で当該問題に沿った解法の道筋や執筆者自身の論点処理を示して読者の参考となるようにした。くわえて、欄外に ⌜重要メモ⌟ を付記しているので、煩をいとわず必ず記憶を改め整理して欲しい。また、空欄に読者自身の工夫で自分のメモを書き加えていくのも一つの方法であろうと考え、できるだけ広い空欄を設けた。引用された諸文献にもあたり、考え方を深化されるよう希望したい。

☆ 本書の執筆者は北海道大学出身者、北大刑事法研究会の会員および OB 会の方である。細かい点でそれぞれの執筆者の相違が見られないではない。しかし、時間をかけて執筆者同士でそれぞれの原稿を何度も批判し合い、練り上げたものになったと考えている。

（能勢弘之）

［目　次］

I 個人的法益に対する罪　【1】人の出生と刑法【2】自殺関与罪と錯誤【3】傷害罪と暴行罪【4】「ひき逃げ」の罪責【5】業務上過失致死傷罪における業務【6】逮捕監禁罪における被害者の行動能力・行動意思と自由剥奪【7】住居侵入罪の保護法益と居住者の承諾【8】名誉に対する罪の保護法益【9】名誉毀損罪における真実性の証明【10】業務と公務の関係／II 財産に対する罪　【11】窃盗罪の保護法益【12】奪取罪における「占有」の概念【13】不法領得の意思【14】強盗罪における暴行・脅迫【15】2項強盗と処分行為【16】事後強盗の予備と共犯【17】強盗致傷罪【18】強盗の機会と強姦【19】2項詐欺と処分行為【20】クレジット・カードの不正使用【21】キャッシュ・カードの不正使用と電算機詐欺罪【22】預金の占有【23】権利行使と恐喝罪【24】不法原因給付と詐欺・横領罪【25】不動産の二重売買と横領罪【26】横領罪と背任罪の区別【27】不動産の二重抵当と背任・詐欺罪【28】盗品等に関する罪と共犯【29】親族相盗例・親族盗品特例【30】刑法における「毀棄・損壊・隠匿」【31】秘密情報の侵害／III 社会的法益に対する罪　【32】騒乱罪と内乱罪の異同【33】「焼損」の意義と建造物の一体性……（以下略）

［執筆者］

本間一也（新潟大学教授）　丹羽正夫（新潟大学教授）　城下裕二（札幌学院大学教授）　寺崎嘉博（筑波大学教授）　伊藤博路（帝塚山大学助教授）　能勢弘之（北海道大学教授）　鋤本豊博（白鷗大学助教授）　吉田敏雄（北海学園大学教授）　丸山治（北海学園大学教授）　指宿信（鹿児島大学教授）　稲田隆司（熊本大学助教授）　丸山雅夫（南山大学教授）　伊藤司（九州大学助教授）　長井長信（南山大学教授）　中島広樹（平成国際大学助教授）　白取祐司（北海道大学教授）　臼木豊（小樽商科大学助教授）

　　1651　刑法の重要問題50選 I（総論）能勢弘之 編　予価 2,500 円（続刊）
　　　　　刑事訴訟法の重要問題50選　　能勢弘之 著　　（続刊）
　　5086　新刑法教室 I　総論　　植松　正 著　日高義博 補訂　3,300円

信山社　〒113-0033
東京都文京区本郷 6-2-9-102　TEL 03-3818-1019

FAX 注文制
FAX 03-3818-0344

ISBN4-7972-5086-0
NDC分類 326.101 刑法

植松 正 著　日髙義博 補訂
元一橋大学教授　専修大学教授

新刊案内 1999.7

新刑法教室 I 総論

5086

A5判カバー 総370頁〔II各論：続刊〕定価：本体3,300円（税別）

☆**名著復活！** 名著として名高かった植松正「刑法教室」（昭和30年、大蔵省印刷局刊）が、日髙義博教授の手によって平成7年刑法一部改正などを織り込み「新刑法教室」として読者の手にとっていただけるようになりました。

☆実際の事件を話題として、正義感に根ざした刑法理論を説きながら読む人をいつの間にか刑法学のおもしろさに引き込む。本書は半世紀にわたって読者に読み継がれてきたましが、ここに日髙義博教授によって21世紀を担う若人が手にとることが可能となりました。

☆**初版まえがき**　刑法は多くの法の中でも、著しく哲学や倫理学あるいは心理学や社会学などの諸学科に密接なつながりを持つものである。その意味では、専門外の人々にも、もっと親しまれ、もっと理解されてよいはずの法である。卑近な面では、毎朝毎夕の新聞やラジオの報道を埋めている各種の犯罪事件について、世の人は多かれ少なかれ興味を持っている。その意味でも、犯罪の法であり刑罰の法である刑法は、一般の人々にもっと身近なものとして理解されることが望ましい。わたくしはそういうことを目ざしてこの本を書いた。

☆**新版「はしがき」日髙義博**　　『刑法教室』の愛読者は多い。身の回りに起きた実際の事件を話題として、正義感に根ざした刑法理論のありかたを説く本書は、読む人をいつの間にか刑法学の面白さに引き込んでしまう。この点は『刑法教室』が名著だと言われる所以である。日常的に起きる犯罪に対して多くの人々が関心を寄せ、刑法ではどう処理するのか知りたいと思っても、それを解き明かす刑法理論は一般に難解である。刑法を学ぶ場合の壁を取り払い、刑法学への門を広く開こうとした本書の狙いは、初版が出されて以来今日まで約半世紀の間広い読者層に読みつがれてきたことを見ても、十分に達成されている。

[目　次]（抜粋）

刑法学と犯罪の理論
　第1部 刑法学と刑罰法規　第1章 刑法の学派対立／第2章 刑法の沿革
　第2部 犯罪行為の基本形態　第1章 犯罪の成立要件／第2章 不作為犯／第4章 因果関係／第5章 正当防衛／第9章 少年の刑事責任／第15章 故意と違法性の意識／第17章 責任の免除
　第3部 犯罪行為の特殊形態　第5章 共犯現象

刑罰の理論
　第4部 刑罰の理論　第2章 死刑とその執行／第6章 死刑と憲法問題／第12章 犯罪の数／第18章 不定期刑と仮釈放／第21章 刑の時効　　　　　　　　　　　新刑法教室II 続刊

刑事新判例解説		刑事法セミナー 法務省法務総合研究所編	
I 刑法総論　並製 3,680円（上製 6,800円）		I 刑法総論	2,400円
II 刑法各論　並製 6,660円（上製 6,660円）		II・III 刑法各論（上下合本）	4,400円
III 刑事訴訟法 並製 6,350円（上製 11,450円）		IV・V（合本）刑事訴訟法	5,600円

刑事法辞典　予定価 6,000円　近刊
刑法の重要問題50選　[各論] 能勢弘之編　2,980円
刑法の話題　植松正著　日髙義博補訂　2,800円

信山社　〒113-0033
東京都文京区本郷 6-2-9-102　TEL 03-3818-1019　FAX 03-3818-0344　FAX注文制

ISBN4-7972-5067-4
NDC分類490.001医事法

LIFE'S DOMINION

ロナルド・ドゥオーキン著
オックスフォード大学・ニューヨーク大学教授

水谷英夫　小島妙子　訳

新刊案内1998.6

BY RONALD DWORKIN

ライフズ・ドミニオン
――中絶と尊厳死　そして　個人の自由――

A5判　504頁　上製カバー島田精治装幀　　定価：本体6,400円（税別）

生の支配と死の支配→生命の神聖さ→人間の尊厳

本書は死と生そして両者の関係を扱うものである。具体的には中絶と尊厳死・安楽死を扱っている。本書に寄せられた批判的見解の大部分は本書の中絶に関する主張に触発されたものであったが、長期的にみると、尊厳死に関する議論――本書で示された生死観が死の権利に与える影響について――がより根元的でより論争的なものであり、そして多くの人々にとっては、自らの人生にとってより重要なものとなる可能性をもったものなのである。もっとも、これらの問題はまもなく出現するのであろう、人類が自らの生殖を支配するという新たな問題と対比されるとき、相対的には容易な問題とみられるようになるかも知れない。これらの恐るべき諸問題は、現代科学と医学の発展によって惹き起こされることになるであろうが、解決の方向性は、本書で検討が加えられる主要な考えによって律せされていくことになるであろう。即ち、人間の生命はどのような形態においても本来備わっている神聖な価値を有しており、生と死についてどのような選択を行おうとも、可能なかぎり深遠な価値を尊重することによってなされるべきであり、侮辱すべきものではない、という人々の共通の信念によって律せられていくであろう、ということなのである。　原著は1994年に刊行。

〔目　次〕

第一章　生命の両端
　　　　―中絶と尊厳死・安楽死―
第二章　中絶のモラリティ
第三章　神聖さとは何か？
第四章　裁判所における中絶　I
第五章　憲法のドラマ
第六章　裁判所における中絶　II
第七章　生と死のはざま（Dying and Living）
　　　　―末期医療と尊厳死―
第八章　生命と理性の限界
　　　　―アルツハイマー症―

＊巻末に、遠藤比呂通・前東北大学助教授を中心とした座談会を収録する。

AND DEATH SHALL HAVE NO DOMINION　　by Dylan Thomas

　　And death shall have no dominion.
　　Dead men naked they shall be one
　　With the man in the wind and the west moon;
　　When their bones are picked clean and the clean bones gone,
　　They shall have stars at elbow and foot;
　　Though they go mad they shall be sane,
　　Though they sink through the sea they shall rise again;
　　Though lovers be lost love shall not;
　　And death shall have no dominion.

現代社会と自己決定権　松本博之・西谷敏 編　13,000 円
わかりやすい市民法律ガイド　遠藤 浩・林屋礼二・北沢 豪 編　1,700 円

信山社　〒113-0033　東京都文京区本郷 6-2-9-102　TEL 03-3818-1019　FAX注文制　FAX 03-3818-0344

ISBN4-88261-1907-6
NDC 分類 323.221

ドイツ憲法判例研究会 編

新刊案内 1998.2

栗城壽夫・戸波江二・根森 健 編集代表

667 ドイツの憲法判例 (第2版)

B5並製 総 480頁　**増補改訂新版**　定価：本体 4,800 円（税別）

☆ ボン基本法下のドイツにおいては、連邦憲法裁判所が憲法各条項の意味内容の確定作業に加わることとなった。その結果として連邦憲法裁判所が憲法理論の王座から憲法学を駆逐したと見ることもできようし、逆に憲法学も連邦憲法裁判所の判決と相互影響関係に立つことによって、法律理論としての地位を上げたと見ることもできよう。いずれにしても、連邦憲法裁判所の判例を知らずしてドイツの憲法状況を知り得ないことは確かである。

☆ ドイツ連邦憲法裁判所は、抽象的規範統制、政党違憲確認、機関争訟裁定などの"強い"権限を有し、政治的影響の大きな判決の存在ゆえに注目を浴びる。しかし連邦憲法裁判所の活動の重点は、むしろ具体的規範統制や憲法異議に関する決定などの"弱い"権限の行使にかかる日常業務的裁判活動を通じて、憲法の権利保障機能の発揮や国民への憲法意識の定着に貢献しているのである。

☆ 連邦憲法裁判所の活動の特色は、立法・行政・裁判機関の活動を丹念・緻密に審査し、なおかつ国家権力の活動のあらゆる分野にわたって広汎な審査を行っていることである。そして、審査にあたっては、憲法や法令の各条項の法律的解釈に尽きるのではなく、社会的現実をも考慮に入れている。さらに、違憲判断のもたらすべき結果を考慮して違憲判断の表示の仕方、もしくは判決の仕方の上で種々工夫をこらしているのである。

☆ 連邦憲法裁判所は、裁判所の判断から帰結されるべき法的効果を考慮し、控えめな判決方式をとりながら、他方では合憲判決を含むあらゆる判決方式において、立法者に対して違憲もしくは違憲に近いと判断される状態の是正を求めるアピールをしている。そして判決の中の法的効力のない部分において、控えめな文言で行われているにもかかわらず、連邦憲法裁判所の主張は立法者によって積極的に受け入れられ、非常に高い確率でもって法令の改廃が迅速に行われているのである。この点で、連邦憲法裁判所と立法機関との間にはよりよい憲法具体化のための緊密な関係が成立しているということができる。

（栗城壽夫）

［執筆者］
栗城壽夫　戸波江二　根森健　渡辺康行　日笠完治　青柳幸一　田口精一　押久保倫夫　平松毅　嶋崎健太郎　松本和彦　髙田篤　森英樹　小林武　前田徹生　光田督良　古野豊秋　初宿正典　井上典之　柳眞弘　清水望　石川建治　山内敏弘　木村俊夫　石村善治　鈴木秀美　小山剛　保木本一郎　阿部照哉　小林博志　有澤知子　山下威士　横田守弘　渡辺中　飯田稔　西原博史　赤坂正浩　國分典子　西浦公　室井力　野中俊彦　堀内健志　宮地基　柏﨑敏義　西埜章　川又伸彦　菟原明　芹澤斉　布田勉　永田秀樹　廣澤民生　高田敏　加藤一彦　上脇博史　樋口陽一　川添利幸　倉田原志　髙橋洋　駒林良則　浜田純一　石村修　髙見勝利　武永淳　本秀紀　山本悦夫　名雪健二　岩間昭道　岡田俊幸　吉田栄司　水島朝穂　畑尻剛　中島茂樹
［増補］布田勉　初宿正典　上村都　加藤一彦　片山智彦　玉虫由樹　古野豊秋　門田孝　岡田俊幸　神橋一彦　本秀紀　渡辺洋　岩間昭道　廣澤民生　笹田栄司　小山剛　廣田全男　首藤重幸　奥田亜喜子　山本悦夫　西原博史　武永淳

```
1906 21世紀の憲法理論　ドイツ憲法判例研究会 編　栗城・戸波・青柳編　近刊
1632 人間・科学技術・環境　ドイツ憲法判例研究会 編　日独シンポ　12,000 円
 667 ドイツの憲法判例　ドイツ憲法判例研究会 編　栗城・戸波・根森編 4,660 円　品切
1638 ドイツの最新憲法判例　ドイツ憲法判例研究会編　栗城・戸波・石村編　6,000 円
 660 一九世紀ドイツ憲法理論の研究　栗城壽夫 著　15,000 円
2096 憲法裁判権の理論　宇都宮純一 著　10,000 円
1935 憲法論の再構築　猪股弘貴 著　10,000 円　新刊
2167 憲法改革の論点　加藤孔昭編著　2,000 円　新刊
```

信山社　〒113-0033　東京都文京区本郷 6-2-9-102　TEL 03-3818-1019　FAX 03-3818-0344

FAX注文制

信山社 2000年 新刊案内

ISBN4-7972-2167-4 C3332
NDC分類 憲法323.001
読売新聞社調査研究本部主任研究員
新刊案内2000.2

加藤 孔昭(よしてる) 編著

憲法改革の論点
―21世紀の憲法構想―

* 憲法を考え、そして論じる時代になった。国の基本法である憲法を考えることは、国の在り方を考えることであると思う。21世紀に新しい憲法ができるとしたら、それは新しい日本ができるということだ。
* 衆参両議院に、国会としては初めての憲法調査会が設置され、5年をかけて報告書をまとめるという。国会や政党は、憲法に関して怠慢であった。調査会は、国民の間で憲法論議が定着するようにその先兵となるべきだ。本書はその議論の手がかりになれば、という気持から書いたものである。国会・内閣・司法・地方自治といった統治機構を中心として論点を提供しようとしたものである。唯一の答を出そうとしたものではない。私は21世紀のわが国のキーワードは「自由と規律」である

目 次
内閣総理大臣のリーダーシップを考える　[加藤孔昭]
二院制を考える―参院改革を中心に―　[加藤孔昭]
憲法に政党条項の導入を―連立政権時代の政党の役割―　[加藤孔昭]
憲法裁判所は必要か　[太田雅幸]
陪審制と参審制　[金丸文夫]
地方自治の本質とは何か　[浅野善治]

〈 著者紹介 〉
加藤 孔昭（かとう・よしてる）読売新聞社調査研究本部主任研究員
　1942年東京生まれ／1966年、早稲田大学第一政治経済学部政治学科卒／同年4月、読売新聞社入社／72年から、政治部勤務／首相官邸、自民党担当キャップ／政治部デスク／92年から現職／憲法問題、現代政治などを担当／98年から、慶応義塾大学大学院法学研究科非常勤講師／著書に「政権党」（1980年、読売新聞社、共著）など
太田雅幸（おおた・まさゆき）衆議院法制局勤務　1961年生まれ／1984年、東京大学法学部卒業
浅野善治（あさの・よしはる）衆議院法制局第3部第1課長　1954年東京生まれ／慶応義塾大学法学部法律学科卒業／著書として「議員立法と政府立法」、「議員立法と議院法制局」、「憲法に関する政府の国会答弁」ほか
金丸文夫（かねまる・ふみお）読売新聞編集委員（司法担当）　1949年宮崎県生まれ／1973年東京大学法学部卒業／同年読売新聞入社／1992～94年社会部・司法記者クラブに所属／社会部次長

憲法論の再構築　猪股弘貴 著　10,000円
攻撃戦争論　カール・シュミット 著　ヘルムート・クヴァリーチュ 編　新田邦夫 訳　9,000円
法治国原理の展開　田口精一 著　14,800円
憲法学の発想　棟居快行 著　2,000円

信山社　ご注文はFAXまたはEメールで
FAX 03-3818-0344　　Email：order@shinzansya.co.jp
〒113-0033 東京都文京区本郷6-2-9-102　TEL 03-3818-1019

ISBN4-7972-2160-7 C3332
NDC323.913消費税法

新刊案内2000.1

湖東 京至 著

消費税法の研究

A5判上製箱入 総396頁　　本体10,000円（税別）

* 消費税は導入から10年以上を経て国民生活の中に定着したかにみえる。だが熟考すれば消費税には法的観点からも経済的観点からも不透明なところが多々ある。
* 消費税は、そう遠くない将来に二桁税率時代が到来する可能性が強い。仮に、消費税制が、憲法の要請に適う優れた税制であるなら税収確保のために税率の引上げは許されるかもしれない。しかし消費税がもつ本質的性質（逆進性が強く、事業者間の負担格差が大きい）が憲法規範に適合しえないのであれば同税は縮小ないし廃止すべきであろう。
* 本書は一般的に指摘されている逆進的負担・応能負担の問題に加えて、消費税がもたらすさまざまな事象・いわば各論について再度法的検討を試み、消費税がわが国の基幹税制として成長することの是非について検証しようとするものである。
* 第2編として目下焦眉の急である納税者憲章問題をとりあげる。

目 次

第1編 消費税法の研究
第1章 消費税法の法的再検討／第2章 地方消費税の問題点／第3章 消費税における仕入税額控除否認の法理と日本型インボイス方式の導入の問題点／第4章 消費税における事業者免税の判定について／第5章 消費税仕入税額控除否認判決の検討／第6章 高齢者介護と税・財政

第2編 納税者権利保護法の研究
第1章 申告納税制度の形骸化と納税者の権利保護／第2章 推計課税移行の要件と推計方法の合理性に関する一考察／第3章 青色申告制度の問題点と青色申告承認取消処分の違法性／第4章 フランスにおける納税者権利保護の現状と問題点／第5章 プージャド運動における反税理論の特徴と限界

〈 著者紹介 〉湖東 京至（ことう・きょうじ）
1937年東京に生れる／1956年都立北園高校卒／1960年中央大学経済学部卒／1965年税理士一般試験合格／1973年(有)中野合同経理事務所設立　この間全国青年税理士連盟会長、東京税理士会理事、税経新人会全国協議会事務局長、不公平な税制をただす会運営委員、納税者の権利憲章をつくる会事務局長などを歴任／ 1995～97年埼玉大学経済学部講師／1994年静岡大学人文学部法学科教授（税法学）・同大学院社会科学研究科教授

日本をめぐる国際租税環境　明治学院大学立法研究会 編　7,000円
税法講義　山田二郎 著　4,000円
国際取引と課税問題　小松芳明 著　1,800円
租税徴収法制定資料（全20巻予定）〈日本立法資料全集〉近 刊
　　　　加藤一郎・三ヶ月章 監修　塩野宏・青山善充 編集　佐藤英明・奥博司 解説

信山社　ご注文はFAXまたはEメールで
FAX 03-3818-0344　　　Email : order@shinzansya.co.jp
〒113-0033 東京都文京区本郷6-2-9-102　TEL 03-3818-1019
信山社のホームページ　　　http://www.shinzansya.co.jp

信 山 社　2000年 新刊案内

ISBN4-7972-5601-X
NDC分類326.001

新刊案内2000.8

三井 誠・町野 朔・曽根威彦
中森喜彦・吉岡一男・西田典之　編

刑事法辞典

予約受付中　**2000年8月発売！**

四六判上製　総1000頁　　予価：本体6,000円（税別）

「このたび信山社の10周年企画依頼によりまして『刑事法辞典』を編集することになりました。大学生・研究者さらに実務家の要望にも応えられる刑事法の中辞典を目指して、項目選定に各編集委員が力を注いで参りました。ご期待下さい。」

平成10年8月　編者

［執筆者］　（五十音順）　＊印は編者

愛知正博	中京大学法学部教授	佐伯仁志	東京大学法学部教授	橋本正博	一橋大学法学部助教授
秋葉悦子	富山大学経済学部助教授	酒井安行	国士舘大学法学部教授	林 幹人	上智大学法学部教授
浅田和茂	大阪市立大学法学部教授	酒巻 匡	上智大学法学部教授	林美月子	神奈川大学法学部教授
荒木伸怡	立教大学法学部教授	佐久間修	千葉大学法経学部教授	林 陽一	千葉大学法経学部教授
石塚伸一	龍谷大学法学部教授	佐藤隆之	横浜国立大学経済学部助教	久岡康成	立命館大学法学部教授
井田 良	慶応大学法学部教授	佐藤美樹	専修法大学法学部教授	日高義博	専修大学法学部教授
伊東研祐	名古屋大学法学部教授	椎橋隆幸	中央大学法学部教授	平川宗信	名古屋大学法学部教授
伊藤 渉	東洋大学法学部助教授	塩見 淳	京都大学法学部教授	平田 元	三重大学人文学部教授
指宿 信	鹿児島大学法文学部助教授	島 伸一	駿河大学法学部教授	平良木登規男	慶応大学法学部教授
今井猛嘉	法政大学法学部助教授	島岡まな	亜細亜大学法学部助教授	福島 至	龍谷大学法学部教授
岩間康夫	大阪学院大学法学部教授	清水一成	琉球大学法文学部教授	福山道義	福岡大学法学部教授
上嶌一高	神戸大学法学部助教授	洲見光男	朝日大学法学部助教授	堀内捷三	法政大学法学部教授
上田信太郎	香川大学法学部助教授	白取祐司	北海道大学法学部教授	前田雅英	都立大学法学部教授
上田 寛	立命大学法学部教授	新屋達之	立正大学法学部助教授	＊町野 朔	上智大学法学部教授
植田 博	広島修道大学法学部教授	鈴木左斗志	学習院大学法学部助教授	松生光正	姫路独協大学法学部教授
臼木 豊	小樽商科大学商学部教授	瀬川 晃	同志社大学法学部教授	松代剛枝	山形大学人文学部講師
宇藤 崇	岡山大学法学部助教授	関 正晴	日本大学法学部専任講師	松原久利	桐蔭横浜大学法学部教授
梅田 豊	島根大学法文学部助教授	曽根威彦	早稲田大学法学部教授	松原芳博	九州国際大学法学部教授
大出良知	九州大学法学部教授	園田 寿	関西大学法学部教授	松宮孝明	立命館大学法学部教授
大久保哲	名古屋市立大学法学部教授	高田昭正	大阪市立大学法学部教授	丸山雅夫	南山大学法学部教授
大越義久	東京大学教養学部教授	高橋則夫	早稲田大学法学部教授	三島 聡	大阪市立大学法学部教授
大塚裕史	岡山大学法学部教授	高山佳奈子	成城大学法学部専任講師	水谷規男	愛知学院大学法学部助教授
大沼邦弘	成城大学法学部教授	田口守一	早稲田大学法学部教授	＊三井 誠	神戸大学法学部教授
奥村正雄	淑徳大学法学部教授	只木 誠	獨協大学法学部教授	宮城季子	成城大学法学部教授
小田直樹	広島大学法学部教授	多田辰也	大東文化大学法学部教授	宮澤節生	神戸大学法学部教授
甲要克則	広島大学法学部教授	田中利幸	横浜国立大学経済学部教授	村山眞維	千葉大学法経学部教授
香川喜八朗	亜細亜大学法学部教授	田中 開	法政大学法学部教授	守山 正	拓殖大学政経学部教授
加藤克佳	愛知大学法学部教授	田濱浩二	静岡大学人文学部助教授	安冨拓人	金沢大学法学部助教授
門田成人	島根大学法学部助教授	津村政孝	学習院大学法学部教授	安冨 潔	慶応大学法学部教授
上口 裕	南山大学法学部教授	寺崎嘉博	筑波大学社会科学系教授	安村 勉	金沢大学法学部教授
川出敏裕	東京大学法学部教授	土井政和	九州大学法学部教授	山口 厚	東京大学法学部教授
川崎英明	東北大学法学部教授	長井長信	神奈川大学法学部教授	山田道郎	明治大学法学部教授
川端 博	明治大学法学部教授	長井 圓	神奈川大学法学部教授	山中 敬一	関西大学法学部教授
北川佳世子	海上保安大学校助教授	中空壽雅	明治大学法学部助教授	山名京子	奈良産業大学法学部教授
木村光江	都立大学法学部教授	長谷川晃	成城大学法学部教授	山火正則	神奈川大学法学部教授
京藤哲久	明治学院大学法学部教授	中野目善則	中央大学法学部教授	山本輝之	帝京大学法学部助教授
葛野尋之	静岡大学人文学部教授	＊中森喜彦		＊山本哲樹	近畿大学法学部教授
久原方人	関西大学法学部助教授	鯰越溢弘	新潟大学法学部教授	＊吉岡一男	京都大学法学部教授
後藤 昭	一橋大学法学部教授	新倉 修	國學院大学法学部教授	吉田敏雄	北海学園大学法学部教授
小山雅亀	西南大学法学部教授	＊西田典之	東京大学法学部教授	吉田宣之	桐蔭横浜大学法学部教授
近藤和哉	富山大学経済学部教授	西村秀二	富山医科薬科大学教授	吉弘光男	九州国際大学法学部教授
斎藤信治	中央大学法学部教授	野村 稔	早稲田大学法学部教授	吉村 弘	北九州大学法学部教授
斉藤豊治	中南大学法学部教授	橋田 久	京都産業大学法学部助教授	米山耕二	一橋大学法学部専任講師
斎野彦弥	北海道大学法学部教授	橋爪 隆	神戸大学法学部助教授	渡辺 修	神戸学院大学法学部教授

信山社　予約受付中！ ご注文はFAXまたはEメールで

FAX 03-3818-0344　　Email: order@shinzansya.co.jp
〒113-0033 東京都文京区本郷6-2-9-102　TEL 03-3818-1019
ホームページ開設　http://www.shinzansya.co.jp